고조선,
우리 **역사**의
탄생

윤내현의 청년을 위한 고대사 ❶

고조선,
우리 역사의
탄생

윤내현 지음

만권당

머리말

이 책은 고조선(단군조선)의 역사를 알기 쉽게 풀어 쓴 책이다. 그동안 학교 교육에서는 고조선의 역사를 자세하게 가르치지 못했다. 고조선에 대한 연구가 부족했기 때문이다. 시중에는 고조선(또는 단군 역사)에 관한 책이 여러 종류 보인다. 그러나 그 가운데는 학술적인 근거가 전혀 없는 것도 있다. 이런 현실은 고조선에 관심을 가진 독자들을 혼란스럽게 하고 있다.

고조선에 관한 이해의 부족이나 혼란을 그대로 두고는 우리 역사를 바로 알 수가 없다. 그래서 필자는 고조선을 바르게 소개할 책이 필요하다고 생각했다. 그것이 이 책을 쓰게 된 동기이다. 그런데 독자들은 이 책을 읽으면서 고조선의 실상이 지금까지 알고 있던 것과 너무 거리가 있다고 느낄지도 모르겠다. 영토가 넓었던 것이라든지 경제 수준이나 문화 수준이 높았던 것 등은 독자들로 하여금 고조선이 과연 이랬을까, 하는 의문을 갖게 할 것이다.

그러나 이 책에 실린 내용은 철저한 학술적인 연구를 바탕으로 하고 있다. 우리나라와 중국의 옛 문헌이나 고고학 자료를 토대로 연구한 결과이다. 필자는 『고조선 연구』 상·하(만권당, 2015·2016)를 출간한 바 있다. 그런데 『고조선 연구』는 연구 논문 형식으로 되어 있기 때문에 일반 독자들을 위해 그 내용을 쉽게 요약하여 이 책을 썼다. 이 책을 읽고 의문이 나거나 더 깊이 알고 싶은 독자는 『고조선 연구』를 읽어보기 바란다.

고조선에 대한 이해는 우리 민족에게 매우 중요한 의미가 있다. 특히 오늘의 시점에서 그 의미는 더욱 크다. 우리 민족의 운명이 걸려 있는 문제라고 생각할 수도 있다. 고조선이 왜 그렇게 중요한 의미를 지닐까?

고조선은 우리 민족이 처음으로 세운 나라이다. 고조선의 영역 안에 살고 있던 사람들이 하나의 통치 조직 속에서 공동체를 형성하여 민족이 출현하게 되었다. 그러므로 우리 역사에서는 고조선의 사회와 문화부터 우리의 민족사회 또는 민족문화라는 말을 사용할 수 있다.

고조선이 건국되기 전에도 고조선의 강역이었던 한반도와 만주에는 많은 사람들이 살고 있었다. 그러나 그들은 아직 하나의 국가로서 공동체를 형성하지 못했다. 그들의 사회와 문화가 우리 민족사회와 문화의 뿌리가 된 것은 분명하지만, 그들은 각 지역 단위로 나누어져 있었기 때문에 아직은 민족이라는 말을 사용할 수 없는 단계에 있었다.

그러므로 고조선의 사회와 문화는 우리 민족사회와 문화의 원형이다. 우리가 살고 있는 현대사회는 고조선의 사회와 문화를 원형으로 하여 다른 사회·문화의 자극과 영향을 받으면서 때로는 그러한 것을 부분적으로 흡수하여 발전한 것이다. 그렇기 때문에 우리의 현대사회는 고조선과는 전혀 다른 사회 성격과 문화 성격을 지닌 것처럼 보이지만 그 기초와 핵심을 이루고 있는 것은 고조선부터 계승된 것이다.

따라서 고조선에 대한 이해 없이는 우리 민족 본래의 모습을 알 수가 없을 뿐만 아니라 어떠한 변화를 거쳐 오늘의 모습에 이르렀는지도 정확하게 알 수 없다. '너 자신을 알라'라는 말이 있듯이 우리는 우리 자신을 알 필요가 있다. 우리 자신을 바로 알지 못하면 남도 바로 알 수 없다. 그렇게 되면 인류의 미래를 논할 자격이 없을 것이다.

그런데도 우리는 세계사의 주역이 되겠다고 외치고 있다. 앞으로 선진국으로서 세계의 중심 국가가 되겠다고 목청을 높이고 있다. 그러한 의욕과 신념을 갖는 것은 중요하다. 또 그렇게 되기를 우리 민족 누구나 바랄 것이다. 그러나 우리 민족이 그렇게 되려면 구체적인 준비가 되어 있어야 한다.

자기 자신에 대해서도 바로 알지 못하면서 인류사회의 중심국, 선진국으로서 세계사의 주역이 될 수 있을까? 설사 그러한 행운을 얻었다고 하더라도 인류를 바른 길로 인도할 능력이 있을까? 그러한 일을 하는 데 필요한 철학은 있는가?

이런 질문에 선뜻 그렇다고 대답하기 어려운 것이 우리의 현실이 아닐까 한다. 때가 되면 어떤 해결 방법이 나오겠거니 하고 살아갈 수도 있을 것이다. 그러나 그러한 삶의 자세는 바람직하지 않다. 잘못을 반복하는 어리석은 짓을 할 수도 있을 것이다.

선진국이 되기 위한 준비는 고조선에 대한 바른 인식으로부터 출발해야 한다. 어째서 그러한가? 이 책은 그러한 의문을 풀어줄 것이다.

2016년 7월

윤내현

차례

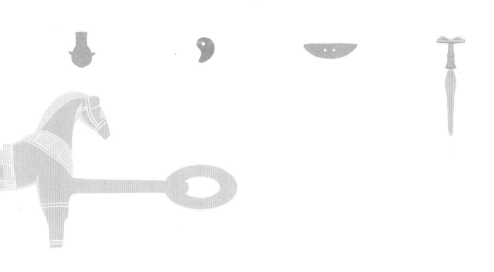

고조선은 왜 중요한가

인류사회는 어떻게 발전하는가

개인이나 집단이 발전한다는 것은 기존의 것에 새로운 것이 더해진다는 뜻이다. 기존에 있던 것에 아무것도 더해진 것이 없다면 그것은 종래의 수준에 머물러 있기 때문에 발전이 아닐 것이다. 발전을 위해 새로 더해진 것은 창조를 의미한다. 기왕에 있던 것이 아닌 새로운 것이기 때문이다.

그러므로 개인이나 인류사회가 발전했다는 것은 창조가 있었다는 것을 의미한다. 창조의 요소만큼 발전하는 것이다. 그렇기 때문에 우리 민족이 발전하기 위해서는, 우리나라가 미래의 주역인 선진국이 되기 위해서는 많은 것을 창조해야 한다. 창조 없이는 그러한 목적을 달성할 수가 없다.

창조는 어떻게 일어나는가? 창조는 서로 다른 것이 만나 자극과 영향을 주고받으면서 일어난다. 자극과 영향이 없다면 창조는 일어날 수 없다.

만약 어떤 사람이 자극과 영향이 전혀 없는 외딴 섬에 홀로 있다면 그에게는 발전이 있을 수 없을 것이다. 사람은 지구상에 출현한 이래 끊임없이 자연에 도전하거나 순응하면서 자극을 받았다. 다른 사람이나 다른 사회로부터도 자극과 영향을 받았다. 그러한 과정에서 새로운 것을 만들어내어 발전을 거듭해왔다. 그렇기 때문에 역사는 도전과 응전이 반복되어 발전한다고 말하기도 하는 것이다.

사람이 도전이나 응전을 하기 위해서는 나 또는 우리와는 다른 존재가 있어야 한다. 그것은 자연일 수도 있고 인간일 수도 있으며, 둘 다일 수도 있다. 만약 나 또는 우리와 다른 존재가 없다면 도전과 응전이 있을 수 없기 때문에 발전이 있을 수 없다.

이런 현상은 인간 사회뿐만 아니라 물질계에도 적용된다. 원자핵 안에 있는 서로 다른 입자가 부딪쳐 핵에너지를 만들어내는 것은 그러한 사실을 알게 한다.

그렇다면 우리 민족이 발전하기 위해 어떤 준비가 필요한지 분명해졌다. 우리 민족은 다른 나라 사람이나 다른 민족과 구별되는 점을 가지고 있어야 한다. 우리 민족의 사회와 문화가 나름의 특성을 지니고 있어야 하는 것이다. 그래야만 다른 나라나 다른 민족의 문물과 접촉하면서 자극과 영향을 받을 수 있고 도전과 응전이라는 현상이 일어날 수 있다.

우리 사회와 문물이 특성을 지니려면 우리 나름의 가치관을 가지고 있어야 한다. 우리가 다른 나라 사람이나 다른 민족과 똑같은 가치관을 가지고 생각이나 행동이 동일하다면 서로 아무런 자극이나 영향을 주고받을 수 없을 것이다. 도전이나 응전이 있을 수 없는 것이다. 그렇게 되면 발전이 있을 수 없다.

예컨대 우리의 생각이 미국 사람과 똑같다면 우리는 미국에서 생산된 물건에 완전히 만족할 것이고 그것을 새롭게 발전시킬 생각을 전혀 하지 않을 것이다. 그러나 우리 나름의 다른 생각이 있다면 그것을 우리의 생각에 맞도록 수정하거나 새롭게 만들 것이다. 수정하거나 새롭게 만드는 것이 바로 창조이다. 이런 것들이 발전을 가져온다. 작은 수정이라도 조금씩 쌓여 큰 과학기술이나 발명이 된다.

가치관은 개인이나 민족이 살아가는 데 있어서 본질이 된다. 그것은 그 사람이나 민족의 인생관, 인생철학의 바탕이 된다. 개인이나 민족이 살아가는 데는 본질적인 것과 더불어 기능적인 것도 필요하다. 본질적인 가치관에 의해 설정된 방향이나 목표에 도달하기 위한 여러 가지 수단과 방법은 기능적인 것이다. 그 방향이나 목표에 도달하기 위한 수단과 방법도 가치관에 의해 결정되는 경우가 많다. 그러므로 인생의 본질이 되는 가치관을 먼저 세울 필요가 있다.

필자가 여기서 가치관을 강조하는 것은 그것이 우리 민족이 준비해야 할 것의 전부이기 때문은 아니다. 가치관의 정립과 더불어 여러 가지 기능적인 역할을 하는 요소들도 준비해야 한다. 그러나 기능적인 역할을 하는 여러 요소, 예컨대 외국어의 습득, 경영 전략의 효율화, 과학기술의 향상, 정보 교환과 관리 등의 중요성에 대해서는 이미 많은 사람들이 말해왔다. 학교 교육 역시 그러한 방향으로 추진되어왔다. 그러므로 필자는 그것을 굳이 강조하지 않는 것이다.

우리의 교육 내용은 대부분 기능적인 역할에 치중되어 있다. 그러한 것들은 대부분 우리가 살아가는 데 있어서 수단과 방법으로 이용되는 것들이다. 개인이나 민족이 가야 할 방향이나 목표를 설정하는 데 필요한 가치관을 제공하지 못하는 것들이 많다. 그래서 필자는 여기서 가치관 정립의 필요성을 특별히 강조할 필요성을 느낀다.

민족의 가치관은 어떻게 작용할까

민족의 가치관 정립이 우리에게 현실적으로나 미래 사회를 건설하는 데 어떻게 작용할 것인지 정리해보자.

첫째, 가치관 정립은 민족 발전에 기여할 것이다. 세계는 지금 개방시대다. 우리 문물이 세계 곳곳에 전해지고 있지만 외래 문물 역시 물밀듯이 우리나라에 들어오고 있다. 우리 문물과 외국의 문물이 곳곳에서 항상 접촉하게 된다. 그렇게 되면 다음 3가지 현상 가운데 하나가 일어난다. 우리 문물이 외국 문물에 종속되거나, 그 반대가 되거나 또는 새로운 문물이 창출될 것이다.

국제사회의 개방화는 우리 민족이 크게 발전할 수 있는 기회가 될 수도 있고 우리 민족이 외래 문물에 종속되는 기회도 될 수 있다. 그것은 우리 민족이 나름의 가치관을 갖느냐 그렇지 못하느냐에 달려 있다.

여기서 우리가 분명히 알아두어야 할 점이 있다. 설령 우리가 외래 문물에 종속되더라도 경제적 생활 수준은 지금보다 나아질 수 있다는 것이다. 왜냐하면 날이 갈수록 경제 규모가 커져서 기업이나 개개인의 수입은 늘어날 가능성이 있기 때문이다. 경제적인 수입이 늘어나는 것에 만족한다면 할 말이 없다. 그러나 그럴 경우 선진국의 꿈은 버려야 하며, 바람직한 삶의 꿈도 버려야 할 것이다.

이 점에서 가치관이 빈곤한 가운데 경제 성장만을 논하는 것은 매우 위험한 일이다. 올바른 경제 성장을 위해서도 우리 민족의 가치관 정립은 필요하다.

둘째, 민족의 가치관 정립은 통일공동체 형성에도 이바지할 것이다. 우리는 민족을 통일해야 하는 중대한 과업을 눈앞에 두고 있다. 이에 대한 여러 가지 논의가 활발하게 일어나고 있는 것이 우리의 현실이다. 그런데 그러한 논의들을 보면 대부분이 기능적인 것이라는 생각이 든다. 통일에 이르는 수단과 방법에 관한 것이 대부분이다. 본질 문제에 대한 논의는 부족한 것이 아닌가 생각되는 것이다.

그 본질적인 것은 남북한 거주민들이 공감하는 가치관을 세우는 일일 것이다. 그 가치관은 남북한에 현존하는 대립된 이념이나 사상, 체제 등을 뛰어넘는 것이어야 한다. 남북한 거주민들이 공감하는 가치관이 확립된다면 그것이야말로 진정한 민족 동질성 회복이 될 것이다. 그러한 작업 없이 기능적으로만 통일이 된다면 매우 큰 혼란이 일어날 것이다. 따라서 민족 통일을 앞당기기 위해서나 통일 후에 이상적인 민족 공동체를 형성하기 위해 민족의 가치관 정립은 매우 시급하다.

셋째, 민족의 가치관 정립은 사회병리 현상의 치유를 위해서도 필요하다. 우리 사회에는 병리 현상이 만연하고 있다. 사회 곳곳에 도사리고 있는 부정, 부패, 살인, 사기 등의 범법 행위뿐만 아니라 지나친 과시욕, 비방과 모략, 집단 이기심, 한탕주의, 적당주의 등이 상상을 초월한다. 이는 분명히 정상적인 사회는 아니다. 우리 사회는 정신질환을 앓고 있는 것이다.

이런 위기를 극복하기 위해서는 우리 민족이 앓고 있는 정신질환을 치유해야 한다. 이를 치유하기 위해서는 그러한 병을 갖게 된 원인을 알아야 한다. 정신질환을 일으키는 원인 가운데 주된 것은 자존심의 상처와 열등의식이라고 한다. 우리 민족은 근세조선시대부터 자존심에 상처를 입고 열등의식을 갖게 되었을 것으로 생각된다.

독자 여러분도 잘 알다시피 조선의 조정은 유교를 정치와 학문의 지도 이념으로 삼았다. 유교의 궁극적인 목표는 중국의 천자(天子)가 천하를 다스려야 한다는 것이다. 따라서 근세조선 왕실은 중국 천자를 받들어야 했고 우리 민족은 중국과 중국 사람을 상국과 상전으로 생각해야 했다.

이런 상황에서 의식 있는 지성인이라면 자존심에 크게 상처를 받았을 것이고 민중은 열등의식을 갖게 되었을 것이다. 그러한 세월이 500여 년 동안 계속되었던 것이다. 1대를 30년으로 계산하면 17대를 그렇게 살았던 것이다. 조선시대가 끝나면서 우리 민족은 일제 강점기를 맞게 되었다. 일제는 역사를 왜곡하면서까지 우리 민족이 무능했던 것처럼 조작했다. 우리의 전통문화를 말살하려고 노력했다. 우리 민족의 자존심 상처는 이만저만한 것이 아니었을 것이다. 이런 심한 자존심의 상처와 열등의식은 정신질환을 만들기에 충분했을 것이다.

광복 후 우리는 군정시대를 맞았다. 군정의 교육정책은 서구 문물의 우월성을 선전하기 바빴다. 군정시대가 끝나고 대한민국 정부가 들어선 후에도 군정에서 실시했던 교육정책의 영향은 여전히 남아 있게 되었다. 거기에다 한국전쟁까지 겪었다. 여기서 받은 자존심의 상처와 열등의식은 말할 수 없는 것이었다.

따라서 우리 사회에 만연되어 있는 병리현상을 치유하기 위해서는 이런 자존심의 상처를 아물게 하고 열등의식을 씻어내야 한다. 사회가 발전하고 자신감을 갖게 되면 어느 정도는 치유될 것이다. 그러나 매우 오랜 세월이 필요할 뿐만 아니라 완전한 치료도 어려울 것이다. 그러면 어떻게 해야 할까? 역사를 통해 우리 민족의 능력과 가치관을 올바로 인식하도록 해야 할 것이다. 그리하여 자기 자신과 민족에 대해 긍지와 자신감을 갖도록 해야 한다. 그러기 위해 우리는 올바른 역사와 민족철학을 가지고 있어야 하는 것이다.

민족철학은 어떻게 정립해야 할까

지금까지 본 바와 같이 민족의 가치관을 세우고 그것을 학문으로 체계화한 민족철학을 정립하는 것은 매우 중요한 일이다. 그렇다면 지금 우리에게 이렇게 중요한 민족의 가치관이나 민족철학이 정립되어 있는가?

민족의 가치관이나 민족철학이란 민족의 구성원 모두가 공감하는 것이어야 한다. 내용이 아무리 좋아도 우리 민족이 공감하지 않는다면 그것은 민족의 가치관이나 민족철학이 될 수 없다. 어디에서 우리 민족이 공감하는 가치관을 찾아야 할까? 민족철학은 어떻게 정립해야 할까?

그것은 우리 역사에서 찾아야 한다. 우리 역사에는 우리 민족 사회와 문화의 특성이 들어 있다. 그것은 우리 조상들이 우리 자연환경 안에서 생활하면서 이룩한 것이다. 그 안에는 그것을 형성하는 기초로서 우리 민족의 가치관이 자리하고 있다. 우리 민족의 가치관은 생활과 교육, 그리고 유전자를 통해 전달되어 우리의 잠재적 정서를 형성하고 있다. 그러나 그것을 체계화하여 가르쳐주지 않으면 깨닫지 못한다. 그렇기 때문에 민족의 가치관을 세우고 민족철학을 정립하는 일이 필요하다.

우리 민족의 가치관은 우리 역사와 생활 및 잠재의식에 이미 자리하고 있다. 그렇기 때문에 그것과 일치하지 않은 내용에 우리 민족은 공감하지 않게 되는 것이다. 우리 민족의 사회와 의식에 자리 잡고 있는 기존의 가치관은 우리의 자연환경 속에서 형성된 것이기 때문에 자연환경까지 완전히 바뀌지 않는 한 그 근본은 바뀌지 않는다. 따라서 외래적인 것이 아무리 좋은 것이라 하더라도 우리 정서와 맞지 않으면 우리 민족은 그것에 공감하지 않는 것이다.

여기서 알아두어야 할 것이 하나 있다. 그것은 지금 우리 민족이 가지고 있는 가치관에는 우리 본디의 것과 외래적인 것이 혼합되어 있다는 점이다. 우리 본디의 것은 우리 가치관 또는 한민족 가치관이고, 외래적인 것은 우리다운 가치관 또는 한민족적 가치관이다.

우리 가치관은 본디부터 우리 민족이 가지고 있던 것으로서 우리 정서의 핵심을 이루고 있으며, 우리다운 가치관은 외국에서 들어와 우리 가치관과 융합된 것이다. 예컨대 우리 사회에는 유교, 불교, 기독교 등의 가르침이 혼재하고 있는데 이것들은 우리 것이라기보다는 우리다운 것이다. 우리 것과 우리다운 것을 구분하는 것은 우리다운 것이 중요하지 않기 때문이 아니다. 우리 자신을 바로 알기 위해 이런 점을 분별할 줄 알아야 한다는 것이다. 외국의 많은 문물 가운데서 우리다운 가치관이 된 것은 우리 민족이 그것을 필요로 했거나 공감했기 때문이었을 것이다. 어떤 요소는 우리 가치관과 동일하거나 유사할 것이다. 그러한 점에서 외래적인 것도 중요한 의미를 지닌다.

그러나 우리 가치관과 우리다운 가치관이 섞여 있는 오늘의 우리 사회를 체계적으로 이해하려면 우리 가치관이 무엇이었는지를 먼저 알아야 할 것이다. 그다음에 외래의 것이 어떤 과정을 거쳐 우리 것과 융합되어 우리다운 것이 되었는지를 살펴야 한다.

그러기 위해서는 외래문화가 많이 들어오기 전에 우리 민족이 어떤 가치관을 가지고 있었는지를 먼저 살펴야 할 것이다. 외래문화가 들어온 후의 우리 사회에는 이미 외래적인 가치관이 혼재하고 있기 때문에 그 안에서 우리 본디의 것을 추려낸다는 것은 어려울 것이다.

고조선에 대한 바른 이해가 중요성을 갖는 것은 바로 이 때문이다. 고조선과 그 뒤를 이은 여러나라시대(열국시대)까지는 다른 나라로부터의 문물 수입이 비교적 적었다. 문물의 교류가 전혀 없었던 것은 아니지만 후대에 비해 훨씬 적었고 조직적이지 못했다. 따라서 고조선은 우리 민족 본디의 것을 거의 그대로 보유하고 있었던 것이다.

그러므로 고조선 사회와 문화의 성격은 바로 우리 민족 사회와 문화 특성의 원형이 되는 것이다. 고조선 사회와 문화 특성을 이루는 가치관은 바로 우리 가치관인 것이다. 그러므로 고조선 사람들의 가치관을 알지 못하고는 우리 자신을 바르게 알 수가 없다.

그런데 우리 민족의 문화나 철학 또는 사상 등을 말할 때 불교, 유교, 기독교 등의 가르침만을 말하는 것을 흔히 본다. 그것은 그동안 고조선에 대한 연구가 충분히 되어 있지 않았기 때문에 일어난 현상이다. 이들 외래적인 것이 우리나라에 들어오기 전에 우리가 본디 가지고 있던 것이 무엇이었는지를 잘 알지 못한 데서 비롯된 현상인 것이다.

지금은 고조선에 관한 새로운 문헌 자료와 고고학 자료가 많이 나와 있다. 그 자료들을 이용한 연구 성과도 많아졌다. 그러므로 이제 고조선에 대한 바른 이해를 토대로 우리 가치관을 세우고 그것을 미래 지향적으로 체계화한 민족철학을 정립해야 한다. 그리고 그것을 우리 교육 모든 분야의 바탕이 되도록 하여 우리 얼을 살려야 한다. 이 책은 그러한 작업을 위해 본격적인 고조선 이해의 길로 독자들을 안내할 것이다.

·풀림 1·

단군은 누구인가

단군은 누구이며 실제로 존재했는가

단군은 어떤 사람이며 누구인가? 이 질문에 대한 대답은 사람마다 다를 것이다. 우리는 단군에 대해 잘 알고 있다고 생각하지만 사실은 그렇지 못하다. 단군이라는 명칭만을 잘 알고 있을 뿐이다. 단군이 실존 인물이었는지조차 의문을 품고 있는 사람도 있을 것이다. 반면에 단군을 신으로 생각하는 사람들도 있다.

『삼국유사(三國遺事)』와 『제왕운기(帝王韻紀)』에 단군은 후에 산신(山神)이 되었다고 한 기록이 단군은 사람이 아니라 신이었다고 생각하는 근거가 되고 있다. 그러나 이것은 처음부터 신이었다는 뜻이 아니라 사람에게는 영혼이 있어서 누구나 죽으면 신이 된다고 믿었던 고대인들의 생각이 반영된 것이다. 단군을 신으로 받드는 종교도 아마 단군을 사람이 아닌 신이었다고 믿기보다는 그가 사망한 후에 신이 되었다고 믿을 것이다.

그런데 단군이 사망한 후 신이 되었느냐 그러지 않았느냐 하는 문제는 종교에서 다룰 문제다. 역사학에서 다루는 단군은 사망 후의 단군을 말하는 것이 아니다. 살아서 사람으로 있을 때의 단군을 말하는 것이다. 그러므로 역사에서 다루는 단군과 일부 종교에서 숭배하는 단군은 의미가 다르다.

흔히 사람들은 단군을 개인의 이름으로 알고 있다. 그런 사람들은 단군과 고조선의 존재에 대해 의문을 갖게 된다. 고조선은 서기전 2333년에 건국되어 2,300여 년간 존속했다고 하는데 한 사람이 그렇게 오랫동안 통치했다는 것은 불가능하기 때문이다.

우리가 단군에 대해 이상과 같은 생각을 갖고 있다는 것은 우리 역사에 대해 얼마나 무지한가를 말해준다. 그렇게 생각하는 사람이 많지 않다고 하더라도 그것은 부끄러운 일이다. 고조선의 통치자였던 단군에 대한 인식이 불확실하다면 고조선에 대한 이해도 바를 수가 없다. 고조선에 대한 이해가 바르지 못하면 우리 역사 전체에 대한 이해를 바르게 할 수 없는 것이다.

단군은 신이나 개인의 이름이 아니라 고조선 통치자에 대한 칭호였다. 오늘날의 대통령이라는 칭호와 비슷한 것이다. 중국 칭호인 왕이라는 말이 우리나라에 들어오기 전에 우리 조상들은 통치자를 단군 또는 한이라 불렀다. 통치자에 대한 순수한 우리 칭호였던 것이다. 중국에서는 최고 통치자를 천자나 왕 또는 황제라고 불렀다. 단군은 천자에 해당하는 말이었고 한은 왕이나 황제에 해당하는 말이었다.

중국에서 천자라는 칭호가 고대 중국인들이 받들었던 최고신인 하느님의 아들이라는 뜻이듯이, 단군은 고조선의 최고신인 하느님의 아들 또는 하느님을 받드는 종교의 지도자라는 의미였다. 따라서 단군은 종교적인 의미가 강한 명칭이다. 반면에 한은 중국어에서의 왕이나 황제처럼 정치적 의미만을 지닌 명칭이었다. 그런데 고대사회에서는 종교가 정치 위에 있었으므로 단군이 한보다 권위를 지닌 명칭이었다.

단군은 통치자의 칭호였기 때문에 고조선에는 적어도 수십 명의 단군이 있었다. 그러나 『삼국유사』에는 고조선을 건국한 단군왕검(壇君王儉) 한 사람 이름만 기록되어 있다. 반면에 『규원사화(揆園史話)』, 『단기고사(檀奇古史)』, 『환단고기(桓檀古記)』의 「단군세기(檀君世紀)」 등에는 47명의 단군 이름이 기록되어 있다. 그러나 『규원사화』나 『단기고사』, 『환단고기』 등은 저작 시기와 책들이 세상에 알려진 시기가 오래지 않으며 서지학적인 검토도 충분하게 이루어지지 않은 상태다.

그러므로 강단 사학계에서는 그 내용을 인정하지 않으려는 경향이 있다. 이 책들에 기록된 단군의 이름들이 옳은지 그렇지 않은지를 확인하는 것은 현재로서는 불가능하다. 그러나 고조선 시대에 수십 명의 단군이 있었을 것이라는 점은 분명하다. 왜냐하면 고조선 2,300여 년간 한 사람의 단군이 통치할 수는 없었을 것이기 때문이다. 참고로 위 책들에 기록된 단군의 이름을 소개하면 옆의 표와 같다.

단군 이름

1	단군왕검	25	단군솔나(率那)
2	단군부루(扶婁)	26	단군추로(鄒魯)
3	단군가륵(嘉勒)	27	단군두밀(豆密)
4	단군오사구(烏斯丘)	28	단군해모(奚牟)
5	단군구을(丘乙)	29	단군마휴(摩休)
6	단군달문(達門)	30	단군내휴(奈休)
7	단군한율(翰栗)	31	단군등올(登屼)
8	단군우서한(于西翰)	32	단군추밀(鄒密)
9	단군아술(阿述)	33	단군감물(甘勿)
10	단군노을(魯乙)	34	단군오루문(奧婁門)
11	단군도해(道奚)	35	단군사벌(沙伐)
12	단군아한(阿漢)	36	단군매륵(買勒)
13	단군흘달(屹達)	37	단군마물(麻勿)
14	단군고불(古弗)	38	단군다물(多勿)
15	단군벌음(伐音)	39	단군두홀(豆忽)
16	단군위나(尉那)	40	단군달음(達音)
17	단군여을(余乙)	41	단군음차(音次)
18	단군동엄(冬奄)	42	단군을우지(乙于支)
19	단군종년(縱年)	43	단군물리(勿理)
20	단군고홀(古忽)	44	단군구물(丘勿)
21	단군소태(蘇台)	45	단군여루(余婁)
22	단군색불루(索弗婁)	46	단군보을(普乙)
23	단군아홀(阿忽)	47	단군고열가(古列加)
24	단군연나(延那)		

북한에서 발굴한 단군릉은 무엇인가

1993년 10월 2일 북한의 평양방송은 북한 사회과학원의 단군릉 발굴 보고문을 크게 보도했다. 같은 날 『로동신문』에도 방송의 내용과 동일한 단군릉 발굴 보고문이 실렸다. 이보다 앞서 9월 27일에는 북한 주석 김일성이 단군릉 발굴 현장을 둘러보고 깊은 관심을 표명히면서 지금까지 전실로만 알려졌던 단군이 실재한 인물로 고증된 것은 우리 민족사에서 중요한 의의를 가진다고 말했다는 기사가 『로동신문』에 실렸다. 그 후 『로동신문』에는 단군릉 발굴에 관한 역사학자와 고고학자들의 글이 여러 차례 실렸다. 그리고 10월 12일과 13일에는 평양인민대학습당에서 단군 및 고조선에 관한 학술발표회가 대대적으로 열렸다.

단군릉은 평양시 강동군 강동읍에서 서북쪽으로 좀 떨어진 대박산의 동남쪽 경사면 기슭에 위치해 있다. 대박산을 옛날에는 박달이라 불렀다고 한다. 단군릉 동북쪽에는 아사달산이 있고 능에서 서쪽으로 멀지 않은 곳에는 단군호라는 호수가 있으며 단군릉이 있는 마을을 지금은 문흥리라고 부르지만 얼마 전까지만 해도 단군동이라 했고 그 동쪽 마을을 아달동이라 했다고 한다.

『삼국유사』〈고조선〉조에는 고조선의 도읍이 아사달(阿斯達)이었다고 기록되어 있다. 그러므로 위의 단군릉 주변 지명 가운데 아사달산이나 아달동 등은 고조선과 관계가 있는 지명이다. 이로 보아 이 일대의 지명과 호수명은 고조선 및 단군과 관계를 가지고 있음을 알 수 있다.

이번에 발굴된 단군릉에 관한 기록은 조선시대에 편찬된 『신증동국여지승람(新增東國輿地勝覽)』(1530)에 보인다. 이 책에는 강동에는 두 자리의 큰 무덤이 있는데 그 하나는 현의 서쪽 3리에 있으며 민간에서 단군묘라고 전해오는 것으로서 둘레가 410자라고 기록되어 있다.

『조선왕조실록(朝鮮王朝實錄)』의 『숙종실록(肅宗實錄)』에는 1697년 7월 14일에 강동의 단군묘와 평양의 동명왕묘를 해마다 수리할 것을 건의한 이인엽의 상주를 허락했다는 기록이 있고 『영조실록(英祖實錄)』에는 1739년 5월 23일과 1763년 4월 22일 두 차례에 걸쳐 영조가 평양감사에게 단군묘를 잘 보수 관리할 것을 명령한 내용이 기록되어 있다. 그리고 『정조실록(正祖實錄)』에는 1786년 8월 9일에 정조가 평양감사에게 단군의 묘지기를 정하고 강동원으로 하여금 매년 봄과 가을에 묘를 둘러보는 것을 제도화하라는 지시를 내렸다는 기록이 있다.

이 단군릉은 1936년에 보수된 일이 있다. 이에 관한 내용은 단군릉 앞에 세워진 기적비의 비문에 자세히 기록되어 있고 당시 언론 매체를 통해 보도된 바 있다. 높이가 191센티미터인 비문의 앞면에는 한문으로 단군의 업적이 찬양되어 있고 뒷면에는 한글로 단군릉의 보수 경위가 간단하게 적혀 있다. 그 내용에 따르면 일제가 한국을 강점한 1921년부터 허물어진 단군릉을 보수하자는 논의가 일어나 1932년에 단군릉수축기성회(일명 단군릉수호회)가 조직되어 유지들로부터 기금을 모아 1936년에 보수, 공사를 한 것으로 되어 있다. 단군릉에는 묘역 시설이 있는데 묘의 바로 앞에는 한자로 단군릉(檀君陵)이라고 새긴 표식비가 있으며 그 앞에는 화강석을 잘 연마하여 만든 무게 2톤 200킬로그램의 큰 상돌이 있고, 무덤의 좌우에는 돌사자가 한 마리씩 있으며 상돌로부터 8미터 앞에는 '수호전'이라 불리는 정자각이 있고 그 동쪽에 기적비가 있다.

이상의 기록으로 볼 때 이번에 발굴된 단군릉은 오래전부터 이미 단군릉으로 불려왔음을 알 수 있다. 북한의 발굴 보고서에 따르면 단군릉은 일제에 의해 이미 발굴된 바가 있어 이번 발굴에서는 많은 유물이 수습되지는 못했다고 한다. 이번 발굴에서 얻어진 유물 가운데 주목되는 것은 남녀 한 사람씩의 뼈가 출토된 것이다. 남자는 나이가 많고 키는 170센티미터 이상의 큰 키였고, 여자는 젊었던 것으로 밝혀졌다.

이곳에서 출토된 뼈를 전자상자성공명법에 의해 연대를 측정한 결과 이 무덤에 묻힌 유물은 약 5,011년 전(1993년 기준)의 것으로 확인되었다고 한다. 단군릉에 묻힌 사람의 유골이 오래도록 비교적 잘 보존된 것은 이곳이 석회암 지역이기 때문이라고 발굴자들은 설명하고 있다.

단군릉에서는 금동 왕관 앞면의 세움장식과 돌림띠 조각이 각각 1점씩 출토되었다. 세움장식은 청동판에 두텁게 금도금을 한 것으로 윗부분이 복숭아 모양을 하고 있다. 돌림띠는 좁고 길쭉한 청동판인데 역시 두텁게 금도금을 한 것이었다. 이 외에도 금동띠의 패쪽 1점과 쇠로 만든 못 6개가 출토되었다. 쇠로 만든 못은 관에 사용되었던 것이라고 한다.

단군릉의 무덤 양식은 돌을 쌓아서 만든 고구려 양식의 돌칸흙무덤이었다. 단군릉이 고구려 양식을 하고 있는 것은 고구려시대에 개축되었기 때문이라고 발굴자들은 말하고 있다.

북한에서는 단군릉 발굴을 역사적 대사건으로 취급하고 있다. 이런 북한의 단군릉 발굴 상황은 부분적이기는 하지만 방송과 신문을 통해 우리에게도 전달되었다. 북한에서는 그 단군릉을 동양에서는 규모가 가장 큰 석조릉으로 대대적인 개축을 했다고 전하고 있다.

단군릉을 어떻게 생각해야 할까

앞에서 말한 바와 같이 평양시 강동군 강동읍에서 발굴된 단군릉은 오래전부터 단군릉으로 전해왔다. 그러므로 충분한 근거 없이 그것을 단군릉이 아니라고 부인할 수는 없다. 이 문제에 대한 결론은 발굴 결과에 따라야 할 것이다.

그런데 단군릉의 발굴 결과 그 연대가 5,000여 년 전으로 확인되었다. 그러므로 이 연대가 옳다면 이 무덤은 고조선보다 늦은 시기의 무덤이 아니라는 점은 분명하다. 그리고 그곳에서는 최고의 통치자만이 착용했던 금동관의 장식품이 출토되었다. 따라서 이 무덤은 고대의 최고 통치자 무덤이라는 점도 분명하다. 그렇기 때문에 발굴자들은 이 무덤이 세간에 전해 내려온 바와 같이 단군릉임이 틀림없다고 말하고 있는 것이다.

그래서 북한에서는 우리 민족 반만년 역사의 시조이며 민족적 넋의 상징인 단군이 실존 인물로 확인되었으므로 우리 민족의 시조묘인 단군릉을 최상의 수준으로 개축해야 한다고 주장했다. 그러기 위해 단군릉복구위원회를 구성하고 국가적인 힘을 쏟아 이를 대대적으로 개축한 것이다.

그 규모를 보면 능의 크기는 사방 50미터의 기단에 화강석 1,800여 개를 9계단으로 피라미드식으로 쌓아 올려 봉분의 높이가 22미터가 되도록 했고, 그 부대시설로 5정보 넓이의 주차장과 능문, 개축비 등을 설치했으며 능역으로부터 능에 이르는 사이에는 250여 개의 계단을 만들어놓았다. 주변 50여만 정보의 면적에 대한 녹화사업도 추진했다고 한다.

그런데 단군릉 발굴 소식이 전해지자 우리 정계나 언론계, 학계의 일각에서는 매우 부정적인 반응을 보였다. 북한의 단군릉 발굴 보도는 그들이 정치적으로 조작한 쇼에 불과하다는 것이다. 단군릉 발굴 내용도 조작일 가능성이 많다고 보았다.

필자는 이런 보도를 접하고 참으로 안타까운 마음을 금할 수가 없었다. 남북한에 거주하는 사람들은 모두 같은 민족인데 단군릉 발굴에 대한 반응이 이렇게 서로 다를 수 있는가 하는 점 때문이었다. 이렇게 서로 다른 의식을 가지고 있으면서 진정한 민족 통일, 민족 공동체를 이루어낼 수 있을까 하는 걱정도 되었다.

발굴된 단군릉이 진짜라면 우리 민족에게 대단히 큰 사건이 아닐 수 없을 것이다. 일본인들이 부정한 후 가공된 인물로 치부되었던 단군이 실존 인물로 확인되었다는 것은 참으로 중요한 사건이 아닐 수 없다. 우리 역사 연구와 고고학사에 매우 중요한 사건 가운데 하나가 될 것이다.

이런 점에서 생각해보면 단군릉 발굴 소식이 전해졌을 때 우리는 당연히 크게 환영했어야 옳다. 그런데 그것을 애써 부인하려는 사람들이 있었다. 단군릉이 발굴되어 그것이 사실로 확인되었다는데 어째서 그렇게 불만이 많은지 알 수가 없었다. 지난날 단군과 고조선을 부인했던 일본 사람들이라면 그럴 수 있겠지만.

설사 발굴 보고의 내용에 의문이 있었다고 하자. 그렇더라도 일단 발굴 자체에 대해서는 치하한 후 그 의문점을 학술적으로 지적하는 것이 옳다. 이렇게 말하는 것은 단군릉의 발굴 내용이 모두 옳다고 생각하기 때문은 아니다. 필자도 몇 가지 의문을 가지고 있다. 그러나 발굴 현장을 보지도 않고 학술적인 발굴 보고서도 발간되지 않은 상황에서 어떤 선입관을 가지고 그것을 부인하는 것은 학자나 지성인의 자세가 아니다.

북한에서 그것을 정치적으로 이용하고 있는 것은 사실이다. 그렇더라도 정치적으로 이용된 부분과 사실을 구분해서 비판해야할 것이다. 발굴 사실이나 그곳에서 출토된 유물까지 조작된 것처럼 말하는 것은 바른 자세라고 할 수 없다. 오히려 이 기회에 남북한 학자들이 한자리에 모여 단군릉 발굴을 포함한 고조선 전반에 관해서 공동으로 연구하고 토론하는 기회를 가지는 것이 바람직할 것이다.

그러한 작업을 통해 우리 민족의 동질성을 회복하고 우리 민족이 일체감을 갖도록 하는 것은 민족 통일을 위해서나 통일 후 이상적인 민족공동체를 이루는 데 있어서도 도움이 될 것이다. 고조선은 우리 민족이 세운 최초의 국가이며 고조선이 출현함으로써 우리 민족이 형성되었으므로 고조선 사회와 문화는 우리 민족 사회와 문화의 원형이 되기 때문이다.

여기서 하나의 예를 들고자 한다. 미국 매사추세츠 주 플리머스 바닷가에는 바윗덩어리 하나를 모신 건물이 있다. 플리머스는 청교도들이 메이플라워호를 타고 미국 땅에 처음 도착했던 곳으로 미국 역사가 시작된 곳이다. 건물 안에 있는 바위는 메이플라워호를 타고 왔던 청교도들이 미국 땅에 내리면서 처음으로 디뎠던 돌이라고 한다. 그러므로 미국 역사가 시작된 것을 상징하기 위해 보존하고 있는 것이다.

그 돌이 과연 청교도들이 처음 디뎠던 것일까? 지금으로서는 그것을 확인할 길이 없다. 그러나 미국 역사 시작의 상징으로 그것을 보존하고 있는 것이다. 이것을 가지고 미국인들을 비과학적이라거나 비합리적이라고 말할 수는 없을 것이다. 이런 점과 견주어볼 때 오래전부터 단군릉으로 불려온 유적을 분명한 근거 없이 단군릉이 아니라고 부인해야 할 것인지 곰곰이 생각해볼 필요가 있다.

단군릉 발굴 내용은 조작된 것일까

단군릉 발굴 내용을 정확하게 인식하기 위해 그 보고서 가운데 문제가 되는 부분을 지적해두고자 한다.

첫째로 단군릉에 묻힌 사람이 누구였을까 하는 문제다. 단군릉에서는 최고 통치자가 사용했던 금동관이 출토되었으므로 당시의 지배자였던 것만은 틀림없는 것 같다. 그러나 단군은 개인의 이름이 아니라 최고 통치자에 대한 칭호로서 고조선에는 수십 명의 단군이 있었다. 그러므로 단군릉에 묻힌 단군은 그 가운데 어느 단군이었는지가 밝혀져야 할 것이다. 북한에서는 그 이름을 밝히고 있지는 않지만 단군릉에 묻힌 인물을 우리 민족의 시조라고 한 것으로 보아 고조선을 건국한 단군왕검으로 보고 있는 것 같다. 그렇게 본다면 단군릉에서 얻어진 연대가 문제가 된다.

단군릉에서 출토된 유골을 전자상자성공명법으로 측정한 결과 그 연대가 5,000여 년 전으로 나타났다고 한다. 발굴자들은 연대의 정확성을 기하기 위해 2개의 다른 연구소에서 한 곳에서는 30회, 다른 곳에서는 24회 모두 54회의 측정을 한 결과 동일하게 나타났기 때문에 그 연대는 신빙성이 있다고 주장했다. 이 연대는 단군릉에 묻힌 인물이 태어났던 해가 된다고 한다. 그런데 『삼국유사』와 『제왕운기』에 단군왕검은 중국의 요(堯)임금이 즉위한 해에 고조선을 건국했다고 기록되어 있다. 요임금이 즉위한 해는 서기전 2333년이었다고 전해온다. 그래서 우리는 고조선 건국 연대를 서기전 2333년으로 잡고 있는 것이다.

『삼국유사』와 『제왕운기』에 기록된 고조선 건국 연대를 따르면 단군릉의 유골에서 얻은 연대는 그보다 685년이나 앞선다. 이 점을 어떻게 설명할 것인지가 문제다. 일부 북한 학자들은 고조선의 건국 연대를 단군릉에서 얻은 연대에 따라 서기전 3000년기로 올려야 한다고 주장하고 있다. 이 문제가 합리적으로 설명될 수 있도록 학계에서 연구가 진행되어야 할 것이다. 만약 이 문제가 합리적으로 설명될 수 없다면 단군릉에 묻힌 인물은 단군왕검보다 훨씬 앞선 고조선 건국 이전의 인물로 보아야 할 것이다.

둘째로 단군릉에서 출토된 금동 유물에 관한 것이다. 단군릉에서는 금동관 장식품이 출토되었나. 청동에 금도금을 한 것이라고 한다. 단군릉의 연대가 5,000여 년 전으로 확인되었으므로 청동에 금도금을 한 금동이 그때 이미 사용되었다는 것이 된다. 그런데 금동을 만드는 기술은 청동기가 출현한 후 수백 년이 지나서 나타나는 것이 일반적이다. 그러므로 단군릉에서 출토된 금동을 5,000여 년 전의 것으로 인정한다면 우리 민족이 청동기를 사용하기 시작한 것은 그보다 수백 년 앞선 5,500년 전(서기전 3500년) 무렵으로 잡아야 할 것이다.

그런데 지금까지 확인된 청동기문화 연대 가운데 가장 이른 것을 보면 한반도에서는 전라남도 영암군 장천리의 청동기시대 집자리와 경기도 양평군 양수리의 고인돌 유적에서 서기전 2500년 무렵, 만주에서는 하가점하층문화(夏家店下層文化)에서 서기전 2400년 무렵, 황하 유역의 이리두문화(二里頭文化)에서는 서기전 2200년 무렵으로 확인되었다. 단군릉에서 얻어진 연대는 이보다 너무 앞선 것이다.

셋째로 출토된 유물 가운데 쇠로 만든 못이 출토되었다는 점이다. 이것들은 관에 사용했던 것들로서 모두 6개분이었는데 삭아서 본래의 상태로 남아 있지는 않았지만 그 모양은 알 수 있었다고 한다. 이런 못들은 고구려 무덤에서 흔히 볼 수 있는 것들이다. 만약 철제 못이 단군이 묻힌 시기에 만들어졌다면 고조선 초기나 그보다 이른 시기에 철을 사용했다는 것이 되는데 지금까지 확인된 철기문화 개시 연대로 보아 그것은 불가능하다.

철기문화는 청동기문화보다 훨씬 늦게 시작되는데 지금까지의 발굴과 연구 결과에 따르면 한반도와 만주의 철기문화 개시 연대는 서기전 800년 무렵이며 서기전 1000년 이전으로 올리는 것은 무리이다. 그러므로 서기전 3000년 무렵에 철로 못을 만들었다는 것은 불가능하다.

이런 사실은 고고학을 하는 사람들에게는 초보적인 상식에 속한다. 그런데도 북한 학자들은 위와 같은 모순들을 담고 있는 단군릉 발굴 보고서를 발표했다. 북한 학자들이 그러한 상식이 없어서 그렇게 발표했다고 말할 수는 없다. 왜냐하면 그동안 북한에서 발표된 고고학 발굴 보고서나 연구 논문들은 상당히 높은 수준을 보여주고 있기 때문이다.

만약 그들이 단군릉 발굴 내용을 조작하려고 했다면 이렇게 앞뒤가 맞지 않게 발표하지는 않았을 것이다. 이런 정황을 놓고 볼 때 단군릉 발굴이나 발굴 내용은 사실대로 발표한 것이라고 보아야 할 것이다.

강동읍의 단군릉은 『신증동국여지승람』, 『조선왕조실록』 등의 기록에 보이고 장지연, 이광수, 조소앙 등 여러 선생들의 글에서도 확인된다. 그러므로 이 무덤은 북한에서 근래에 조작한 것은 아니다. 어떤 사람은 근래에 출간된 일본 책을 근거로 들어 진짜 단군릉이 아니라고 하지만 일본인들은 우리의 민족정신을 말살하기 위해 단군과 고조선의 존재를 부인해왔다는 점을 상기해야 할 것이다.

따라서 단군릉을 정치적으로 이용하는 것과 혼동하여 단군릉의 존재 자체나 발굴 사실까지도 조작이고 허위인 것처럼 말하는 것은 삼가야 할 것이다.

단군릉을 어떻게 해석해야 할까

앞에서 말한 바와 같이 단군릉에서는 금동 유물이 출토되었다. 그런데 단군릉의 연대는 5,000여 년 전으로 지금까지 한반도와 만주 지역에서 확인된 청동기문화의 개시 연대에 비해 너무 앞선다. 고고학의 연대는 새로운 유적이 발굴되어 그 연대가 종래의 연대보다 올라가면 그에 따라 그 문화의 연대를 올려서 보는 것이 원칙이다.

단군릉의 연대가 옳다면 그 연대를 따라야 한다. 그런데 그 연대가 종래의 연대보다 너무 많이 올라가기 때문에 혹시 단군릉의 연대 측정에 잘못은 없었는지 의문을 품게 된다. 과학적인 연대 측정일지라도 가끔 큰 오차를 내는 경우가 있기 때문이다.

그러한 의문을 없애기 위해서는 앞으로 단군릉에서 얻어진 연대와 비슷한 연대를 얻을 수 있는 청동기 유적을 찾아낼 필요가 있다. 그러한 연대의 유적들이 한반도와 만주, 특히 평양 지역에서 발견된다면 단군릉의 연대를 믿을 수 있도록 뒷받침해줄 것이다. 그뿐만 아니라 우리 민족의 청동기문화 개시 연대도 지금보다 훨씬 올려 잡을 수 있게 될 것이다. 만약 그런 유적이 끝내 발견되지 않는다면 금동 유물은 단군릉이 처음 만들어질 때가 아니라 후에 개축할 때 들어간 것으로 설명되어야 할 것이다.

발굴자들에 따르면 단군릉의 양식은 4~5세기 무렵의 고구려 무덤 양식을 하고 있다고 한다. 그러므로 학자들 가운데는 무덤 양식으로 보아 그 무덤은 고조선의 단군릉이 아니라 고구려시대의 무덤일 것이라고 주장하는 사람도 있다. 발굴자들은 단군릉을 고구려시대에 개축했을 것으로 보고 있다.

그런데 이 능은 일본인들이 발굴한 적이 있다. 일본인들이 발굴했을 당시에는 무덤의 네 벽에 그려진 옛 선인(仙人)과 장수의 모습이 완연했다고 한다. 이런 내용은 장지연의 『위암문고』에 적혀 있다. 단군릉은 일본인들의 발굴로 파손되었기 때문에 지금은 그러한 그림을 볼 수 없다. 그들은 발굴 보고서를 출간하지 않았다. 때문에 당시 어떠한 유물이 출토되었는지 전혀 알 수가 없다. 발굴 보고서 없는 발굴은 사실상 도굴이나 마찬가지다.

고구려시대의 무덤에는 선인이나 신선을 벽화로 그린 무덤이 더러 있다. 그러나 그것만을 그린 것은 없고 다른 것을 주제로 하고 선인이나 신선은 부차적인 것으로 그려져 있다. 그런데 단군릉에는 선인이 주제로 그려져 있었다고 한다. 이것은 이 무덤이 단군릉임을 알게 하는 것이라고 발굴자들은 주장한다. 단군을 선인이라고도 불렀음이 『삼국사기』에서 확인되기 때문이다. 단군릉은 고구려시대에 개축되었지만 고구려시대의 무덤과 구별하기 위해 벽화를 고구려의 그림과는 달리 그렸다는 것이다.

단군릉에서는 철제 못도 출토되었는데 5,000여 년 전에 철제 못을 사용했다는 것은 불가능하다. 한반도와 만주의 철기문화 개시 연대를 서기전 1000년 이전으로 올리는 것은 불가능하기 때문이다. 앞으로 새로운 철기문화 유적의 발굴에 의해 연대가 올라갈 가능성이 전혀 없는 것은 아니지만 5,000여 년 전까지 올라간다는 것은 생각하기 어렵다.

그렇다면 철제 못은 고구려시대에 단군릉을 개축하면서 사용했던 것이라고 보아야 한다. 그렇게 본다면 다음과 같은 의문이 생긴다. 철제 못은 관에 사용되었던 것이라고 발굴자들은 말하고 있는데 단군릉을 개축하면서 관까지 새로 만들어 넣었을까 하는 의문이 생기는 것이다. 그러나 단군릉에서 얻어진 연대를 그대로 인정한다면 지금으로서는 발굴자들의 말대로 철제 못은 고구려시대 개축 시에 사용되었던 것이라고 말할 수밖에 없다.

이상을 종합해보면 단군릉의 발굴 결과는 다음 2가지 방향으로 정리될 수 있다.

첫째, 단군릉의 유골에서 얻은 연대와 그곳에서 출토된 유물을 각각 다른 시기의 것으로 나누어 보아야 한다는 것이다. 단군릉의 연대는 유골을 측정한 연대다. 그러므로 단군릉에 묻힌 인물은 5,000여 년 전의 사람이라고 보고 그곳에서 출토된 금동관 장식품과 철제 못을 비롯한 유물들은 고구려시대 개축 시에 들어간 것으로 보는 것이다. 고구려시대에는 이미 금동과 철이 사용되고 있었으므로 그렇게 보면 우리 민족의 청동기문화 개시 연대를 지금까지 확인된 연대로 보더라도 문제가 없게 된다.

둘째, 단군릉의 연대 측정이 잘못되었을 수도 있다는 것이다. 단군릉에 묻힌 사람이 5,000여 년 전의 사람이라면 고구려시대에 개축을 하면서 금동관이나 관을 새로 만들어 넣었다는 것은 납득하기가 어렵기 때문이다. 따라서 이 무덤은 고구려시대의 무덤인데 단군릉으로 잘못 전해왔으며 연대 측정에도 착오가 일어났을 것으로 볼 수 있다.

그러나 위의 두 해석 가운데 어느 하나가 옳을 것으로 성급하게 단정해서는 안 될 것이다. 매우 신중을 기해야 할 문제다. 단군릉의 발굴 내용에는 이상과 같이 앞으로 해결해야 할 중요한 문제들이 남아 있다. 이런 문제들을 해결할 책임이 발굴자들에게만 있는 것은 아니다. 단군왕검은 우리 역사에서 처음 출현한 국가인 고조선의 건국자였다. 우리 민족의 개국조(開國祖)인 것이다. 따라서 우리 민족사에서 매우 중요한 의미를 갖기 때문에 단군릉 발굴 내용을 합리적으로 설명하기 위해 남북한 학자가 다 같이 협력해야 할 것이다.

고조선 이전에는 어떤 사회가 있었나

고조선은 어떤 과정을 거쳐 건국되었을까

단군들이 통치했던 고조선은 어떤 과정을 거쳐 건국되었을까?
아시아 대륙 동녘 땅 아침 해가 유난히 찬란하게 빛나는 땅, 한반
도와 만주에는 아주 오랜 옛날부터 사람들이 살고 있었다. 그들은
여기저기 마을을 이루어 살고 있었다. 지금부터 6,000여 년 전에
이르러서는 일정한 지역의 마을들이 연맹체를 만들었다. 고을들이
형성되었던 것이다.

한반도와 만주 지역에 많은 고을들이 생기자 고을을 이끌어나
갈 정치 지도자인 추장이 출현하게 되었다. 고을은 아직 완전한
국가는 아니었지만 정치권력이 처음으로 출현한 사회였다. 그러므
로 이런 사회를 고을나라라고 부를 수 있다.

한반도와 만주에 있었던 여러 고을나라 가운데 가장 먼저 발달한 고을나라는 아사달이었다. 아사달 고을나라는 오늘날 대동강 하류 유역에 있었다. 우리 옛말에 '아사'는 '아침'을 뜻하고 '달'은 '곳'을 가리킨다. 그러므로 아사달이란 아침 햇살이 찬란하게 빛나는 복 받은 땅이라는 뜻이다.

당시에는 아직 문자가 없었다. 그러므로 당시 한반도와 만주에 있었던 많은 고을나라들의 이름은 기록으로 남아 있지 않다. 그러나 후대의 여러 기록들을 종합해볼 때 한반도와 만주에는 아사달을 비롯하여 숙신(肅愼), 부여(扶餘), 비류(沸流), 고구려(高句麗), 예(濊), 맥(貊), 청구(靑丘), 발(發), 양이(良夷), 양주(楊州), 한(韓) 등의 고을나라들이 있었다. 후에 이 고을나라들이 통합되어 고조선을 이루게 된다.

옛사람들은 인간 세상의 모든 일과 자연의 모든 현상은 신이 주관한다고 믿었다. 사람도 영혼이 있어서 죽은 후에는 신이 된다고 믿었으며 자연이나 동식물에도 영이 있다고 믿어 그것들을 신으로 섬겼다. 이런 신들 가운데 어떤 신은 사람들의 수호신이 되었다. 높은 산 아래 있는 마을 사람들은 그 산신을 수호신으로 섬겼으며 큰 강가의 마을 사람들은 그 강의 수신(水神)을 수호신으로 모셨다. 산이나 강에 의해서 일어난 재해는 그 신들이 화를 냈기 때문이라고 믿었다. 옛사람들의 이런 생각은 동서양이 모두 마찬가지였다.

한반도와 만주에 있었던 고을나라들도 각각 수호신을 가지고 있었다. 그러나 기록이 남아 있지 않기 때문에 그 수호신들을 전부 확인할 수는 없다. 단지 아사달 고을나라와 고구려 고을나라, 예 고을나라의 수호신만이 확인될 뿐이다. 아사달 고을나라의 수호신은 하느님이었다. 그들은 하느님을 환인(桓因)이라 불렀다고 전해온다. 아마도 하나밖에 없는 큰 신이라는 뜻의 '한님' 또는 세상을 환하게 비춰준다는 뜻의 '환님'이라는 명칭이 한문으로 기록되면서 음이 비슷한 환인으로 되었을 것으로 생각된다.

아사달 사람들은 그들의 우두머리를 환웅(桓雄)이라 불렀다. 환웅[환(桓)의 수컷]이란 환인의 아들이라는 뜻이다. 그들은 실제로 환웅을 하느님의 아들이라고 믿고 섬겼다. 고구려 고을나라의 수호신은 곰이었고 예 고을나라의 수호신은 호랑이였다. 일본 사람들은 지금도 고구려를 고마라고 부른다. 곰은 구마라고 한다. 우리말의 곰이나 일본 말의 구마, 고구려를 뜻하는 고마는 어원이 같다는 것을 알 수 있다. 이것은 고구려 사람들이 곰을 숭배했던 곰족이었음을 알게 해준다.

한반도와 만주에는 아주 오랜 옛날부터 사람들이 살고 있었다. 지금부터 약 60~70만 년 전에 사람이 살았던 유적이 발굴된 바 있다. 충청북도 단양군의 금굴과 평안남도 상원군의 검은모루동굴 등이 그러한 유적이다. 지금까지 발견된 유적은 옛날 사람들이 살았던 유적 가운데 지극히 일부에 불과하다. 그러므로 앞으로 더 오래된 유적이 발견될 가능성이 있다. 따라서 한반도와 만주에 사람이 살기 시작한 것은 지금까지 확인된 유적의 연대보다 훨씬 오래되었을 가능성이 있다.

사람들은 오랫동안 동물들처럼 이곳저곳으로 떼를 지어 떠돌아다니며 살았다. 지금부터 1만 년 전 무렵에 이르러서야 한곳에 터를 잡고 붙박이 생활에 들어가 마을을 이루게 되었다. 우리나라와 만주에서는 지금부터 1만 년 전과 8,000년 전 사이의 마을 유적이 확인된 바 있다. 강원도 양양군 오산리 유적과 내몽골자치구 흥륭와(興隆洼) 유적 등이 그것이다. 이런 마을들은 각각 독립되어 있었다. 하나하나의 마을이 독립된 사회 단위였던 것이다. 아직은 정치 조직이 없었고 나라도 아니었다.

마을을 이루고 사는 사람들은 씨족이었다. 하나의 씨족이 하나의 마을을 이루고 사는 경우가 대부분이었으나 둘이나 셋 또는 몇 개의 씨족이 모여 사는 큰 마을도 있었다. 함께 큰 마을을 이룬 씨족들은 원래 서로 친한 사이였을 것이다. 예컨대 자주 결혼하는 사이 같은 경우이다. 이렇게 몇 개의 씨족이 모여 마을을 이루었다 하더라도 기본은 씨족 단위였다.

그런데 지금부터 6,000여 년 전에 이런 마을들이 일정한 지역을 단위로 하여 마을연맹체를 만들었다. 고을나라가 출현했던 것이다. 그러므로 한반도와 만주에는 수많은 고을나라가 있었던 것이다. 그러나 그 이름들이 모두 전하지는 않는다. 그 가운데 활동이 활발했던 고을나라만이 역사에 남아 있다. 아사달 고을나라는 한반도와 만주에 있었던 많은 고을나라 가운데 가장 강한 세력으로서 훗날 고조선 건국의 주역이 된 고을나라였다.

인류사회 초기는 어떠한 발전 과정을 거쳤을까

지구상에 사람이 출현하여 고을나라가 서기까지 인류사회는 어떠한 변화를 거쳤을까? 지구상에서 인류가 활동했음을 확인시켜주는 고고학 유적 가운데 가장 오래된 것은 175만 년 전의 것이다. 인도네시아의 웅간동(Ngandong)과 산기란(Sangiran), 아프리카 탄자니아의 올두바이(Olduvai) 등이 그러한 유적이다. 이 유적들에서는 사람들이 만들어 사용했던 석기들이 출토되었다.

중국의 운남성(雲南省) 원모현(元謀縣)에서도 170만 년 전의 유적이 발견되었다. 이 유적에서는 석기뿐만 아니라 사람의 이가 2개 출토되었고 사람들이 불을 피웠음을 알게 해주는 숯가루도 확인되었다.

중국에는 지금부터 100만 년 전 이전의 유적도 여러 곳 발견되었지만 이 유적들에서는 석기만 출토되었을 뿐이다. 원모 유적은 사람의 이가 발견되어 당시에 사람들이 살고 있었음을 분명하게 확인시켜주었고 숯가루가 확인되어 당시 사람들이 이미 불을 사용했음을 알게 해주었다는 점에서 매우 중요한 유적이다.

그런데 웅간동 유적이나 산기란 유적, 올두바이 유적은 지금부터 175만 년 전 유적인 데 비해 원모 유적은 170만 년 전의 유적이므로 중국에 사람이 살기 시작한 것은 인도네시아나 아프리카에 비해 늦을 것으로 생각하기 쉽다. 그러나 그렇지 않다. 175만 년이나 170만 년이라는 연대는 그것이 과학적인 방법으로 얻어졌다고는 하지만 측정 과정에서 오차를 인정하고 있는 것이다. 대개 상하 10% 정도를 오차로 인정한다. 그러므로 175만 년에는 상하로 17만 5,000년이라는 오차를 인정하게 되는 것이다. 175만 년에서 17만 5,000년이라는 오차를 아래로 보면 그 연대는 170만 년보다 밑으로 내려오게 된다.

따라서 경우에 따라서는 175만 년 전의 유적이 170만 년 전의 유적보다 오래된 유적이 아닐 수도 있는 것이다. 그러므로 이런 유적들은 대체로 비슷한 시기인 170만 년 전에 아시아와 아프리카 지역에 이미 사람이 살고 있었음을 말해주고 있다고 생각하는 것이 옳다. 그리고 이 유적들은 아시아와 아프리카 지역이 지구상에서 가장 일찍부터 사람이 살기 시작한 곳이라는 사실을 말해주고 있기도 하다.

그러면 한반도와 만주에는 언제부터 사람이 살기 시작했을까? 중국과 인도네시아 등의 아시아 지역에 170만 년 전에 사람들이 살고 있었다면 한반도와 만주에도 당연히 이 시기에 사람들이 살고 있었을 것이다. 왜냐하면 당시 사람들은 동물처럼 이곳저곳 떠돌아다니며 생활했기 때문이다.

더욱이 지금부터 1만 년 전 이전에는 다섯 번에 걸쳐 아주 추운 빙하기가 있었다. 그 기간에는 북반구와 남반구에 얼음이 많이 얼어서 바닷물이 줄어들어 한반도와 중국, 인도네시아 등은 모두 육지로 연결되어 사람이나 동물이 이동하기 편리했다. 그렇기 때문에 한반도와 만주에도 중국이나 인도네시아와 같은 시기에 사람이 살고 있었을 가능성이 많다.

그러나 한반도와 만주에서는 그렇게 오래된 유적을 아직까지 찾아내지 못했다. 앞에서 말한 바와 같이 한반도에서 가장 오래된 유적은 약 60~70만 년 전의 것으로 충청북도 단양군의 금굴 유적과 평안남도 상원군의 검은모루동굴 등이 그런 유적이다. 앞으로 우리나라에서 더 오래된 유적이 발견될 수도 있고 그러지 못할 수도 있다.

그러나 더 오래된 유적이 발견되지 않았다고 해서 60~70만 년 전 이전에는 한반도에 사람이 살지 않았다고 섣불리 단정하는 것은 잘못이다. 단지 그 이전에 사람이 살았다는 증거를 찾지 못했을 뿐이다. 지금의 발굴 장비로는 땅속에 묻혀 있는 것을 미리 알 수는 없다. 그렇기 때문에 중요한 가치를 지닌 유적을 발견하게 된다는 것은 학자의 노력에 의한 것이기도 하지만 지극히 우연이라고 말할 수도 있다. 그리고 그것은 고고학자에게는 매우 큰 행운이기도 하다.

그런데 이 시기의 사람들은 현재 지구상에 살고 있는 사람들과 동일한 사람들이 아니라 원숭이에 가까웠다. 원숭이와 사람 중간 정도라고 생각하면 된다. 그래서 이 사람들을 원인(猿人)이라고 부른다. 학명으로는 곧선사람이라고 한다. 두 발로 곧게 서서 걸어다니고 석기와 같은 도구를 만들어 사용했으므로 동물들과는 구별하여 사람으로 분류하지만 얼굴 생김새나 뇌의 크기 등은 지금의 사람과는 많이 달랐다.

예컨대 이마가 원숭이처럼 납작하고 코는 평퍼짐하여 윗부분과 아랫부분의 구별이 없었다. 그리고 뇌의 크기는 대략 1,000세제곱센티미터 정도였다. 원숭이 뇌의 크기는 500세제곱센티미터 정도

이고 현재 지구상에 살고 있는 사람의 뇌 크기는 1,500세제곱센티미터 정도이므로 원숭이와 사람의 중간 정도라고 말할 수 있는 것이다.

이런 원인들이 진화하여 현재 지구상에 살고 있는 사람이 되었다고 말하는 학자들이 많다. 그러나 사실은 편의상 그렇게 말할 뿐이며 아직 확실하지는 않다. 인류학자들 사이에서도 서로 다른 두 견해가 대립하고 있다. 원인들이 진화하여 지금의 사람들이 되었다고 보는 견해와 원인과 지금사람은 처음부터 다른 종자라고 보는 견해이다.

이 문제는 앞으로 인류학자들이 해결해야 할 중요한 과제다. 당분간은 논쟁이 계속될 것이다. 현시점에서 말할 수 있는 것은 동물과 달리 분류될 수 있는 원인들이 175만 년 전에 지구상에서 이미 활동했다는 것이다.

완전한 사람은 언제 지구상에 나타났을까

원인들은 대략 20만 년 전까지 살았다. 20만 년 전에 이르면 원인과는 다른 새로운 사람이 출현했다. 이 사람들은 얼굴 생김새나 뇌의 크기가 원인과 지금사람 중간쯤 되었다. 예컨대 이마가 45도 정도로 경사졌으며 코는 위로 올라가면서 점차 좁아져 지금사람의 코와 비슷해졌다. 이 사람들은 원인보다는 지금사람에 가깝지만 지금사람보다는 옛사람이기 때문에 고인(古人)이라고 부른다.

이들을 학술 명칭으로는 슬기사람이라고 한다.

고인들은 약 5만 년 전까지 살았다. 5만 년 전에 이르면 또 새로운 사람이 나타났다. 이들은 얼굴 생김새나 뇌의 크기 등 모든 면에서 지금사람과 동일하다. 이 사람들을 새로운 사람들이라는 뜻으로 신인(新人)이라 부른다. 이들을 학술 명칭으로는 슬기슬기사람이라고 부른다. 학자들은 신인들이야말로 오늘날 살고 있는 지금사람의 직접 조상이라고 보고 있다.

원인과 고인, 신인이 혈통으로 서로 연결되는지 아니면 처음부터 완전히 다른 종자의 사람들이었는지 아직 확실하게 알 수가 없다. 앞에서 잠깐 말했듯이 체질인류학을 전공하는 학자들 사이에서도 의견이 엇갈리고 있다. 원인, 고인, 신인은 동일한 혈통이라고 주장하는 학자가 있는가 하면, 그들은 처음부터 혈통적으로 관계가 전혀 없는 다른 종자였다고 보는 학자도 있다. 그러므로 필자가 말할 수 있는 것은 지금 지구상에 살고 있는 인류의 확실한 혈통적 조상은 5만 년 전에 출현한 사람들이라는 점이다.

원인과 고인, 신인은 모두 석기를 사용했다. 그들이 사용했던 석기는 돌을 깨뜨려 만든 거친 석기였다. 이런 석기를 뗀석기 또는 타제석기라고 부른다. 모두가 뗀석기이기는 하지만 석기를 만드는 기술이나 석기의 종류, 그 정교한 정도를 보면 원인들이 사용했던 것보다는 고인들이 사용했던 것이 한층 발달되었고 고인들이 사용했던 것보다는 신인들이 사용했던 것이 훨씬 발달되었다. 이런 뗀석기를 도구로 사용했던 시기를 고고학자들은 구석기 시대라고 부른다. 이후에 이보다 발달된 새로운 석기가 출현하기 때문에 그것과 대비해서 붙인 명칭이다.

구석기시대는 지금부터 1만 년 전에 끝났다. 고고학자들은 원인, 고인, 신인이 살았던 지금부터 1만 년 전까지를 통틀어 구석기시대라는 하나의 명칭으로 부르고 있다. 그러나 이 시기에 원인, 고인, 신인이라는 전혀 다른 사람들이 살았다는 사실을 알아야 한다. 도구를 기준으로 구분하지 않고 당시에 살았던 사람들을 기준으로 시대 구분을 한다면 구석기시대는 원인시대, 고인시대, 신인시대로 나누어져야 할 것이다.

지금부터 1만 년 전까지의 구석기시대 사람들은 동물들처럼 이곳저곳을 떠돌아다니며 생활했다. 그들은 동물을 사냥하거나 물고기를 잡거나 식물의 열매나 뿌리 등을 그러모아 먹을 것을 구했다. 따라서 그들은 한곳에서 붙박이 생활을 할 수가 없었다. 사냥하며 동물을 따라 이동하거나 물고기를 쫓아가기도 했고 한 지역에서 식물 열매나 뿌리의 그러모으기가 끝나면 더 풍부한 다른 곳을 찾아 이동해야 했다.

이들은 떠돌이 생활을 했기 때문에 식량을 오래도록 저장해둘 형편이 못 되었다. 공동으로 사냥하거나 물고기 잡이, 그러모으기를 하여 공동으로 나누어 먹는 생활을 했다. 그러므로 재산을 한 사람 한 사람이 따로 소유할 필요가 없었다. 재산 공유제였던 것이다. 붙박이 생활에 들어가지 않았기 때문에 정치 조직 같은 것도 없었고 신분의 차별 같은 것도 없었다. 완전한 평등사회였다. 일하거나 이동할 때 경험 많고 건장한 사람이 안내자가 되는 정도의 임무가 있었을 뿐이다. 이 시대는 모계사회였다.

원인, 고인, 신인은 무리를 지어 떠돌이 생활을 했기 때문에 이 시대를 무리시대라고 부른다. 그리고 원인과 고인은 완전한 사람이 아니어서 그들의 무리생활은 동물에 가까웠을 것이기 때문에 이 시기를 원시무리기라고 부른다. 이에 비해 신인들은 완전한 사람들이었으므로 이들의 무리는 씨족을 이루었을 것으로 보고 씨족무리기라고 부른다.

한반도와 만주에서는 원인, 고인, 신인의 구석기 유적이 여러 지역에서 많이 발견된다. 지난날에는 우리나라에 이 분야를 전공하는 학자도 많지 않았고 재정 지원도 충분하지 않아 유적을 발굴하는 데 어려움이 많았다. 그러나 지금은 학자들도 늘어났고 경제 여건도 많이 좋아졌다. 그리고 국토개발사업에 따라 많은 지역이 발굴되고 있다. 그러므로 앞으로 구석기 유적이 다른 유적들과 함께 많이 발견될 것으로 전망된다.

한반도와 만주의 여러 지역에서 원인, 고인, 신인 등이 살았던 구석기 유적이 발견된다고 하는 것은 한반도와 만주에 완전한 사람인 신인들이 출현하기 이전부터 이미 사람들이 살고 있었음을 말해주는 것이다. 그런데 오늘날 지구상에 살고 있는 사람들의 직접 조상은 신인들이었다. 그러므로 한반도와 만주에는 완전한 사람인 신인들이 지구상에 출현한 초기부터 사람들이 살고 있었다는 것이 된다.

원인이나 고인은 인류의 기원 문제나 그 진화 과정 등을 연구하는 데 있어서는 중요한 의미를 갖는다. 그러나 오늘날 지구상에 살고 있는 각 지역 사람들의 직접적인 조상을 연구하는 데 있어서는 신인이 중요한 의미를 갖는다. 우리 민족의 조상이나 뿌리를 찾을 때도 마찬가지다. 이런 점에서 볼 때 신인들이 지구상에 출현한 초기부터 한반도와 만주에 사람이 살았다고 하는 것은 중요한 의미가 있는 것이다.

사람들은 언제부터 마을을 이루고 살았을까

무리를 이루어 떠돌이 생활을 하던 사람들은 대략 1만 년 전(서기전 8000년)부터 붙박이 생활에 들어갔다. 사람들은 이때부터 농사를 짓고 짐승을 길렀다. 농사를 짓고 동물을 기르자니 다른 곳으로 이동해 갈 수가 없었다. 심어놓은 작물이 자라서 수확할 때까지 그곳에 머무르면서 돌봐야 했던 것이다. 그래서 마을이 형성되었던 것이다.

이 시기에는 각 마을이 하나의 독립된 사회 단위였다. 그러므로 이 시대를 마을시대, 이런 사회를 마을사회라고 부를 수 있을 것이다. 한반도와 만주에서 발견된 가장 오래된 마을사회 유적은 강원도 양양군의 오산리 유적과 내몽골자치구 흥륭와 유적 등이다. 이 유적들은 지금부터 약 8,000년 전(서기전 6000년)의 것이다.

마을을 이룬 사람들은 씨족이었다. 구석기시대 말기에 떠돌이 생활을 했던 신인 집단은 씨족무리였다. 이런 씨족무리가 마을을 이루었던 것이다. 경우에 따라서는 서로 결혼했다거나 친분 관계가 있는 몇 개의 씨족이 함께 마을을 이루기도 했다. 그렇더라도 그 사회 조직의 기초 단위는 씨족이었다.

한곳에 오래 살자니 집이 필요했다. 그래서 땅을 파고 지하식 움집을 지었다. 습기가 많아 지하식 집을 지을 수 없는 곳도 있었다. 이런 곳에서는 지상식 집을 지을 수밖에 없었다. 수확한 농작물을 보존하기 위해 질그릇도 만들어 사용했다.

석기는 오래도록 사용할 것이기 때문에 정성들여 다듬고 갈아서 잘 만들었다. 이런 간석기를 신석기라고 부른다. 이전의 구석기시대에 사용했던 뗀석기와 비교하여 붙여진 이름이다. 이 시대를 신석기시대라고 부른다. 신석기시대에 간석기가 사용되었다고 해서 모든 석기가 다 간석기였던 것은 아니다. 뗀석기도 여전히 사용되고 있었다.

신석기시대 전기에는 구석기시대와 마찬가지로 재산은 마을 구성원들이 공유했다. 따라서 빈부의 차이가 없었다. 아직 정치적인 조직도 없었다. 그러므로 신분의 차이도 없었다. 씨족 가운데 나이 많은 사람이 어른으로 대우받는 정도가 고작이었다. 혈통도 어머니를 중심으로 이어지는 모계사회였다. 여자가 남자보다는 더 대우를 받았다.

이전에 떠돌이 생활을 하던 시기의 풍속이 이어지고 있었던 것이다. 생활방식은 떠돌이 생활에서 붙박이 생활로 바뀌었지만 풍속 가운데 일부는 그대로 계승되고 있었다. 그러므로 마을사회도 평등한 사회였다. 그러나 이전의 무리사회에 비하면 서열이 있었다. 따라서 무리사회를 완전평등사회라고 한다면 마을사회는 서열평등사회라고 말할 수 있다.

사람들은 흔히 사냥이나 고기잡이, 그러모으기를 하며 사는 것보다는 농사짓고 동물을 기르며 사는 것이 더 발전되고 행복한 삶이라고 생각하기 쉽다. 그러나 사람들이 떠돌이 생활을 하다가 붙박이 생활을 하게 된 것은 그렇게 단순하게 이루어진 것은 아니었다. 초기의 농업은 사냥이나 고기잡이, 그러모으기보다 훨씬 불안정한 모험이었다.

당시 사람들은 농작물에 대한 깊은 지식이 없었다. 비료를 사용할 줄도 몰랐다. 작물을 심어놓고 잘 자라기만을 바랄 수밖에 없었다. 그냥 바라보고 있을 수밖에 없었던 것이다. 기후가 좋지 않아 가뭄이 들거나 비가 너무 많이 오기라도 하면 농사는 망치고 마는 것이었다. 그러므로 신석기시대 초기에는 농사를 지으면서도 여전히 사냥과 고기잡이, 그러모으기 등이 경제생활의 중요한 부분을 차지하고 있었다.

이와 같이 큰 모험인 농사를 짓지 않으면 안 되었던 것은 자연환경과 사회환경의 변화와 관계가 있다. 지금부터 1만 년 전에 이르면 빙하기가 끝나고 기후는 점차 따뜻해졌다. 이에 따라 자연환경과 동식물에 변화가 일어났다.

기후가 따뜻해짐에 따라 이전에 툰드라나 초원이었던 지역에 나무가 자라 숲이 우거지게 되었다. 한반도와 만주에는 온난대성의 나무와 풀들이 자라 여기저기에 숲이 만들어졌다. 그리고 이전에 살았던 몸집이 큰 매머드 같은 동물들은 다른 곳으로 이동해가거나 죽고 사슴, 노루, 토끼 같은 몸집이 작고 날쌘 짐승들이 나타났다. 이러한 짐승을 사냥하기란 쉽지 않았다. 작은 짐승들은 날쌜 뿐만 아니라 숲속으로 곧잘 숨어버리기 때문이었다. 그러니 사람들은 먹을 것을 구하기가 어려웠다.

그뿐만 아니라 기후가 따뜻해져 출산율이 높아졌다. 먹을 것은 구하기 어려운데 인구는 증가하니 먹고사는 문제를 해결하지 않으면 안 되었다. 그래서 사람들은 물고기를 잡기 위해 강가나 호숫가로 모여들었다. 그러나 그것만으로 문제가 해결되지는 않았다. 그래서 식물이나 동물을 기르기 시작했다. 농업과 목축은 인류사회의 식량 위기를 타개하기 위해 시작되었던 것이다.

그런데 농업이 시작되었던 신석기시대 초기에는 사람들이 한곳에 오래 머물러 살 수가 없었다. 왜냐하면 한곳에서 오랫동안 농사를 지으면 지력이 감퇴되어 생산량이 줄어들기 때문이었다. 그래서 사람들은 다른 곳으로 마을을 옮기기도 했다. 그러나 아주 멀리 옮겨 가는 것은 아니었다. 그리고 살기 좋은 곳은 몇 년 뒤에 지력이 회복되면 다시 돌아와 살기도 했다. 이들은 무리시대와 같이 먼 곳으로 이동하지는 않았고 대체로 이전에 살던 곳과 가까운 지역에 새로운 마을을 만들었던 것이다. 그 후 농업 기술이 발달하면서 점차 영구적인 마을로 변해갔다.

정치권력은 언제 출현했을까

한반도와 만주의 마을사회는 지금부터 6,000년 전(서기전 4000년) 무렵에 이르러 매우 큰 변화가 일어났다. 이전의 마을시대에는 각 마을이 정치적으로나 사회적으로 독립된 하나의 단위였는데 이 시기부터는 일정한 지역에 있는 여러 마을들이 연맹을 맺어 고을을 형성했던 것이다.

그리고 개개인이 재산을 사유화했다. 이전의 마을사회에서는 집이나 공구, 질그릇 등 생활필수품을 제외한 식량 등의 재산을 마을의 구성원들이 공동으로 소유했다. 그러나 이 시기에 이르면 재산 사유제가 출현하여 마을 구성원들 사이에 빈부의 차이가 발생하게 되었다.

그뿐만 아니라 고을을 구성한 여러 마을을 거느리기 위해 정치권력을 가진 추장이 출현했다. 추장을 중심으로 한 통치 조직도 만들어졌다. 종교 지도자도 출현했다. 이전의 평등한 사회가 깨어진 것이다. 그리고 이전의 마을사회는 모계사회였으나 이 시기에는 가정에서나 사회에서 아버지가 권위를 갖는 부권사회(父權社會)로 변하게 되었다.

고을과 고을 사이에는 전쟁도 자주 일어났다. 이전의 마을사회에서의 평화는 깨지고 말았다. 이런 고을들을 아직 국가라고 말할 수는 없지만 정치권력이 출현했고 원시적이기는 하지만 통치 조직도 있었으므로 고을나라라고 부를 수 있을 것이다.

신석기시대 후기에 고을나라가 출현했음은 유적과 유물을 통해 확인된다. 예컨대 이 시기의 유적 가운데는 돌멩이들을 쌓아서 무덤의 봉분을 만든 돌무지무덤이 발견된다. 이런 무덤을 만들기 위해서는 많은 사람이 동원되어야 한다. 많은 사람을 동원하기 위해서는 권력과 재력이 있어야 한다. 따라서 이런 무덤에 묻힌 사람들은 일반인들보다는 경제적으로 부유했고 사회적으로도 높은 신분이었을 것이다.

이 시기의 공동묘지에서는 다른 무덤들보다 규모가 크고 부장품이 많은 무덤이 발견된다. 이런 무덤은 거의 남자 무덤이다. 이것은 그 사회가 부권사회였으며 사회 구성원들 사이에 빈부와 사회신분에 차이가 있었음을 알게 해준다. 이 시기의 유적 가운데는 성터도 있다. 이것은 이 시기에 전쟁을 했음을 알게 해준다.

이런 고을나라가 한반도와 만주에서 서기전 4000년 무렵에 출현했다고 보는 것은 고고학 자료에 의한 것이다. 한반도와 만주에서 지금까지 발견된 고을나라 유적 가운데 가장 이른 것은 요령성의 우하량(牛河梁) 유적이다. 이 유적에서는 매우 큰 규모의 돌무지무덤과 신을 모셨던 건물 터가 발견되었는데 연대는 서기전 3600년 무렵으로 확인되었다.

이 무덤에서는 옥으로 만든 장신구도 출토되었다. 유적의 규모나 유물의 출토 상황으로 보아 무덤의 주인공은 분명히 부유하고 사회신분이 높았던 사람임이 틀림없다. 그리고 신을 모셨던 건물터는 당시 상당히 권위를 가진 종교가 존재했음을 알게 해준다. 이런 사회가 시작된 것은 유적에서 확인된 연대보다 앞설 것이므로 서기전 4000년 무렵으로 잡은 것이다.

여기서 우리는 하나의 의문을 갖지 않을 수 없다. 어떤 이유로 구성원들 사이에 평등하고 평화롭던 마을사회가 깨지고 불평등과 전쟁이 일어난 고을나라로 바뀌게 되었을까 하는 것이다. 이후 불평등은 지금까지 계속되고 있고 전쟁도 끊이지 않고 있다. 이러한 문제는 인류가 해결해야 할 가장 중요한 과제 가운데 하나다. 이런 인류사회의 모순을 해결하기 위해서는 발생 원인을 알 필요가 있다. 그러나 아직까지 학자들은 이 문제에 대해 분명한 해답을 얻지 못하고 있다.

필자는 이 문제를 기후 변화와 연결해 생각하고 있다. 지금부터 1만 년 전 빙하기가 끝나면서 기후가 점차 따뜻해졌다. 서기전 6000년(지금으로부터 8,000년 전)에 이르러 지금과 비슷한 기온에 도달했고 서기전 3500년 무렵에는 가장 높은 기온에 도달했으며 그 후 기온은 다시 내려가 서기전 1000년 무렵에 이르러 지금과 같은 기온이 되었다.

마을사회로부터 고을나라로 옮겨 가는 변화는 기온이 가장 높았던 시기를 전후해서 일어났다. 이렇게 기온이 상승함에 따라 출산율이 매우 높아져 인구는 급격하게 증가했을 것이다. 그런데 변화하는 기후에 제대로 적응하지 못한 농업 생산은 인구 증가를 따라가지 못했을 것이다. 따라서 사람들은 식량 위기를 느끼게 되었을 것이다.

그 결과 사람들은 자신이 일해서 생산한 농작물이나 가축은 자신의 소유로 해야겠다고 생각했을 것이다. 이렇게 되어 재산 사유제가 출현했을 것이다. 이때는 이미 집을 짓고 붙박이 생활을 한 경험이 오래되었기 때문에 소유물을 각자가 오랫동안 저장해둘 수 있다는 것을 알게 된 것도 재산 사유제가 출현하는 요인으로 크게 작용했을 것이다.

재산 사유제가 출현하여 재산을 소유하게 됨에 따라 저마다 부자가 되고 싶은 욕망이 점차 커졌을 것이다. 그리고 일부 구성원들이 많은 재산을 소유하게 됨에 따라 식량이 부족한 구성원들이 있게 되었을 것이다. 이를 충족하기 위해 약탈전쟁이 일어났을 것이다. 전쟁을 하다 보니 세력을 강화할 필요가 있게 되었고 이를 위해 마을연맹이 이루어져 고을이 출현했을 것이다. 그리고 반복되는 전쟁 과정에서 그 지휘를 맡았던 추장의 권력은 점차 강화되었을 것이다. 한반도와 만주에 있었던 이런 고을나라 가운데 가장 선진적인 고을나라가 대동강 유역에 있었던 아사달 고을나라였던 것이다.

고조선은 언제 건국되었나

청동기는 언제부터 사용되었을까

한반도와 만주에 있던 고을나라들은 서로 전쟁하면서 약탈하기도 하고 경우에 따라서는 다른 고을나라들을 복속시켜 병합하면서 영역을 점차 확대해나갔다. 그런 가운데 한반도와 만주에 문화적으로 큰 변화가 일어났다. 청동을 만들 수 있게 된 것이다.

그 시기는 공구나 무기를 돌로 만들어 사용하던 신석기시대였다. 따라서 나무나 조가비 등을 이용하기도 했지만 주류는 석기였다. 그런데 청동이라는 금속이 출현하여 무기를 만듦으로써 가공할 만한 위력을 갖게 되었다.

청동은 농구보다는 주로 무기나 종교의식의 의기(儀器)로 사용되었다. 지배층의 독점물이었던 것이다. 그 이유는 재료가 귀하기 때문이기도 했지만 청동 무기와 의기가 큰 위력을 갖기 때문이었다. 그렇기 때문에 다른 씨족이나 종족 또는 다른 세력이 갖도록 해서는 안 되었던 것이다.

제2차 세계대전 당시에는 미국만 원자탄을 소유했다. 그 위력은 사람들이 상상할 수 없을 만큼 대단했다. 다른 나라들도 미국의 힘을 인정하지 않을 수 없었다. 석기만을 사용하던 시대에 청동기를 소유했다는 것은 제2차 세계대전 때 미국이 원자탄을 소유했던 것과 비슷한 위력을 가졌던 것이다. 이런 위력으로 다른 씨족과 종족을 복속시켜 영토를 넓히고 그곳을 지배하는 것이 가능해졌다.

그래서 세계 각 지역에서는 청동기시대에 대개 국가가 출현했다. 청동기의 출현은 인류 역사에서 과학기술의 획기적인 발전이라는 점에서 중요한 의미가 있지만 국가의 출현과 밀접한 관계를 가진다는 점에서도 큰 의미가 있다.

한반도와 만주에서 청동기를 사용하기 시작한 시기가 정확하게 언제부터였는지를 말하기는 쉽지 않다. 왜냐하면 지금까지 발견된 청동기문화 유적 가운데 연대가 가장 이른 것을 기준으로 하여 청동기문화 개시 연대를 말하게 되는데 유적은 항상 새로운 곳이 발견될 수 있으므로 연대도 변할 가능성이 많기 때문이다. 지난날 고고학계에서는 우리나라의 청동기문화 개시 연대를 서기전 300년 무렵으로 보다가 서기전 1000년 무렵으로 올렸는데 근래의 고고학적 발굴과 연구 결과에 따르면 서기전 2500년 이전으로 올려 보아야 할 것 같다.

전라남도 영암군 장천리 유적의 청동기시대 집자리와 경기도 양평군 양수리의 고인돌무덤(청동기시대 유적)의 연대가 방사성탄소 연대측정에 의해 서기전 2500년 무렵으로 확인되었고 만주에서 가장 이른 청동기문화인 하가점하층문화[풍하문화(豊下文化)라고도 한 다]는 서기전 2410년으로 확인되었다.

1993년에 북한에서는 평양 지역에서 단군릉을 발굴했다고 발표했는데 그곳에서는 청동에 금도금을 한 금동 유물이 출토되었고 그 연대는 5,000여 년 전(서기전 3000년 무렵)이라고 한다. 만약 단군릉의 연대가 확실하고 그곳에서 출토된 금동이 그 시기의 것이라면 우리나라의 청동기문화 개시 연대는 서기전 3000년 이전으로 올라가야 한다. 그러나 이 연대는 아직 학계에서 충분히 검토되지 않은 상태이므로 지금으로서는 한반도와 만주의 청동기시대 개시 연대를 서기전 2500년 무렵으로 보아야 하겠다.

서기전 2500년이라는 연대는 고조선의 건국 연대인 서기전 2333년보다 약 170년 앞선다. 그러므로 우리나라의 청동기시대는 고조선이 건국되기 전에 시작되었다는 것이 된다. 바꾸어 말하면 고조선은 초기부터 이미 청동기시대였던 것이다. 그런데 앞에서 잠깐 말했듯이 세계 여러 지역에서 청동기시대에는 대개 국가가 출현했다. 그렇다면 고조선도 처음부터 국가였을 가능성이 있는 것이다.

지난날에는 고조선은 국가가 아니었다고 생각하는 학자들이 많았다. 그렇게 생각한 것은 청동기시대 개시 연대와 관계가 있다. 지난날에는 우리나라에서 이른 시기의 청동기 유적이 발견되지 않았기 때문에 청동기문화가 매우 늦게 시작되었을 것으로 보았다. 즉 청동기문화 개시 연대를 서기전 300년이나 서기전 1000년 무렵으로 보았다. 이에 따라 고조선 초기는 신석기시대였고 중기나 말기에 이르러 비로소 청동기시대에 접어들었을 거라고 생각했던 것이다. 고조선 초기가 신석기시대였다면 그 사회를 국가로 볼 수 없는 것이다.

지금도 고조선은 국가가 아니었다거나 중기 이후에나 국가 단계의 사회에 들어섰을 것으로 보는 학자들이 있다. 이런 생각은 연구가 부족했던 지난날의 학문 영향을 받은 것이다. 이제는 한반도와 만주의 청동기문화 개시 연대가 고조선의 건국 연대보다 앞선다는 것이 확인되었으므로 그런 잘못된 생각은 버려야 한다. 그리고 앞으로 서기전 2500년보다 연대가 더 올라가는 청동기문화 유적이 발견될 수 있다는 점을 항상 생각해야 한다.

여기서 알아두어야 할 것이 하나 있다. 그것은 한반도와 만주의 청동기문화 개시 연대는 중국의 황하 유역이나 시베리아 또는 중앙아시아보다 앞선다는 점이다. 지난날에는 한반도와 만주 지역은 황하 유역이나 시베리아 또는 중앙아시아 지역보다 문화의 발전이 늦을 것으로 믿어왔다. 그러나 황하 유역이나 시베리아 또는 중앙아시아 지역 청동기문화는 서기전 2200년을 넘지 않는다. 그러므로 한반도와 만주의 청동기문화는 이들 지역보다 적어도 몇백 년 일찍 시작되었던 것이다.

국가란 어떤 사회를 말할까

고조선에 대해서 그 사회가 국가 단계였다, 아니다 하는 논쟁이 자주 있었다. 이런 논쟁에 앞서 우리는 국가란 어떤 사회를 말하는지 그 기준을 분명히 해야 한다. 그래야만 고조선이 국가였는지 그렇지 않았는지를 알 수 있을 것이다.

그동안 일부 학자들의 주장을 보면서 안타깝게 생각한 것은 국가에 대한 객관적인 기준이 없다는 것이었다. 국가에 대한 일정한 개념 정의 없이 논쟁하기 때문에 누가 옳은지 알 수가 없는 것이다. 이런 논쟁은 학술적이라고 할 수가 없다. 다수의 힘으로 소수를 밀어붙이는 힘의 대결이 되고 마는 것이다.

인류의 역사에서 사람들은 아주 오랜 세월을 국가 없이 살아왔다. 그런데 어느 시기에 이르러 국가가 출현했다. 국가가 출현한 사회를 문명사회라고 한다. 국가사회와 문명사회라는 말은 동일한 시대에 대한 다른 표현인 것이다. 고조선이 국가였다면 그 사회는 문명사회였다는 것이 된다. 그러나 고조선이 국가가 아니었다면 우리 민족은 그때까지도 미개사회에 머물러 있었다는 것이 되고 만다.

고조선이 국가였는지 아니었는지는 우리 마음대로 결정할 수 없다. 국제학계의 기준에 따라야 한다. 고조선이 그러한 기준에 합당해야만 국가 단계의 사회라고 말할 수 있는 것이다. 따라서 고조선이 국가 단계의 사회였는지, 그렇지 않았는지를 확인하기 위해서는 먼저 국제학계에서 정의한 국가의 개념이 무엇인지 알 필요가 있다.

　여기서 주의해야 할 것은 우리는 일반적으로 국가나 나라, 국(國)이라는 말을 학술적인 개념과는 상관없이 사용하고 있다는 점이다. 지금 필자가 문제 삼고 있는 국가라는 말은 일반적으로 사용하는 막연한 의미의 국가나 나라, 국이라는 말과는 다른 것이다. 서양에서도 지난날에는 국가, 즉 스테이트(state)라는 말을 학술적인 개념 정의 없이 사용했다. 예컨대 부족국가(tribal state)가 그러한 경우다.

　부족은 국가가 출현하기 훨씬 전의 사회 단계에 있었던 인류 집단의 명칭이다. 그러므로 부족은 국가라고 부를 수가 없는 것이다. 그러나 아직 인류사회의 발전 과정에 대해 연구가 깊이 되어 있지 않았던 시기에 역사학자들은 초기의 국가를 부족국가라고 불렀다. 그 후 연구가 진전되면서 그것이 잘못된 명칭임을 알게 되었다. 그래서 지금은 부족국가라는 말을 사용하지 않는다.

　인류사회의 발전 과정에서 국가라는 사회 단계를 설정하기 위해서는 어떤 요소를 갖춘 사회부터를 국가라고 불러야 할 것인지 그 개념이 분명해야 한다. 국가에 대한 개념 정의가 필요한 것이다. 국가라는 단계의 사회와 그 전 단계의 사이에 다른 점이 무엇인지를 알 필요가 있다.

　그래서 학자들은 이 점을 찾기 위해 노력했다. 그 결과 국가에 대한 개념이 나오게 되었다. 국가가 그 이전의 사회와 다른 점은 2가지라는 것이다. 하나는 국가 이전의 사회에서는 혈연인 씨족이 집단을 이루어 거주했으나 국가 단계의 사회에서는 그러한 혈연 중심의 거주 형태가 소멸된다는 것이다. 다른 하나는 거주민들의 의사와는 상관없이 자기 자신을 무장력을 통해 조직하는 공권력이 출현한다는 것이다. 이런 사회현상이 나타난 시기부터를 국가라고 불러야 한다는 것이다.

그런데 위의 사실을 확인하는 데는 어려움이 있었다. 거주 형태에서 혈연집단이 와해되는 것을 확인하는 것은 가능했지만 공권력의 출현을 확인하는 것은 쉬운 일이 아니었다. 우선 공권력이란 어떤 형태의 권력을 의미하는지가 불확실했다.

그래서 그동안 여러 학자들이 논의를 계속한 결과 공권력이라는 말을 '합법적인 권력'이라는 말로 바꾸기로 했다. 국가가 출현하기 전의 사회에서는 지배자의 권력이 그가 소속되어 있는 씨족이나 종족의 무력에 의해 뒷받침되었는데, 국가 단계의 사회에서는 법이 출현하여 법이 지배자의 권력을 뒷받침해준다는 것이다. 그러므로 혈연 유대의 거주 형태가 와해되고 법이 출현한 사회부터를 국가로 부를 수 있다는 것이다.

그런데 1980년에 이런 국가에 대한 개념 정의에 대해 이의가 제기되었다. 그리스와 같은 서양의 고대국가에는 위의 2가지 조건이 모두 합당하지만 우리나라나 중국처럼 농업을 중심으로 한 고대사회에는 법이 출현한 사회라는 하나의 조건밖에 적용될 수 없다는 것이었다. 왜냐하면 우리나라나 중국 같은 농업사회에서는 국가가 출현한 후에도 마을들이 씨족 중심으로 형성되어 있어서 거주 형태가 혈연 중심이었다는 것이다.

국가에 대한 개념 정의에 이런 모순이 발생한 이유는 그동안 주로 서양 학자들이 그 연구를 해왔기 때문이었다. 그들은 서양의 고대사회에 관한 자료만을 기준으로 하여 연구함으로써 그러한 모순을 야기했다.

그러므로 동아시아를 포함한 세계 모든 지역에 공평하게 적용될 수 있는 국가 단계 사회에 대한 개념 정의는 '법이 출현하여 그것이 권력을 뒷받침한다'는 것이 하나의 조건이 된다. 즉 합법적인 권력이 출현한 사회 단계인 것이다. 따라서 고조선이 국가 단계의 사회였는지 그렇지 않았는지를 확인하기 위해서는, 고조선에 법이 존재했는지를 확인해야 한다.

고조선은 국가 단계의 사회였을까

『제왕운기』에는 고조선이 중국의 요(堯)가 즉위한 무진년(戊辰年)에 건국되었다고 기록되어 있다. 『삼국유사』〈고조선〉조에도 『고기(古記)』를 인용하여 같은 내용을 싣고 있다. 중국의 역사 연대표에 따르면 요가 즉위한 무진년은 서기전 2333년이다. 이에 따라 우리는 고조선의 건국 연대를 서기전 2333년이라고 말하고 있다.

그런데 앞에서 밝힌 바와 같이 한반도와 만주는 늦어도 서기전 2500년 무렵에는 청동기시대에 접어들었다. 그러므로 위의 문헌 기록에 근거한 고조선 건국 연대와 청동기문화 개시 연대를 인정한다면 한반도와 만주 지역은 고조선이 건국되기 전에 청동기시대가 시작되었으므로 고조선은 당연히 그 초기부터 청동기시대였던 것이 된다.

그런데 세계 여러 지역에서 청동기시대에는 대체로 국가가 출현했으므로 고조선도 국가였을 가능성이 많다. 그렇다고 하여 고조선을 국가였다고 단정할 수는 없다. 이미 청동기시대에 들어섰으면서도 국가 단계의 사회가 아닌 경우도 있기 때문이다.

청동기시대라는 말은 고고학의 시대 구분 용어이고 국가라는 말은 사회 발전 과정을 말하는 역사학 용어다. 앞에서 밝힌 바와 같이 국가는 법이 출현한 사회이다. 고고학적으로 신석기시대건 청동기시대건 철기시대건, 법이 출현한 사회이면 그 사회는 국가인 것이다.

『삼국유사』〈고조선〉조에는 고조선에 대해 말하면서 단군왕검이 '개국(開國)했다'고 표현하고 있다. 이를 국가를 세웠다는 뜻으로 보아야 하지 않겠느냐고 생각하는 사람도 있다. 그러나 여기서 말하는 국(國)을 오늘날 학술 용어로 사용하는 국가와 동일한 의미로 받아들여서는 안 된다.

역사학 용어로서의 '국가'에 대한 개념 정의는 근래에 서양학자들이 정리했다. 『삼국유사』를 지은 일연이 살았던 고려시대에는 서양의 역사학이나 고고학 또는 인류학이 우리나라에 들어오지도 않았고 그러한 개념이 정리되어 있지도 않았다. 그러므로 일연이 『삼국유사』에서 사용한 '국'이라는 말이 오늘날 역사학계에서 학술 용어로 사용하는 '국가'라는 의미와 같을 수는 없다.

우리나라에서는 나라, 국, 국가라는 말이 동일한 의미로 통용되고 있다. 그러나 엄격하게 말하면 이 말들은 원래 동일한 뜻이 아니다. 나라라는 말은 순수한 우리말로서 그 규모의 크기나 사회 수준을 정확하게 나타내는 말이 아니다. 인류사회 발전 과정에서의 어떤 단계를 말하는 것도 아니다.

국(國)이라는 문자는 중국의 서주(西周)시대에 처음으로 생겨났는데 원래는 제후가 거주하는 마을을 의미했으나 후에 제후국을 뜻하는 것으로 의미가 확대되었다. 노국(魯國), 제국(齊國), 위국(衛國) 등 서주의 제후국을 국이라 불렀던 것이다. 그러므로 국은 국가에 속해 있던 일정한 지역의 정치집단을 말하는 것이었다. 국가(國家)라는 말은 서한(西漢)시대에 모든 제후왕들이 황제의 아들들로 교체된 후 천하의 제후국이 일가를 이루었다[天下一家]고 한 말에서 비롯된 것이다.

이와 같이 나라, 국, 국가는 원래 동일한 뜻을 지닌 말이 아니었다. 그러므로 옛 문헌에서 이런 말이 사용되었을 때 그것을 오늘날 역사학계에서 사용하는 국가(state)라는 말과 동일한 의미로 해석해서는 안 된다.

그러므로 고조선이 역사학에서 말하는 국가 단계의 사회였는지를 밝히기 위해서는 고조선에 법이 존재했는지 여부를 확인해야 한다. 이 점을 분명하게 해주는 내용이 중국의 『한서(漢書)』 「지리지(地理志)」에 기록되어 있다.

그 내용을 보면 옛날 중국 상(商)나라 왕실의 후예였던 기자(箕子)가 고조선으로 망명했는데 그때 고조선에는 '범금 8조(犯禁八條)'라는 법이 있었던 것으로 되어 있다. 지금은 그 내용이 완전하게 전해지고 있지 않지만 그 가운데 3개 조항이 『한서』 「지리지」에 기록되어 있다. 살인한 사람은 사형에 처하고, 남에게 상해를 입힌 사람은 곡물로 보상하며, 도적질한 사람은 노비로 삼되 노비를 면하고자 하면 사람마다 50만의 속죄금을 물어야 한다는 것이다. 이런 법은 형법으로서 통치를 위한 수단이었다.

기자가 고조선으로 망명한 사실은 서한시대에 쓰인 『상서대전(尙書大傳)』과 『사기(史記)』 등에 비교적 자세하게 기록되어 있다. 기자는 상나라 왕실의 후예로서 기(箕)라는 곳에 봉해진 제후였는데 그의 조국인 상나라가 주족(周族)에 의해 멸망하자 고조선 지역으로 망명했다는 것이다.

그러므로 기자가 고조선 지역으로 망명한 시기는 상나라가 멸망한 직후가 된다. 대략 서기전 1100년 무렵이었던 것이다. 그런데 고조선은 서기전 2333년에 건국되어 서기전 100년 무렵에 붕괴되었을 것으로 추정되므로 서기전 1100년은 고조선 중기에 해당한다.

그러므로 고조선에서는 그 중기인 서기전 1100년 무렵에 법이 시행되고 있었음을 알 수 있다. 고조선은 이 시기에 이미 국가 단계의 사회에 진입해 있었던 것이다. 그런데 '범금 8조'의 법은 서기전 1100년 무렵에 이미 존재했으므로 그 법이 제정된 시기는 그보다 앞섰을 것이다. 그 법이 언제 제정되었는지는 분명하게 알 수 없지만 고조선은 초기부터 청동기문화를 가지고 있었고 서기전 1100년 이전에 이미 법이 존재하여 그것이 권력을 뒷받침하고 있었음은 분명하다. 그러므로 고조선은 건국 시기부터 국가 단계의 사회였다고 보아도 무리가 없을 것이다.

한민족은 언제 형성되었을까

우리는 단일민족이라는 말을 자주 사용한다. 단군왕검의 후손이라는 말을 하기도 한다. 이런 말은 매우 부정확한 것이다. 우리가 알다시피 고조선은 청동기시대였다. 그런데 그동안의 고고학 연구결과를 보면 한반도와 만주에는 청동기시대 이전부터 많은 사람들이 살고 있었다.

고조선이 건국되기 전부터 한반도와 만주에 많은 사람들이 살고 있었으므로 우리 민족 모두가 고조선을 건국한 단군왕검의 후손일 수는 없다. 우리 민족이 그렇게 믿는 것은 과학적인 것에 근거한 것이 아니다. 지극히 정서적인 것이다. 다시 말하면 그렇게 생각하는 것이다.

이와 같이 우리 민족은 과학적인 근거와는 상관없이 우리는 한 핏줄이라고 믿어온 것이다. 그러나 그러한 정서가 형성되어 있다는 것은 중요한 의미가 있다.

민족과 비슷한 말로 겨레라는 말이 있다. 겨레란 같은 핏줄을 이어받은 사람들이라는 뜻이다. 우리는 흔히 겨레와 민족이라는 말을 구분하지 않고 거의 동일한 의미로 사용하고 있다. 그러나 민족은 겨레와 완전히 다른 말이다.

민족이라는 말은 원래 우리말이 아니었다. 19세기에 일본인들이 영어의 네이션(nation)을 번역한 말이다. 그런데 네이션이라는 단어는 국가, 국민이라는 뜻을 가지고 있다. 따라서 민족이라는 단어에는 서양인들이 국가나 국민이라는 말에 대해 가지고 있는 정서도 포함되어 있다. 그 결과 우리나라 사람들이 사용하는 민족이라는 단어에는 겨레라는 단어가 가지고 있는 의미와 국가, 국민이라는 단어가 가지고 있는 의미가 혼합되어 있는 것이다.

일반적으로 서양에서는 근대국가 출현과 더불어 네이션이 형성되었다고 말한다. 이에 따라 우리나라에서도 근대화 이후에 민족이 출현했다고 말하는 학자가 있다. 그러나 그것은 잘못이다. 네이션이라는 말은 국민이라는 의미를 지니고 있기 때문에 서양에서는 근대 국민국가(nation-state)의 출현과 더불어 국민(nation)이 형성되었다고 말하는 것이다. 일부 학자들은 여기서 말하는 네이션을 국민으로 번역하지 않고 민족으로 번역하여 근대국가 이후에 민족이 출현했다고 받아들이고 있는 것이다. 만약 그렇게 본다면 국민과 민족은 동일한 의미를 지닌 말이 되고 만다.

학자들은 민족이란 공통의 언어, 지역, 경제생활 그리고 공통의 문화 속에서 발현되는 공통의 심리적 기질에 기초하여 역사적으로 형성된, 사람들의 안정된 공동체라고 규정하기도 한다. 위의 요소 가운데 공통의 경제생활이 매우 중요하다고 강조하면서 이런 모든 특징이 함께 나타나는 경우에만 민족이라고 할 수 있다고 보기도 한다.

그리고 민족 공동체는 인종적인 것이 아니며 종족적인 것도 아니라고 주장하기도 한다. 예를 들어 근대 이탈리아 민족은 로마인, 튜턴인, 에트루리아인, 그리스인, 아랍인 등으로 형성되었고 프랑스 민족은 갈리아인, 로마인, 브리튼인, 튜턴인 등으로 형성되었으며 영국 민족이나 독일 민족도 다양한 인종과 종족으로 형성되었다는 것이다.

일반적으로 민족이란 일정한 지역에서 오랜 기간에 걸쳐 공동 생활을 함으로써 언어, 풍습, 종교, 정치, 경제 등 각종 문화 내용을 공유하고 집단귀속의식에 의해 결합된 인간 집단의 최대 단위인 문화공동체라고 정의하고 있다. 혈연은 민족을 구성하는 기본 요소가 아닌 것이다. 그러므로 민족은 겨레와는 의미가 전혀 다른 말이다.

여기서 관심을 가져야 할 점이 있다. 일단 민족이 형성된 후에는 귀속의식을 가지고 있다면 언어, 풍습, 종교, 정치, 경제 등의 문화 내용이 달라지더라도 동일한 민족으로 남아 있게 된다는 것이다. 예컨대 남한과 북한의 거주민들은 정치, 경제, 종교 등이 서로 다르지만 동일한 민족이라고 생각하고 있으며, 일본이나 미국에 거주하는 교포 2세들은 우리말을 모르면서도 우리와 동일한 민족이라고 생각한다. 그러므로 언어, 풍습, 종교, 정치, 경제 등은 민족을 형성하는 중요한 요인이기는 하지만 일단 민족이 형성된 후에는 그 가운데 일부가 없어지더라도 귀속의식만 가지고 있으면 민족이라고 할 수 있는 것이다.

그러면 우리 민족은 언제 형성되었을까? 지난날에는 고조선을 대동강 유역에 있었던 작은 정치집단 정도로 보았다. 따라서 신라가 고구려와 백제를 병합하기 전에는 한반도가 하나로 통합되지 못했다고 생각했다. 그렇게 본다면 고려시대 이전에 우리는 민족을 형성하지 못했다는 것이 된다. 그전에는 한반도나 만주의 거주민들이 하나의 공동체의 구성원이라는 귀속의식이 형성될 수 없었을 것이기 때문이다.

그러나 그러한 생각은 잘못된 것이다. 한반도와 만주의 거주민들은 고조선시대에 이미 고조선이라는 국가를 이루고 생활했다. 고조선의 강역은 서쪽은 중국 북경 근처에 있는 난하(灤河), 북쪽은 아르군 강[액이고납하(額爾古納河)], 동북쪽은 흑룡강(黑龍江), 남쪽은 한반도 남부 해안을 경계로 하여 한반도와 만주 전 지역이었다. 고조선은 2,300여 년 동안 존속했으므로 이 지역 사람들은 2,300여 년 동안 같은 나라 안에서 생활했던 것이다.

이들은 단군을 최고 지도자로 하여 하느님을 믿는 동일한 종교를 가지고 있었고 동일한 언어와 풍습을 가지고 동일한 정치 체제와 경제 상황 속에서 생활했다. 2,300여 년이라는 긴 세월 동안 함께 생활했기 때문에 서로가 같은 나라에 속해 있다는 귀속의식이 강했을 것은 의심할 여지가 없다. 따라서 우리 민족은 고조선시대에 형성되었다고 보아야 한다.

우리 민족은 토착인들이 아닐까

종래에는 우리 민족의 주체를 예맥족(濊貊族)과 한족(韓族)으로 보고 이들은 외부에서 온 이주민일 것으로 믿었다.

우리 민족을 예맥족과 한족으로 나누어 본 것은 고대에 한반도 북부와 만주에는 고조선, 부여, 고구려, 동예가 있었고 남부에는 한[韓, 삼한(三韓)]이 독립해 있었을 것으로 본 데서부터 비롯된 것이다. 북부에 있었던 여러 나라는 예맥족에 의해 건국되었고 남쪽의 한은 한족에 의해 건국되었을 것으로 보았던 것이다. 그리고 한반도는 삼면이 바다로 둘러싸여 있기 때문에 북쪽의 예맥족은 대륙에서 이주해 왔으며 남쪽의 한족은 해양으로부터 이주해 왔을 것으로 추정했던 것이다.

그러나 이런 종래의 통설은 근거가 없는 것이다. 이런 견해가 나오게 된 것은 고대시에 대한 연구가 충분하지 않았고 고고학도 발달하지 못했던 지난날의 학계 상황과 관계가 있다. 지난날 학계에서는 고조선이 한반도와 만주 전 지역을 통치했다고 보지 않았다. 따라서 한반도와 만주의 거주민이 하나의 민족을 형성했을 것으로 볼 수 없었던 것이다.

그러나 이제 고조선이 한반도와 만주 전 지역을 통치한 것이 확인되었으므로 이들을 하나의 민족으로 보아야 한다. 예맥족과 한족으로 나누어 보거나 그런 명칭으로 불러서는 안 된다.

그리고 우리 민족의 출현을 설명하는 데 있어서 고고학이 학문으로 성립되어 있지 않았던 시기에는 우리 민족을 토착인들이라고 말할 근거가 없었다. 구석기, 신석기, 청동기 등의 유적이 우리나라에서 발견되지 않았기 때문에 우리나라에 원시시대부터 사람이 살았다고 설명할 근거가 없었던 것이다.

그러므로 우리 민족의 출현을 이미 오래전부터 사람들이 살았던 것으로 확인된 중국 북부나 중앙아시아 또는 시베리아 등지와 연결하여 설명하는 것이 합리적으로 생각될 수밖에 없었다. 중국 북부와 중앙아시아 및 시베리아 등지에서는 우리 문화 요소와 유사한 것들이 발견되어 이 지역이 우리나라와 동일한 문화권인 것처럼 보이기도 했다. 그래서 우리 민족은 이런 곳에서 이동해 왔을 것으로 보았던 것이다.

우리나라에 고고학이 성립된 후에도 우리나라의 신석기문화, 청동기문화, 철기문화 등은 중국이나 중앙아시아 또는 시베리아 등지보다 늦게 시작되었을 것으로 믿었다. 따라서 우리 민족이 토착인들이기보다는 이들 지역에서 이동해 왔다고 설명하는 것이 합리적으로 보였던 것이다.

그러나 이제는 상황이 달라졌다. 한반도와 만주 지역에서 선사시대 유적이 많이 발굴되었을 뿐만 아니라 이들의 연대가 중국이나 중앙아시아 또는 시베리아보다 앞선다는 것이 확인되었기 때문이다.

구석기시대부터 시대 순으로 살펴보자. 구석기시대는 지금부터 1만 년 전에 끝나는데 이 시대의 유적은 70만 년 전의 것부터 한반도와 만주의 여러 곳에서 발굴되었다.

이 시대 초기의 사람은 원숭이와 사람의 중간 단계로서 진화 과정에 있었으며 5만 년 전에 이르러서야 완전한 사람이 출현했다. 그러므로 완전한 사람이 출현하기 전부터 한반도와 만주에는 줄곧 사람이 살고 있었다는 것을 알 수 있다. 이 시기의 사람들에서 지역적인 특징이 나타나기는 하지만 아직은 동물들처럼 떠돌이 생활을 했기 때문에 지역으로 나누어 어느 민족의 조상이라고 분명하게 말하기는 어렵다.

신석기시대에는 붙박이 생활을 하여 마을을 이루게 되므로 사람들을 지역으로 나누어 볼 수 있다. 따라서 이 시기에 한반도와 만주 지역에 살았던 사람들은 우리 민족의 직접 조상일 가능성이 많다. 그런데 한반도와 만주에서 발견된 가장 앞선 연대의 신석기 유적은 강원도 오산리 유적과 내몽골자치구 흥륭와 유적으로 서기전 6000년 무렵이다. 이 연대는 중국 황하 유역에서 가장 앞선 신석기 유적인 배리강(裵李崗) 유적과 비슷하다. 중앙아시아나 시베리아에서 이보다 앞선 신석기시대 유적이 발견된 예가 없다. 그러므로 우리나라와 만주의 신석기인들이 다른 지역에서 이주해 온 사람들이라고 말할 수 없다.

청동기문화의 개시 연대는 한반도와 만주가 동아시아에서 가장 앞선다. 한반도에서 발견된 청동기문화 유적 가운데 연대가 가장 앞서는 것은 전라남도 영암군 장천리 유적과 경기도 양평군 양수리의 고인돌 유적인데 서기전 2500년 무렵이다. 만주에서 발견된 것은 하가점하층문화로서 서기전 2410년 무렵이다.

반면에 한반도와 만주의 주변에서 가장 이른 청동기문화는 황하 유역의 이리두문화(二里頭文化)인데 서기전 2200년 무렵이며 시베리아에서 가장 앞선 청동기문화인 미누신스크(Minusinsk)문화는 서기전 1700년 무렵이다. 그러므로 한반도와 만주의 청동기인들이 중국이나 중앙아시아 또는 시베리아 등지에서 이동해 왔다고 말할 수가 없는 것이다. 그런데 청동기시대가 시작된 후 서기전 2333년 무렵에 고조선이 건국되었고 이 시기에 한반도와 만주에 살던 사람들은 민족을 형성했다.

이상과 같은 근래의 고고학 자료들을 살펴볼 때 우리 민족은 다른 지역에서 이주해 온 사람들에 의해 형성되었다고 말할 수 없다. 우리 민족은 한반도와 만주의 토착인들에 의해 형성되었던 것이다. 그렇다고 하여 이주민이 전혀 없었다는 것은 아니다. 이주민이 일부 있었을 수도 있다. 그러나 그들이 우리 민족의 주류를 이루지는 않았다.

·풀림 4·

단군사화는 무엇을 말해주나

단군사화는 조작된 것일까

문자 발명 전의 옛사람들은 체험이나 생각을 기록으로 남겨놓을 수가 없었기 때문에 입과 귀를 통해 전달할 수밖에 없었다. 그렇게 하여 전해 내려온 것이 전설과 신화다. 전설과 신화는 전달되는 과정에서 내용이 압축되기 마련이다. 사람들이 체험하고 생각했던 것을 시시콜콜 그대로 전달하는 것은 불가능하기 때문이었다. 그렇기 때문에 세월이 흐르면서 전설이나 신화는 아주 중요한 골격만 남아 후세에 전해지게 되었다. 역사가 오랜 민족일수록 그러한 전설이나 신화가 많이 남아 있다.

고조선이 건국되기까지 우리 민족의 성장 과정을 전해주는 것으로 단군신화가 있다. 그런데 신화라고 하면 믿을 수 없는 허황된 것으로 생각하는 사람들이 많다. 이런 사람들은 단군신화도 믿을 수 없는 것이라고 생각한다. 이렇게 단군신화를 믿을 수 없다고 보는 것은 어떤 선입관이 크게 작용하고 있기 때문이다.

그것은 일제의 고조선 말살 정책의 영향이다. 일제는 우리 겨레의 정체성(正體性)과 사상의 뿌리를 말살하려고 고조선의 존재를 부인했다. 그러한 작업의 하나로 고조선이 건국되기까지의 과정을 담은 단군신화를 조작된 것이라고 몰아붙였던 것이다. 일제의 어용학자들은 단군신화와 고조선에 대해 기록된 『삼국유사』와 『제왕운기』가 고려 말기에 쓰인 점을 들어 고려가 몽골의 침략을 겪은 후 민족정신을 고취하기 위해 단군신화와 고조선을 허위로 조작했다고 주장했다.

이런 일제의 주장은 지금까지도 영향을 주고 있다. 단군신화에 대해 긍정적인 생각을 가지고 있는 사람들 가운데도 내용 자체를 역사의 사실로 보는 것이 아니라 거기에는 단지 한민족의 사상이 상징적으로 나타나 있을 뿐이라고 생각하는 사람들이 많다. 그러나 그러한 생각은 잘못이다.

옛사람들은 인간만사는 물론 모든 자연현상을 신이 관장하고 있다고 믿었다. 각 씨족이나 종족은 그들의 운명은 수호신의 뜻에 달려 있다고 믿었다. 예컨대 어느 한 씨족과 다른 씨족이 전쟁을 해서 어느 한 씨족이 승리했을 경우 그것은 그 씨족의 수호신이 능력이 있기 때문이라고 믿었다. 이와 같이 모든 일을 신과 연결하여 생각했다. 그래서 그들은 사람들 사이에서 일어났던 일들을 신들을 주체로 한 내용으로 후세에 남겨놓았던 것이다. 그러므로 신화는 허황된 것이 아니라 사람들의 이야기가 신들의 이야기로 변형되어 있는 것이다.

그렇기 때문에 신화에서 그 주체인 신들을 사람으로 바꾸면 인류가 체험했던 역사가 되는 경우가 많다. 물론 그것이 전달되는 과정에서 사실과 다르게 변질된 부분이 있을 수 있다는 점에 주의해야 한다. 단군신화도 인간들의 이야기로 바꾸면 우리 민족의 성장 과정을 말해주고 있음을 알 수 있다.

단군신화라는 말을 그대로 사용해도 문제는 없겠지만 신화라는 말이 역사의 사실이 아니었던 것 같은 오해를 불러일으킬 수 있으므로 필자는 '단군사화(壇君史話)'라고 부르려고 한다.

단군사화의 줄거리는 이러하다. 아주 먼 옛날 환인이라 불리는 하느님이 있었는데 그에게는 환웅이라는 지차 아들이 있었다. 환웅은 늘 사람들이 사는 지상세계에 내려가 살고자 했다. 환인이 아들의 뜻을 알고 지상을 살펴보니 삼위산과 태백산 지역이 인간을 널리 돕기에 알맞아 보였다. 그래서 그의 아들 환웅에게 하느님의 아들임을 증명하는 천부인(天符印) 3개와 무리 3,000명을 주어 사람들이 사는 세상으로 내려가도록 했다.

환웅은 태백산 마루에 내려와 그곳을 신시(神市)라 하고 바람을 관장하는 어른, 비를 관장하는 어른, 구름을 관장하는 어른 등을 거느리고 곡식, 인명, 질병, 형벌, 선악 등을 주로 맡아 보살피되 무릇 사람들의 360여 가지의 일을 두루 맡아보았다. 이때 같은 굴 속에 살고 있던 곰 한 마리와 호랑이 한 마리가 환웅에게 사람이 되고 싶다고 빌었다. 그래서 환웅은 그들에게 쑥 한 자루와 마늘

20개를 주면서 그것을 먹고 100일 동안 햇빛을 보지 말라고 했다. 곰은 이것을 먹고 조심하여 3·7일 만에 여자가 되었으나 호랑이는 조심하지 않아 사람이 되지 못했다.

그런데 곰녀는 결혼할 사람이 없으므로 늘 신단수(神壇樹) 밑에서 아기를 잉태하게 해달라고 빌었다. 그래서 환웅은 잠시 남자로 변하여 곰녀와 결혼하여 아들을 낳아 그 이름을 단군왕검이라 했다. 이 단군왕검이 성장하여 고조선을 건국했다.

이상은 일연이 쓴 『삼국유사』에 실린 단군사화의 내용이다. 이승휴가 쓴 『제왕운기』에도 거의 같은 내용이 실려 있다. 그러나 다소 달리 말한 부분도 있다. 예컨대 환웅을 단웅(檀雄)이라고 부른 것이라든가 단웅이 그의 손녀에게 약을 먹여 사람이 되게 한 후 단수신(檀樹神)과 결혼시켜 단군을 낳게 했다는 것 등이다.

일연은 불교 승려였고 이승휴는 유교 학자임을 생각해볼 때 그들의 학문 경향은 서로 매우 달랐을 것이다. 그럼에도 불구하고 그들의 저서에 거의 동일한 내용의 단군사화가 실려 있는 것으로 보아 단군사화는 오래전부터 전해왔으며 고려시대에는 일반인들 사이에 널리 퍼져 있었을 것이다.

단군사화는 어떻게 해석해야 할까

단군사화는 고조선이 건국되기까지 우리 민족이 성장한 과정을 말해주고 있다. 그것을 신들의 이야기로 전하고 있는 것이다. 단군사화의 내용은 선사시대의 우리 역사를 전해주는 유일한 것이다. 고고학이나 인류학 등의 학문이 우리나라에 들어오기 전 우리 조상들은 우리 역사를 단군사화에 의존하여 이해하는 것이 고작이었다. 다른 방법이 없었다.

그런데 고고학과 인류학 및 근대적 역사 연구 방법이 서구에서 들어오면서 그러한 방법의 연구에 의해 우리 역사를 설명하게 되었다. 특히 선사시대에 대해서는 고고학이 그 전담 학문인 것처럼 되었다. 고고학이 선사시대를 설명할 수 있는 유일한 길인 것처럼 잘못 알고 있는 사람들도 있게 되었다.

그 결과 신화나 전설은 비과학적인 것으로 인식되어 역사학 밖으로 밀려나는 처량한 처지가 되고 말았다. 단군사화가 차지하고 있던 자리를 고고학이 차지하게 되었다. 단군사화는 서야 할 땅을 잃어버리고 말았다. 이유는 다르지만 일제 어용학자들이 단군사화와 고조선을 부인했던 것과 똑같은 결과가 되고 만 것이다.

그런데 그러한 생각은 참으로 잘못된 것이다. 고고학은 신화나 전설이 말하지 않은 부분을 보충해주거나 신화나 전설의 잘못된 부분을 바로잡아주기도 한다. 그러나 결코 신화나 전설을 부인하는 것은 아니다. 고고학과 신화, 전설은 서로 보완하는 관계에 있다고 보아야 한다.

단군사화는 우리 조상들이 체험했던 역사를 골격으로 하고 있다. 단군사화를 분석해보면 내용이 몇 단계로 나뉜다. 첫째는 환인 단계, 둘째는 환웅 단계, 셋째는 환웅과 곰녀가 결합한 단계, 넷째는 단군왕검이 고조선을 건국한 단계이다.

단군사화에서 단군은 환웅의 아들로 되어 있고 환웅은 환인의 아들로 되어 있다. 그러므로 그 내용의 전체 기간은 불과 3대에 걸친 것으로 되어 있다. 그러나 신화나 전설은 내용이 매우 압축되어 전하기 때문에 실제의 기간을 3대로 보아서는 안 된다. 환인, 환웅, 단군왕검의 3대에 걸친 기간은 그 내용에서 알 수 있듯이 한반도와 만주에 사람이 출현한 후 단군왕검이 고조선을 건국하기까지의 전 기간을 포괄하고 있는 것이다.

단군사화의 내용에 나타난 각 단계를 인류학과 고고학에서 말하는 사회 단계와 비교해보자. 이해의 편의를 위해 고조선 건국 단계부터 비교하도록 하겠다.

단군왕검이 세운 고조선은 고고학적으로는 청동기시대였고 사회 발전 단계로는 국가사회였다. 환웅과 곰녀가 결혼했다는 것은 하느님을 섬겼던 환웅족과 곰을 섬겼던 곰족의 결합을 의미하므로 후기 신석기시대에 여러 마을이 연맹을 맺었던 고을나라시대를 말해준다. 환웅이 지상에 내려와 혼자서 생활했던 시대는 전기 신석기시대로서 마을사회시대를 말한다. 마을사회는 농업을 함으로써 이루어졌는데 단군사화에 따르면 환웅이 지상에 내려와 관장했던 일 가운데 곡물이 가장 먼저 언급되어 있다. 이로써 이 시대가 마을사회였음을 알 수 있다. 환인시대는 구석기시대로서 무리사회를 말한다. 단군사화에서 환인시대에 대해서는 아무것도 말하지 않았다. 그러나 환웅이 하늘로부터 지상으로 내려왔다고 했으므로 환웅보다 앞선 환인시대는 떠돌이 생활을 했을 가능성을 암시한다. 인류사회의 발전 단계에서 무리사회 이전 단계는 없기 때문에 환인시대는 당연히 무리사회가 될 수밖에 없다.

이상과 같이 고고학이 말하는 각 시대와 인류학이 말하는 사회 발전 단계 그리고 단군사화에 나타난 각 시대는 서로 보완해주는 역할을 한다. 이것을 표로 만들면 다음과 같다.

연대	고고학의 시대	사회 발전 단계	단군사화의 시대
1만 년 B.P. 이전	구석기시대	무리사회	환인시대
1만 년 B.P. 이후	전기 신석기시대	마을사회	환웅시대
6000년 B.P. 이후	후기 신석기시대	고을나라	환웅+곰녀시대
4500여 년 B.P. 이후	청동기시대	국가사회	단군왕검 건국의 고조선시대

단군사화 내용이 인류학이나 고고학이 말하는 각 시대 성격과 일치한다는 사실은 꾸며낸 이야기가 아니라는 것을 말해 준다. 『삼국유사』와 『제왕운기』가 편찬된 고려시대에는 위와 같은 인류학이나 고고학 이론이 나오지 않았고 우리나라와 서구 사이에 학문 교류도 없었기 때문이다. 단군사화는 우리 민족의 성장 과정을 잘 보존하여 전하고 있는 것이다.

고조선이라는 명칭은 무엇을 뜻하나

고조선이라는 명칭은 바르게 사용되고 있는가

우리가 대화를 나눌 때 대화의 주제가 되는 것의 명칭이나 용어의 개념을 서로 다르게 알고 있다면 그 대화는 실효를 거둘 수가 없을 것이다. 동일한 명칭이나 용어를 사용하면서도 그 내용은 서로 다르게 생각할 것이기 때문이다.

고조선도 마찬가지다. 고조선에 대한 개념을 사람들이 서로 다르게 인식하고 있다면 고조선이라는 동일한 명칭을 사용하면서도 그 내용은 서로 다르게 생각하게 된다. 그렇기 때문에 명칭을 정확하게 사용하고 그 개념이 통일되어 있어야 한다는 것은 매우 중요하다. 이 점은 학문에 국한된 것만은 아니다. 이 세상 모든 일에 적용되는 것이다.

오래전 중국의 전국시대에 이미 이런 문제를 논의한 학자들이 있었다. 전국시대는 사회가 몹시 혼란했다. 그들은 당시의 사회가 혼란한 것은 세간에서 사용되는 명칭[名]과 그 내용[實]이 일치하지 않기 때문이라고 지적하면서 용어를 바르게 사용해야만 사회 혼란을 막을 수 있다고 주장했다. 이들을 명가(名家)라고 부른다.

그런데 명칭과 내용의 차이는 정도는 다르겠지만 어느 시대에나 존재했고 사회가 혼란할수록 심했던 것 같다. 그로부터 2,000여 년이 지난 오늘날에도 그런 문제는 여전히 존재한다. 용어의 개념이 불확실하거나 용어를 적절하게 사용하지 않음으로 인해 혼란이 일어나는 것을 자주 볼 수 있다.

명칭이나 용어를 정확하게 사용하는 것은 학문을 하는 데 있어 지켜야 할 가장 기본적인 문제다. 그러므로 고조선이라는 명칭도 바르게 사용되어야만 한다. 사용하는 학자에 따라 개념이 다르다면 고조선에 대한 인식은 출발부터 잘못될 수밖에 없을 것이다. 그러므로 고조선에 대해 논하기에 앞서 이 문제를 일단 검토해볼 필요가 있다.

사람들에게 고조선은 어느 나라를 말하느냐고 묻는다면 대다수는 단군조선이라고 답할 것이다. 그러나 한국사를 전공한 대부분의 학자들은 고조선은 단군조선과 위만조선을 포괄하는 명칭이라고 생각하고 있다. 따라서 한국사 교과서나 일부 개설서들을 보면 고조선이라는 항목에 단군조선과 위만조선이 함께 서술되어 있는 것을 볼 수 있다.

일부 학자의 논문에서는 고조선은 단군조선이 아니라 기자조선

(箕子朝鮮)이어야 한다고 주장되기도 한다. 단군조선은 사회나 문화의 수준이 매우 낮았기 때문에 국가로 볼 수 없다는 것이다. 중국에서 이주해 온 기자 집단이 처음으로 나라를 세웠을 것으로 보고 이것을 고조선으로 불러야 한다는 것이다.

고조선이라는 명칭은 이렇게 우리 학자들 사이에서도 서로 다른 뜻으로 사용되고 있다. 이런 문제는 왜 일어났을까? 고조선이라는 말을 단군조선과 위만조선을 포괄하는 의미로 사용하거나 기자조선을 가리키는 것으로 사용하는 학자들은 고조선이란 '옛날의 조선'을 뜻한다고 본다. 고조선을 한자의 뜻으로 풀이하고 있는 것이다. 그러므로 근세조선(이씨 왕조) 이전의 조선은 모두 고조선이라 부를 수 있다고 생각하는 것이다.

고조선을 한자의 뜻으로 풀이하면 '옛날의 조선'이라는 말임은 틀림없다. 그러나 그것이 오랜 세월에 걸쳐 사용되는 동안 고유명사화되었다는 사실을 알아야 한다. 우리 민족에게 고조선이라는 명칭은 단군조선의 명칭으로 굳어진 것이다.

이 점을 분명하게 밝히기 위해 고조선이라는 명칭이 언제부터 사용되었으며 원래 어떤 뜻으로 사용되었는지를 살펴볼 필요가 있다. 고조선이라는 명칭은 『삼국유사』〈고조선〉조에서 맨 먼저 사용되었다. 『삼국유사』의 저자인 일연은 단군조선에 대한 항목의 명칭을 고조선이라 했다. 그는 말하기를 고조선을 왕검조선(王儉朝鮮)이라 부른다고도 했다.

일연은 고조선 항목에서 단군조선에 관해서만 기록했다. 위만조선에 대해서는 따로 독립된 항목을 설정하여 기록했다. 일연은 단군조선만을 고조선이라 불렀던 것이다. 일연이 살았던 고려시대는 근세조선이 출현하기 전이었다. 그러므로 고조선이라는 의미는 근세조선 이전의 조선을 뜻하는 것이 아니었다. 일연은 고조선을 오래전의 조선이라는 의미로 사용했던 것 같다. 위만조선과 같이 후에 출현한 조선보다 더 오래된 조선이라는 뜻이었던 듯하다. 그것이 오랜 세월 동안 사용되면서 단군조선의 국명으로 고유명사화되었던 것이다.

따라서 고조선은 단군조선의 국명이라는 생각이 우리 민족의 정서를 형성하고 있다. 그런데도 일부 학자들은 고조선이 지니고 있는 이런 역사성과 우리 민족이 지니고 있는 정서를 무시하고 고조선을 한자의 뜻으로만 해석하여 사용하는 잘못을 저지르고 있다. 고조선이라는 명칭을 단군조선과 위만조선을 포함한 개념으로 사용하거나 기자조선을 가리키는 것으로 사용하는 것은 잘못이다. 고조선은 단군조선만의 명칭으로 사용해야 한다.

조선이라는 국명은 어떻게 지어졌을까

고조선의 국명은 '조선(朝鮮)'이었다. 『삼국유사』에는 단군왕검이 나라를 열고 비로소 그 이름을 조선이라 했다고 기록되어 있다. 그런데 조선이라는 명칭은 한자이다. 고조선이 건국되던 서기전 2300년 무렵에 우리 민족이 한자를 사용하여 국명을 지었을까?

한자는 원래 우리 민족의 문자였다고 주장하는 사람도 있다. 그러나 그렇게 말하기에는 문제가 있다. 초기의 한자인 갑골문(甲骨文)을 보면 문장 구성이 오늘날의 중국어와 같다. 중국어는 우리말과 어순이 다르다. 우리말의 기본 어순은 주어→목적어→동사인데 중국어는 주어→동사→목적어 순서이다. 따라서 우리말과 중국어는 원래부터 다른 말임을 알 수 있다. 한문의 모체인 갑골문의 문장 구성이 우리말과 다르고 중국어와 같은 것으로 보아 한자가 우리 문자였을 가능성은 희박한 것 같다.

따라서 고조선에서 나라 이름을 처음부터 중국 문자인 한자를 사용해서 지었을 것 같지는 않다. 우선 조선이라는 명칭의 유래에 대한 그동안의 견해를 살펴보자. 먼저 국내의 견해를 살펴보자.

『신증동국여지승람』에서는 조선이라는 명칭의 유래에 대해 설명하기를 "동쪽의 끝에 해가 뜨는 땅에 위치했으므로 조선이라 불렀다."고 했다. 이것은 조선이라는 명칭의 한자가 지니고 있는 '아침은 빛난다'는 뜻을 옮긴 것이다. 고조선이 건국된 서기전 2300년 무렵에 '아침은 빛난다'와 같은 표현을 한자로 옮겨 국명으로 삼았을까? 이것은 조선이라는 국명의 유래라기보다는 조선이라는 국명의 한자 뜻을 후대에 풀이한 것이라고 보아야 할 것이다. 그러므로 이 견해는 성립될 수 없다.

『동사강목(東史綱目)』에서는 고조선이 선비(鮮卑)의 동쪽에 있었으므로 조선이라 부르게 되었다고 했다. 이 견해도 성립될 수 없다. 왜냐하면 선비라는 명칭이 문헌에 등장한 것은 서력기원 후이며, 그 전에는 선비와 오환(烏丸)을 합하여 동호(東胡)라 불렀기 때문이다. 그런데 조선이라는 명칭은 서기전에 이미 사용되고 있었다.

신채호는 조선이라는 명칭은 숙신에서 기원했으며 만주어의 주신(珠申)과 동의어일 것으로 보았다.『만주원류고(滿洲源流考)』에는 옛날에 만주어로 소속을 주신이라 했는데 주신이라는 음은 숙신에서 온 것이라는 기록이 있다. 신채호는 소속을 의미하는 주신을 국명으로 받아들여 주신과 숙신, 조선은 동일한 음으로서 조선이라는 국명은 숙신에서 왔을 것으로 보았던 것이다. 정인보도 이와 동일한 견해를 피력했다.

그런데『만주원류고』에서 주신을 숙신과 연결한 것은 만주족의 역사를 끌어올리려는 대만족주의(大滿族主義)의 산물이다. 그렇기 때문에 그 기록을 믿을 수 없다. 그뿐만 아니라 만일 조선이라는 국명이 숙신에서 기원했다면 조선이라는 국명이 출현한 후에는 숙신이라는 명칭이 사용되지 않았을 것이다. 그런데 고조선이 존재했던 전 기간은 물론 고조선이 붕괴된 후에도 숙신이라는 명칭은 사용되고 있었다. 따라서 이 견해도 성립될 수 없다.

양주동은 조선은 '밝새'의 이두 표현일 것으로 보았다. 조(朝)는 '밝', 선(鮮)은 '새'로 읽어야 한다는 것이다. 고대에 조선족은 태양숭배사상을 가지고 동쪽과 남쪽으로 이동하면서 이동로의 여러 곳에서 '밝'이라는 지명과 '새'라는 지명을 사용했을 것으로 보고 그것이 조선이라는 국명의 유래가 되었을 것으로 본 것이다. 이 주장이 받아들여지려면 조선이 이두로 그렇게 읽혔다는 근거가 있어야 할 것이다. 그러나 그러한 근거는 없으므로 이 견해도 성립되기는 어렵겠다.

이병도는 조선이라는 명칭은 아사달에서 유래했을 것으로 보았다.『삼국유사』에 고조선의 첫 도읍이 아사달로 기록되어 있는 점에 착안하여 조선은 고대 조선어의 아사달이 한자화되었을 것으로 본 것이다.

일본어의 '아사'가 아침을 뜻하는 것에서 알 수 있듯이 아사달에서 아사는 우리의 옛말로 아침을 의미하며 달은 양달이나 음달이라는 말에서 알 수 있듯이 땅을 뜻한다는 것이다. 따라서 아사달은 아침 땅을 의미하는 우리의 옛말이었을 것이며, 이것을 한자화하여 조선이라는 국명을 만들었을 것으로 본 것이다.

이런 이병도의 견해는 매우 타당한 것이라고 생각된다. 고대의 초기사회에서는 대체로 씨족이나 종족의 명칭은 그들이 거주한 지명과 일치하고 그들이 나라를 세우면 그것은 국명이 되는 경우가 많았다. 중국에서도 상나라를 세운 상족은 초기에 상읍(商邑)에서 거주했고 주족은 주원(周原)에서 거주했다.

고조선의 도읍명이었던 아사달은 원래 조선이라는 뜻을 지닌 우리말이었을 것이다. 고조선을 건국한 씨족의 원래 명칭은 아사달족이었으며 그들이 거주한 곳의 명칭도 아사달이었을 것이다. 그런데 훗날 그들이 나라를 세우고 중국과 교류를 갖게 됨에 따라 이것을 한자로 표기하여 조선이라 했을 것으로 생각된다.

중국인은 조선의 유래를 어떻게 보았는가

중국인들은 고조선, 기자조선, 위만조선, 낙랑군 조선현 등을 그냥 조선이라고 부르는 경우가 많다. 그러므로 이들에게 동일하게 붙여진 조선이라는 명칭은 동일한 의미를 지녔을 것으로 인식하기 쉽다. 그러나 그렇지 않다.

사마천(司馬遷)이 저술한 『사기』에는 「조선열전(朝鮮列傳)」이 실려 있다. 『사기』의 주석서로 당(唐)시대에 편찬된 『사기집해(史記集解)』와 『사기색은(史記索隱)』에는 『사기』「조선열전」의 조선이라는 명칭의 유래에 대한 설명이 실려 있다. 이 두 책은 중국의 삼국시대 위(魏)나라의 장안(張晏)이라는 사람의 말을 인용하여 조선이라는 명칭이 생긴 연유를 설명하고 있다.

그 내용인즉, "조선에는 습수(濕水), 열수(洌水), 산수(汕水)라는 3개의 지류가 합해지는 열수(洌水)라는 강이 있는데 낙랑군 조선현의 명칭은 여기서 유래했을 것"이라는 것이다. 그리고 선(鮮)의 음은 선(仙)인데 그것은 산수(汕水)에서 유래했을 것이라고 했다.

다시 말하면 조선의 선(鮮) 자는 산수에서 유래했을 것으로 보고 이것이 조선이라는 명칭의 기원이 되었을 것이라고 말하고 있는 것이다. 선(鮮)과 산(汕)의 음이 비슷하기 때문에 그렇게 생각했던 것 같다.

이런 장안의 견해는 현존하는 문헌에 보이는 조선이라는 명칭의 유래에 대한 설명 가운데 가장 이른 것이다. 역사 연구는 가장 오래된 사료에 의거하는 것이 합리적이라는 이유 때문에 그동안 장안의 견해는 학자들의 관심의 대상이 되어왔다.

장안의 견해를 가장 신빙성 있는 것으로 받아들이는 학자도 있다. 그런데 여기서 유의해야 할 점이 있다. 그것은 조선이라는 명칭의 유래에 대한 장안의 견해는 『사기』 「조선열전」의 조선이라는 명칭에 대한 주석으로 실려 있다는 점이다. 그리고 그 내용을 보면 장안은 고조선이 아닌 낙랑군 조선현 명칭의 유래에 대해 설명하고 있다는 것이다.

『사기』 「조선열전」은 고조선이 아니라 위만조선에 관한 기록이다. 그러므로 『사기집해』와 『사기색은』의 저자들은 위만조선과 낙랑군 조선현을 동일한 조선으로 인식하고 장안이 말한 낙랑군 조선현의 조선이라는 명칭의 유래에 대한 설명을 주석으로 싣고 있다는 것을 알 수 있다.

지난날 일부 학자들은 고조선과 기자조선, 위만조선, 낙랑군 조선현은 그 명칭이 모두 조선이었으므로 이들은 동일한 지역에 있었을 것이라고 생각했다. 따라서 낙랑군 조선현의 명칭에 대한 유래가 고조선 국명의 유래에도 그대로 적용될 것으로 믿었다. 그러나 그렇지 않다. 기자조선, 위만조선, 낙랑군 조선현은 북경 근처 오늘날 난하 유역에 위치해 있었으나 고조선은 한반도와 만주 전 지역을 차지했던 나라로서 그 위치와 영역이 전혀 달랐다.

기자조선, 위만조선, 낙랑군 조선현이 위치해 있었던 곳은 고조선의 서부 변경이었다. 이들은 같은 지역에 있었지만 그 성격은 달랐다. 기자조선은 기자가 중국에서 조선 지역으로 망명한 후 고조선의 거수국(渠帥國)이 되었지만 위만조선은 중국 서한의 외신(外臣)으로서 고조선과는 적대 관계에 있었고 낙랑군 조선현은 서한의 행정구역이었다.

기자조선, 위만조선, 낙랑군 조선현 등이 위치해 있었던 곳은 고조선의 출발지도 아니었다. 그러므로 고조선의 국명이었던 조선이 고조선의 서부 변경 지역이었으며 고조선의 출발지도 아니었던 낙랑군 조선현에 있었던 강명에서 유래했다는 설명은 성립될 수 없는 것이다.

장안은 낙랑군 조선현에 습수, 열수, 산수라는 지류를 가진 열수라는 강이 흐르고 있는 것을 보고 조선현의 명칭이 산수라는 강명에서 왔을 것으로 생가했던 것 같다. 장인이 실았던 시내는 고조선이 이미 붕괴된 후였다. 그러나 낙랑군은 존재하고 있었다. 그러므로 장안이 그러한 말을 한 것은 고조선의 명칭까지를 의식했다고 볼 수는 없을 것이다.

그런데 장안의 말처럼 조선이라는 명칭의 '선' 자가 산수에서 왔다면 '조' 자는 어디서 왔는지도 설명되어야 한다. 그러나 그에 대한 설명은 없다. 낙랑군 조선현이 설치된 것은 고조선 건국 후 2,200여 년이 지난 후였는데 고조선의 국명인 조선이 낙랑군 조선현의 강명에서 유래했다는 것은 성립될 수 없다.

오히려 고조선의 서부 변경에 위치해 있던 기자조선, 위만조선, 낙랑군 조선현의 명칭은 고조선의 명칭인 조선에서 유래했을 가능성이 있다. 고조선과 중국의 국경 지대로서 중국에서 고조선으로 들어오는 관문 역할을 했던 이 지역은 중국인들에게 고조선의 상징으로 인식되어 조선으로 불렸을 가능성이 있는 것이다.

그런데 중국의 기자가 망명하여 그 지역에 거주하게 되자 그 지역을 기자조선이라 부르게 되었고 그것이 지역 명칭으로 고착되었을 것이다. 이렇게 보면 조선이라는 명칭이 산수라는 강 이름에서 온 것이 아니라 반대로 산수라는 강 이름이 조선이라는 명칭에서 왔을 가능성이 있다. 조선이라는 명칭의 기원에 대한 장안의 견해는 전혀 설득력이 없는 것이다.

조선이라는 명칭은 어떤 의미로 사용되었나

우리나라와 중국의 옛 문헌에 조선이라는 명칭은 여러 의미로 사용되었다. 고조선(단군조선)의 국명이 조선이었음은 다 아는 사실이지만 기자조선, 위만조선, 낙랑군의 조선현 등도 조선이라 불렸다. 그리고 고조선의 통치자인 단군이 직접 다스렸던 직할국(直轄國)도 조선이라 불렸다.

특히 중국 문헌에서는 기자조선, 위만조선, 낙랑군 조선현 등을 그냥 조선이라고 기록한 경우가 많다. 그러므로 조선이라는 명칭이 문헌에 등장할 경우 그 조선은 어느 조선을 의미하는지를 먼저 확인하는 작업이 필요하다. 그곳에 나오는 조선의 의미가 분명한 경우도 있지만 그렇지 못한 경우도 많기 때문이다.

그곳에 등장하는 조선의 의미를 정확하게 파악하지 못한다면 그 문장에서 말하는 역사적 사실이나 사건을 전혀 엉뚱하게 잘못 인식할 위험이 있다. 예컨대 위만조선에서 일어난 사건을 기자조선에서 일어난 사건으로 잘못 인식한다든지 기자조선에서 일어난 사건을 고조선에서 일어난 사건으로 잘못 인식하게 될 수 있다.

고대사를 전공하는 학자들도 이런 잘못을 저지르는 경우가 있다. 일부 학자들은 고조선, 기자조선, 위만조선, 낙랑군 조선현 등은 모두 그 명칭을 조선이라고 했던 것으로 보아 동일한 지역에 위치했을 것으로 믿고 있다. 조선을 동일한 지역에 대한 명칭으로 보기 때문이다.

오늘날 통용되는 한국사 개설서나 교과서에 고조선과 위만조선, 한사군 등이 동일한 지역에 있었던 것으로 서술된 것은 바로 이런 잘못에 기인한 것이다. 고조선은 한반도 북부에 위치했으므로 고조선과 동일한 명칭을 사용한 위만조선이나 한사군의 낙랑군 조선현도 고조선의 뒤를 이어 동일한 지역인 한반도 북부에 위치했을 것으로 본 것이다. 근세조선의 학자들은 고조선의 뒤를 이어 기자조선이 한반도 북부에 위치했을 것으로 믿었는데 이것도 조선의 의미를 잘못 이해한 데서 비롯되었다.

동일한 지명이 다른 곳에서 나타나는 경우는 많다. 예컨대 고대에 부여라는 나라는 북만주 지역에 있었다. 그런데 오늘날 부여라는 지명은 만주의 길림성(吉林省) 북부에도 있고 우리나라 충청남도에도 있다. 이들은 동일한 명칭을 가지고 있으면서도 각각 다른 곳에 위치하고 있는 것이다.

조선이라는 명칭도 마찬가지였다. 고조선은 조선이라는 국명으로 한반도와 만주 전 지역의 넓은 영토를 가진 대국이었다. 그러나 앞에서 말했듯이 기자조선, 위만조선, 낙랑군 조선현 등은 고조선의 서쪽 변경에 위치해 있었다.

고조선의 서쪽 변경 즉 중국과의 국경 지대에는 조선이라는 지명이 있었다. 그런데 일찍이 중국에서 망명한 기자 일족은 그곳에 기자조선이라는 망명 정권을 세우고 고조선의 거수국이 되었다. 그리고 훗날 서한에서 기자조선으로 망명한 위만(衛滿)은 기자의 후손인 준왕(準王)으로부터 정권을 빼앗아 위만조선을 건국했다. 그 후 서한 무제(武帝)는 위만조선을 멸망시키고 그 지역에 한사군을 설치했는데 그 안에 낙랑군의 조선현이 있었다.

이 가운데 기자조선은 고조선의 거수국이었지만 위만조선은 고조선과 적대 관계에 있었고 한사군은 서한의 영토로서 그 행정구역이었다. 따라서 똑같은 조선이라는 명칭을 사용하고 있으면서도 그 성격은 각각 다르며 존재했던 시기도 달랐다.

더욱이 이들과 고조선은 성격이 전혀 다르다. 고조선은 한반도와 만주에 살고 있던 토착인들이 세운 나라였지만 기자조선과 위만조선은 중국의 망명 세력에 의해 세워졌으며 한사군은 중국의 영역에 속해 통치를 받았다. 이렇게 조선이라는 명칭은 여러 가지의 다른 의미로 사용되었는데 이에 대한 분별없이 그것을 동일한 의미로 받아들이면 역사의 사실이나 사건을 완전히 다르게 인식하는 잘못을 저지르게 된다.

조선은 단군의 직할국을 의미하기도 했다. 『제왕운기』에는 요동(遼東)으로부터 만주와 한반도 전 지역이 고조선의 강역이었다고 설명한 후 그 가운데 사방 1,000리가 조선이라고 표현되어 있다. 이것을 잘못 이해하면 한반도와 만주의 영역 가운데 일부인 사방 1,000리가 고조선의 강역이었다고 생각하기 쉽다.

그러나 그렇지 않다. 고조선의 강역은 한반도와 만주 전 지역이었기 때문에 그 가운데 일부만 고조선의 강역이었을 수는 없다.

그렇다면 그 가운데 사방 1,000리를 조선이라 부른 『제왕운기』의 표현은 무슨 뜻일까? 그것은 단군의 직할국을 말한다. 고조선에는 중앙에 단군의 직할국이 있었고 주변 각 지역에는 거수(渠帥)들이 다스리는 거수국이 있었다. 단군의 직할국은 국명과 동일한 조선이라는 명칭을 사용하고 있었던 것이다.

그리고 단군의 직할국은 일반 거수국들보다는 넓은 면적을 차지하고 있었기 때문에 그 땅을 '사방 1,000리'로 표현했고 거수국들의 면적은 '사방 100리'로 표현했던 것이다. 사방 1,000리나 사방 100리가 반드시 사실과 일치하는 정확한 면적을 말하는 것은 아니다. 그러나 상징적으로 그렇게 표현한 것이다. 이 표현은 맹자(孟子)가 고대 중국의 천자와 제후 사이의 땅을 설명하면서 사용했던 것인데 후대 학자들이 그 표현을 따르게 된 것이다.

이상과 같이 조선은 여러 가지 다른 의미로 사용되었으므로 문헌에 등장할 때는 그 의미를 정확하게 파악할 필요가 있다.

고조선은 얼마나 넓은 나라였나

고조선과 중국의 국경은 어디였을까

고조선과 중국이 국경을 접하고 있었음은 여러 문헌에서 확인된다. 사마천의 『사기』부터 살펴보자. 『사기』 「진시황본기(秦始皇本紀)」에는 "진제국(秦帝國)의 동북부 국경은 조선에 미쳤고 요동에 이르렀다."고 기록되어 있다. 「진시황본기」는 진제국의 시황제가 중국을 통일한 후의 상황을 기록한 것이다.

진제국은 중국을 처음으로 통일했던 나라로서 서기전 221년부터 서기전 206년까지 존재했다. 이 기간은 고조선 말기에 해당한다. 위 기록은 2가지 사실을 말해준다. 하나는 고조선과 진제국이 국경을 접하고 있었다는 것이고, 다른 하나는 고조선과 진제국의 국경 지역에 요동이 있었다는 것이다.

종래에 일부 학자들은 위의 『사기』 기록을 읽으면서 조선을 한반도로, 요동을 오늘날 요동으로 생각했다. 그렇게 보면 고조선과 진제국의 국경은 압록강 유역이거나 한반도 북부였다는 것이 된다. 그러나 그렇게 단정하는 것은 잘못이다. 고대에 있어서 조선이나 요동의 위치와 영역이 지금과 다를 수 있기 때문이다. 그러므로 옛 문헌의 기록을 통해 이를 고증할 필요가 있다.

먼저 고대 요동의 위치를 확인하자. 위의 요동은 『사기』에 기록되어 있는 요동이므로 가능하면 『사기』를 통해 위치를 확인하는 것이 바람직하다. 다른 문헌에 나오는 요동은 위의 요동과 다른 요동을 가리킬 수도 있기 때문이다.

『사기』 「진시황본기」 내용 가운데는 요동의 위치를 확인할 수 있는 기록이 있다. 진제국의 2세 황제 때 신하들이 시황제의 송덕비를 세우기 위해 갈석산(碣石山)에 다녀왔다는 기록이 그것이다. 이 기록에서는 갈석산 지역을 요동이라 부르고 있다. 그러므로 『사기』의 저자인 사마천은 갈석산 지역을 요동이라 불렀음을 알 수 있다.

그러므로 당시 요동이 어디였는지를 알기 위해서는 갈석산의 위치를 확인할 필요가 있다. 갈석산은 북경에서 가까운 난하 하류 동부 유역에 지금도 그 이름 그대로 존재한다. 이 갈석산이 『사기』에 나오는 갈석산임은 다음 기록에서 확인된다.

『사기』 「효무본기(孝武本紀)」에는 서한[전한(前漢)] 무제가 오늘날 산동성 태산(泰山)에서 하늘에 봉선(封禪)이라는 제사를 올린 후 해상을 따라 북쪽으로 향해 갈석산에 이르렀다고 기록되어 있다.

산동성에서 북쪽으로 항해하면 발해를 지나 오늘날 요서(遼西) 지역에 이르게 된다. 그곳은 난하 하류 동부 유역이다. 따라서 서한 무제가 갔던 갈석산은 오늘날의 갈석산과 같은 산이다.

『사기』「효무본기」는 서한 무제시대에 관한 기록이다. 서한은 진제국의 뒤를 이은 나라인데 진제국은 불과 15년 만에 망했다. 그러므로 그 짧은 기간에 갈석산의 명칭이 바뀌지는 않았을 것이다. 「진시황본기」에 나오는 갈석산과 「효무본기」에 나오는 갈석산은 모두 같은 『사기』에 기록되어 있고 『사기』의 저자 사마천은 서한 무제시대의 사람으로서 당시의 기록이므로 신빙성이 높다.

이런 기록은 고조선과 중국의 국경 지대에 있었던 요동이 북경 근처의 난하 유역 즉 오늘날 요서 서부 지역을 가리켰음을 말해 준다. 고대의 요동은 오늘날 요동과는 위치가 달랐던 것이다.

고대의 요동이 오늘날 난하 유역이었음은 요수(遼水)의 위치에서도 확인된다. 서한의 유안(劉晏)이 편찬한 『회남자(淮南子)』라는 책에는 당시 중국 6대 강의 이름이 기록되어 있는데 그 가운데 요수라는 강이 보인다. 이 요수에 대해 서한의 학자 고유(高誘)는 "요수는 갈석산으로부터 나와 요동의 서남에서 바다로 들어간다."고 설명했다. 오늘날 갈석산 근처를 흐르는 큰 강은 오직 난하뿐이다. 따라서 난하가 요수였음을 알 수 있다. 고대의 요수는 오늘날 요하(遼河)가 아니었던 것이다.

요동은 요수 유역을 말하므로 오늘날의 난하가 요수였다면 난하 유역이 고대의 요동이었다는 말이 된다. 갈석산은 난하 유역에 있으므로 갈석산 지역을 요동이라 불렀던 것과 일치하는 것이다.

그러므로 고조선과 중국의 국경은 오늘날 난하와 그 하류 동부 유역에 있는 갈석산으로 이루어져 있었음을 알 수 있다.

서한시대에 편찬된 『염철론(鹽鐵論)』「험고(險固)」편에는 "전국시대 연(燕)나라의 국경은 갈석산과 요수(오늘날 난하)로 형성되어 있었다."고 기록되어 있다. 연나라는 고조선과 국경을 접하고 있었던 나라였다. 따라서 이 기록은 진제국보다 앞선 전국시대에도 고조선의 서쪽 국경이 오늘날 난하와 갈석산으로 형성되어 있었음을 말해준다.

지금까지 고찰한 바와 같이 중국의 전국시대부터 서한시대까지의 고조선과 중국의 국경은 오늘날 난하와 갈석산 지역이었다. 이 지역이 고대의 요동이기도 했다. 전국시대 이전의 중국 영역은 전국시대보다 넓지 않았으므로 이전 시기의 중국의 국경이 이보다 동쪽에 있지는 않았을 것이다.

요동은 무슨 뜻이며 어느 곳에 있었을까

앞에서 고대의 요동 지역이 밝혀졌다. 그곳은 오늘날 요서 서부 지역이었다. 이를 확실히 하기 위해 다시 한 번 그 위치를 확인해 보자.

요동의 위치를 분명히 인식하기 위해서는 먼저 요동이라는 말의 개념을 알아야 한다. 오늘날의 요동은 요하(또는 요수)의 동쪽을 가리킨다. 그러나 고대에는 그렇지 않았다. 요동이라는 말이 애초

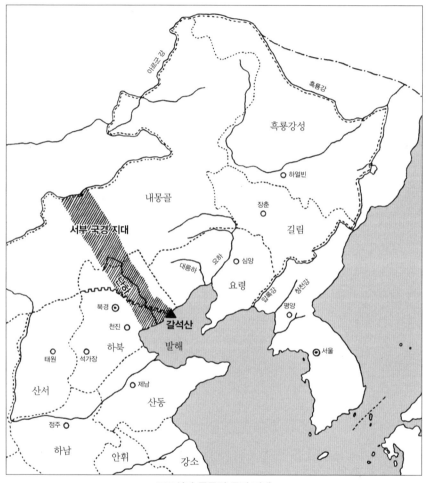

고조선과 중국의 국경 지대

에 요하나 요수를 기준으로 만들어진 말이 아니었기 때문이다.

요동이라는 말은 중국인들이 자신들의 영토를 기준으로 가장 동쪽 끝에 위치한 지역을 의미했다. 오늘날의 극동(極東)이라는 뜻의 말이었던 것이다. 그러므로 중국의 동쪽 국경이 이동하면 요동의 위치도 달라졌다.

요동이라는 지명이 이동함에 따라 요수라는 강 이름도 이동했다. 요수(또는 요하)는 요동 지역을 흐르는 강에 붙여진 명칭이었기 때문이다. 요수를 기준으로 요동이라는 명칭이 생긴 것이 아니라 요동을 기준으로 요수라는 명칭이 생겼던 것이다. 그러므로 원래 요동은 요수의 동쪽만이 아니라 요수의 서부 유역도 포괄했던 것이다.

『사기』에는 오늘날 북경 근처 난하 동부 유역에 있는 갈석산 지역이 요동으로 기록되어 있고 중국의 여러 문헌에는 오늘날 난하가 요수로 기록되어 있음을 앞에서 확인한 바 있다. 이로 보아 고대의 요수는 오늘날 난하였고 고대의 요동은 난하 유역이었음을 알 수 있다. 그곳은 고조선과 중국의 국경으로서 고대에 중국 영토 가운데서 가장 동쪽 끝에 해당하는 지역이었다.

여기서 다음과 같은 의문이 생길 것이다. 오늘날 요하와 요동은 난하로부터 동쪽으로 상당히 멀리 떨어진 곳에 위치하는데 언제 어떤 이유로 그 명칭이 이동했는가, 하는 것이다. 그것은 이렇다.

고조선 말기에 고조선의 서부 변경 난하 유역에 위만조선이 건국되었다. 서한 무제는 위만조선을 치고 그곳을 서한의 영토로 편입하여 4개의 군(郡), 즉 한사군을 만들었다. 한사군의 영역은 난하 유역부터 오늘날 요하까지였다. 중국의 영토가 오늘날 요하까지로 확대되었던 것이다. 이에 따라 요동과 요수가 오늘날 요동과 요하로 이동했던 것이다.

요동이라는 지명이 이동한 것은 다음 기록을 통해 확인된다. 『후한서(後漢書)』「동이열전(東夷列傳)」과 『삼국지(三國志)』「오환선비동이전(烏丸鮮卑東夷傳, 이하 「동이전」)」〈고구려전〉에 "고구려는 요동에서 1,000리 떨어진 곳에 있다."고 기록되어 있는 것이다. 이 고구려는 우리가 알고 있는 고조선 붕괴 후의 고구려로서 오늘날 요동 지역에 있었다. 고구려가 오늘날 요동 지역에 있었는데 『후한서』와 『삼국지』는 고구려가 요동에서 1,000리 떨어진 곳에 있다고 했다.

이것은 무엇을 의미하는가? 그것은 고대의 요동이 오늘날 요동에서 서쪽으로 1,000리 떨어진 곳에 위치했음을 알게 해주는 것이다. 서쪽의 난하 유역이 고대의 요동이었던 것이다. 『삼국사기』「지리지」에 요동성(遼東城)은 본래 오열홀(烏列忽)이었다고 기록되어 있다. 오늘날 요동은 원래 요동이 아니었던 것이다.

요수라는 강 이름도 이동했음이 기록을 통해 확인된다. 『삼국유사』「순도조려(順道肇麗)」에는 오늘날 요하에 대해 "옛날에는 압록(鴨綠)이라 불렸는데 지금은(고려시대에는) 안민강(安民江)이라 한다."고 기록하고 있다. 오늘날 요하가 고구려시대와 그 이전에는 압록강이라 불렸다는 것이다. 그러므로 오늘날 요하는 원래 요수가 아니었으며 중국인들이 그것을 요수 또는 요하라고 부른 이후에도 우리 민족은 그 강을 압록강 또는 안민강이라 불렀음을 알 수 있는 것이다.

지금까지 살펴본 바와 같이 고대의 요동·요수는 오늘날 요동·요하와 동일한 곳이 아니었다. 고대의 요동은 오늘날 난하 유역이었고 고대의 요수는 난하였던 것이다.

요동에 대한 인식을 분명히 하기 위해서는 다음 사실도 알아야 한다. 그것은 2개의 다른 요동이 있었다는 것이다. 하나는 다소 막연한 의미를 지닌 일반적 의미의 요동이고 다른 하나는 중국의 행정구역인 요동군(遼東郡)이다. 일반적 의미의 요동은 대개 중국 영토 밖을 지칭하고 행정구역인 요동군은 그 성격상 중국 영토 안에 있었다.

『제왕운기』에는 고조선의 지리에 대해 설명하면서 요동에는 중국과는 다른 세계가 있다고 말한 기록이 있다. 이 요동은 분명히 중국의 영토 밖에 있는 요동을 말한다. 그런데 『한서』 「지리지」에는 서한에 요동군이 있었던 것으로 기록되어 있다. 이 두 요동은 분명히 다른 의미의 요동이다. 앞의 요동은 일반적인 의미의 요동으로 중국 영토 밖에 있었고, 뒤의 요동은 중국의 행정구역으로서 중국 영토 안에 있었던 것이다. 그런데 옛 문헌들은 이들을 구별하지 않고 요동이라고만 표기한 경우가 많다.

원래 이 두 요동은 난하 유역에 서로 접하고 있었다. 그러나 일반적 의미의 요동이 오늘날 요하 유역으로 옮겨진 후 요동군은 난하 하류 유역에 위치하여 서로 멀리 떨어져 있게 되었다. 중국의 영토가 확장됨에 따라 일반적 의미의 요동은 자연히 동쪽으로 이동했지만 행정구역인 요동군은 행정구역과 명칭의 개편이 없는 한 이동할 수 없었기 때문이다.

만리장성의 동쪽 끝은 어느 곳이었을까

중국을 통일한 진제국은 북방의 이민족을 방어하기 위해 북쪽의 국경선에 장성을 쌓았다. 이 장성을 진장성(秦長城)이라고 하는데 그 길이가 1만여 리에 이른다고 하여 만리장성이라고 부르기도 한다. 진제국이 만리장성을 쌓은 것은 북쪽에 있던 흉노와 동북쪽에 위치해 있던 동호 및 고조선의 침략을 방어하기 위한 것이었다. 그러므로 만리장성의 동쪽 끝부분이 위치했던 곳은 고조선의 서부 국경이 된다.

우리나라와 중국이 수교를 한 후 우리나라 텔레비전 방송국에서 만리장성에 관한 내용을 방송한 적이 있다. 만리장성이 만주를 거쳐 압록강이나 청천강까지 이어져 있었다는 내용이었다. 이는 역사적 사실과 전혀 달랐다. 방송된 필름들은 중국과 일본이 제작한 것이었다.

중국이나 일본이 그렇게 주장한 데는 우리의 책임이 전혀 없는 것은 아니다. 지난날 우리나라의 일부 학자들은 고조선과 중국의 국경을 청천강 유역으로 본 바 있다. 그렇게 본 것은 오늘날 요동을 고대 중국의 요동군으로, 대동강 유역을 한사군의 낙랑군 지역으로 잘못 알았기 때문이었다. 지금도 일부 학자들은 이런 잘못된 견해를 그대로 답습하고 있다.

우리나라 일부 학자들의 이런 잘못된 견해를 중국인들과 일본인들은 자신들의 주장을 펴는 근거로 이용하고 있다. 자신들의 주장에 우리나라 학자들도 동의한다는 논리를 펴고 있는 것이다.

그러나 사실은 이와 전혀 다르다. 고대 중국의 요동군은 오늘날 요동 지역이 아니라 북경 근처 난하 유역에 있었으며 낙랑군도 난하 동부 유역에 위치했다. 만리장성도 난하 동부 유역에서 끝났던 것이다.

현재 만리장성의 동쪽 끝은 난하 동부 유역의 산해관(山海關)이다. 이 부분은 명(明)나라 때 서달(徐達)이라는 장수가 보수했다. 산해관은 발해만 북쪽에 있는데 거기서 가까운 곳에 갈석산이 있다.

여기서 다음과 같은 의문이 생긴다. 만약 만리장성이 압록강이나 청천강까지 연결되어 있었다면, 왜 명나라가 그것을 보수할 때 자신들의 영토 안으로 깊숙이 끌어당겨 오늘날 산해관에서 끝냈을까 하는 점이다. 당시 명나라의 영토는 압록강 유역까지였다. 당시에 만리장성을 안으로 들여 쌓을 정도로 고려가 명나라에 두려운 존재는 아니었다.

그러므로 명시대의 만리장성이 산해관에서 끝났다는 사실은 진제국이 쌓은 만리장성이 산해관보다 동쪽에서 끝나지 않았을 것임을 알게 해준다. 만리장성은 지금과 동일하게 산해관에서 끝났거나 그보다 서쪽(중국 쪽)에서 끝났어야 하는 것이다.

『사기』「몽염열전(蒙恬列傳)」에는 만리장성이 요동에서 끝났다고 기록되어 있다. 몽염은 만리장성 축조를 감독했던 진제국의 대장군이었다. 그런데 고대의 요동은 오늘날 난하 동부 유역에 있는 갈석산 지역이었음이 앞에서 확인되었다. 그러므로 만리장성의 동쪽 끝은 갈석산 지역이었던 것이 된다.

　그런데 만리장성은 진제국시대에 완전히 새로 쌓은 것이 아니다. 진나라가 중국을 통일하기 전 전국시대에 북방에 있었던 진(秦), 조(趙), 연(燕) 등의 나라가 이민족의 침입을 막기 위해 쌓았던 성들을 보수하고 연결하여 완성한 것이었다. 위의 세 나라 가운데 연나라가 가장 동쪽에 위치했다. 그러므로 진제국이 쌓은 만리장성의 동쪽 끝부분은 전국시대에 연나라가 쌓았던 부분과 일치해야 할 것이다.

　그러한 사실은 『사기』 「흉노열전(匈奴列傳)」 기록에서 확인된다. 「흉노열전」에는 연나라가 쌓은 성의 동쪽 부분은 양평(襄平)에서 끝났다고 기록되어 있다. 양평은 서한의 요동군에 속해 있던 현(縣)의 이름이었다. 그러므로 연나라가 쌓은 성도 요동에서 끝났음을 알 수 있다. 양평은 요동보다 좁은 지역의 지명인 것이다.

　만리장성의 동쪽 부분이 갈석산에서 끝난 사실을 직접 표현한 기록도 있다. 진(晉)시대에 쓰인 『태강지리지(太康地理志)』에는 "낙랑군 수성현(遂城縣)의 갈석산에서 만리장성이 시작되었다."고 기록되어 있다. 이 기록은 갈석산 지역이 만리장성이 시작된 곳임은 물론 낙랑군의 위치도 이 지역이었음을 말해준다. 낙랑군은 한반도가 아니라 난하 유역의 갈석산 지역에 있었던 것이다.

　『진서(晉書)』 「당빈전(唐彬傳)」에는 진(晉)시대에 당빈(唐彬)이 옛 국경을 개척하고 만리장성을 다시 수리했는데 그것이 갈석산에 이르렀다고 기록되어 있다. 당(唐)시대에 저술된 『통전(通典)』에도 낙랑군 수성현에 있는 갈석산에서 만리장성이 시작되어 요수를 지나갔다고 기록되어 있다. 그리고 이 갈석산은 당시대의 북평군(北平郡) 남쪽 20여 리 지점에 있다고 설명해놓았다. 당시대의 북평군은 오늘날 난하 하류 유역에 있었고 고대의 요수는 오늘날 난하였다. 그러므로 만리장성이 시작된 갈석산은 난하 하류 동부 유역에 있는 오늘날 갈석산이었음을 알 수 있다.

앞에서 오늘날 갈석산 지역이 요동이었으며 그곳에서 만리장성이 끝났음도 확인했다. 갈석산에서 만리장성이 시작되었다는 기록은 이런 사실들과 일치하는 것이다. 갈석산에서 시작된 만리장성이 오늘날 난하를 가로질러 서쪽으로 뻗어갔던 것이다. 이것이 고조선과 중국의 국경선이었다.

고조선의 패수는 어느 강이었을까

고조선과 중국 사이의 국경에는 패수(浿水)라는 강이 있었던 것으로 전해온다. 『사기』 「조선열전」에는 서한이 건국된 후 고조선과의 국경을 그들의 영토 안으로 후퇴시켜 패수를 경계로 삼았다는 기록이 있다. 그리고 후에 위만이 서한에서 고조선 지역으로 망명할 때 국경인 패수를 건넜던 것으로 기록되어 있다. 이로 보아 고조선 말기에 패수는 고조선과 서한의 국경이 되었고 그 후에는 위만조선과 서한의 국경을 이루었음을 알 수 있다.

이와 같이 패수는 옛 문헌에 고조선과 서한의 국경으로 등장하고 있기 때문에 그동안 고대사 학자들의 관심을 끌었다. 그런데 패수의 위치가 학자에 따라 다르게 고증됨으로써 패수는 고조선 연구에서 하나의 논쟁거리가 되어왔다.

고조선과 중국의 국경을 이루었던 패수를 확인하는 데 있어서 문제가 되는 것은 패수라는 이름으로 옛 문헌에 등장하는 강이 하나가 아니라는 점이다. 따라서 어느 강이 고조선과 중국의 국경을 이루었던 패수였는지를 확인하는 것은 쉬운 일이 아니었다. 그 결과 학자들 사이에 많은 논란이 있었다.

여기서 생각해보아야 할 점이 하나 있다. 그것은 패수가 고조선과 중국의 국경을 알아내는 데 있어서 반드시 확인되어야 하는가 하는 점이다. 예컨대 지금부터 1,000년쯤 지난 후에 서울의 위치를 알고자 할 때 한강의 위치를 확인하는 것만이 서울의 위치를 알아내는 유일한 방법은 아닐 것이다. 한강의 위치를 몰라도 남산이나 북한산·남한산 등의 위치를 확인하면 서울의 위치를 알 수 있을 것이다.

마찬가지로 고조선과 중국의 국경을 알아내는 데 있어서 패수를 확인하는 것이 유일한 길은 아니다. 옛 문헌의 기록에 따르면 고조선과 중국의 국경에는 갈석산·요수·만리장성 등이 있었으므로 이것들의 위치를 확인한다면 패수의 위치를 알지 못하더라도 고조선과 중국의 국경을 알 수 있다. 그리고 고조선과 중국의 국경 지대에 있었던 패수도 그 지역에 있었을 것이다. 따라서 고조선과 중국의 국경에 있었던 패수의 위치를 확인하는 것은 고조선과 중국의 국경 지역을 밝히는 데 있어서 필수적인 것은 아니며 그것을 보완해주는 것이다.

고조선과 중국의 국경을 이루었던 패수를 확인하는 데 가장 문제가 되는 것은 옛 문헌에 패수가 여럿 등장한다는 사실이다. 그 가운데 어느 것이 고조선과 중국의 국경에 있었던 패수였는지를 밝히는 것은 쉽지 않다. 옛 문헌에 나타난 패수를 열거하면 다음과 같다.

『한서』「지리지」에 따르면 요동군 번한현(番汗縣)에는 패수(沛水), 낙랑군 패수현(浿水縣)에는 패수(浿水)가 있었다. 이 두 강은 패 자가 다른 한자로 기록되어 있다. 중국인들은 이민족의 고유명사를 소리를 따라 기록하기 때문에 이 두 강은 비록 한자는 다르지만 모두 패수였던 것이다.

『설문해자(說文解字)』에 따르면 낙랑군 누방현(鏤方縣)에도 패수가 있었다. 『수경주(水經注)』에는 대동강이 패수로 기록되어 있는데 『삼국사기』와 『삼국유사』에서는 대동강을 패강(浿江)이라 기록했다. 수(水)나 강(江)은 모두 강을 의미하므로 패강을 패수로 말할 수도 있는 것이다.

『삼국사기』에는 예성강을 패수라 기록했다. 『요사(遼史)』「지리지」와 『성경통지(盛京通志)』에 따르면 오늘날 요하 근처에 있는 어니하(淤泥河)도 패수였는데 헌우락(蓒芋灤)이라고도 불렸다고 한다.

고대에 한반도와 만주에서는 강을 펴라, 피라, 벌라, 뻘라, 삐얄라 등으로 불렀는데 중국인들이 그것을 한자로 적으면서 패수가 되었던 것이다. 말하자면 보통명사가 고유명사화되면서 여러 강이 같은 이름을 갖게 된 것이다. 그러므로 패수라는 이름만 가지고는 어느 강이 고조선과 중국의 국경을 이루었던 패수였는지를 밝히는 것은 불가능하다.

고조선과 중국의 국경을 이루었던 패수는 다음 2가지 조건을 갖춘 강이어야 한다.

첫째, 지리적으로 고조선과 중국의 원래 국경보다 약간 중국 쪽에 위치해야 한다. 왜냐하면 서한이 고조선과의 국경을 원래보다 후퇴시켜 패수로 국경을 삼았기 때문이다.

둘째, 시기적으로 고조선시대에 패수로 불린 강이어야 한다. 우리가 찾는 패수는 고조선의 국경이었으므로 고조선 이후에 패수로 불린 강이어서는 안 된다.

앞에서 소개한 패수들 가운데 위 2가지 조건을 모두 갖춘 패수는 요동군 번한현의 패수이다. 요동군은 서한의 동북 국경 지대에 있었던 행정구역으로 원래 서한의 영토였다. 그 위치는 오늘날 난하 하류 유역이었다. 따라서 이 강은 고조선시대부터 패수로 불렸으며 고조선과 중국의 원래 국경이었던 갈석산 지역보다는 약간 중국 쪽으로 들어간 곳에 위치한다.

낙랑군에 있는 패수들은 우선 지리적 위치가 맞지 않다. 낙랑군은 서한 무제가 위만조선을 멸망시키고 그 지역에 설치했다. 따라서 그 지역은 원래 서한의 땅이 아니었다. 고조선의 영토였다. 그 외의 다른 패수들도 모두 고조선의 영토 안에 있었을 뿐만 아니라 그것들이 문헌에 등장한 시기도 고조선이 붕괴되고 오랜 세월이 지난 후이다.

정리하면 고조선과 중국의 국경을 이루었던 패수는 중국 고대의 요동군 내를 흐르고 있었던 오늘날 난하 하류였거나 그 서부 지류 또는 난하보다 약간 서쪽에 있었던 강이어야 한다. 난하보다 동쪽에 있었던 강일 수는 없다.

고조선의 남부와 북부 경계는 어디까지였나

고조선의 강역은 어디까지였을까? 앞에서 고조선과 중국의 국경은 시기에 따라 약간의 변화가 있었지만 대체로 북경 근처에 있는 오늘날 난하와 갈석산으로 이어져 있었음을 확인했다. 따라서 그 동쪽의 만주 땅은 고조선 영토였던 것이 된다. 이제 고조선의 북부와 동북부 및 남부의 국경이 어디였는지를 밝혀보자.

먼저 남부 국경부터 확인해보자. 종래에는 고조선의 남부 국경을 청천강이나 예성강으로 보았다. 그 가운데 예성강으로 보는 것이 통설이 되어 있다. 그렇게 본 이유는 옛 문헌에 한반도 남쪽에 한(삼한이라 부르는 사람도 있으나 한이 바른 명칭이다)이 있었던 것으로 기록되어 있는데, 한과 고조선을 각각 다른 나라로 보고 그 국경을 청천강이나 예성강으로 보았기 때문이다.

이런 견해를 뒷받침해주듯이 고조선시대의 대표적인 청동 유물인 비파형동검이 종래에는 대체로 예성강 북부에서만 출토되었다. 청동기시대에 청동기는 지배층만이 사용할 수 있었던 독점물이었다. 따라서 동일한 성격의 청동기가 출토된 지역은 동일한 정치권으로 보고 하나의 강역으로 파악한다. 그런데 고조선은 청동기시대였고 비파형동검은 고조선의 대표적인 청동기였다. 따라서 종래에는 고조선의 남부 국경을 예성강으로 보는 것이 고고학적으로도 뒷받침되는 것으로 보였다.

그런데 발굴이 진행되면서 고고학 자료는 계속 늘어나며, 내용도 변한다. 근래에 우리나라와 만주 지역에서 발굴이 증가되면서 비파형동검의 출토 상황이 달라졌다. 비파형동검의 출토지는 우리나라 북부에 한정된 것이 아니었다. 전라남도 보성군과 경상남도 진주 등 남부 해안 지역부터 한반도 전 지역을 포함하여 만주 전 지역과 북경 너머에서까지 출토되었다. 이것은 고조선의 판도가 한반도와 만주 전 지역이었음을 말해준다. 고조선의 남부 경계는 한반도의 남부 해안선이었던 것이다.

근래에 남부 해안 지역에서 비파형동검이 출토되자 고조선의 강역을 한반도 북부로 한정하려는 일부 학자들은 한반도 남부에서 출토되는 비파형동검은 교역에 의해 그 지역에 전달되었을 것이라고 말한다. 그러나 그러한 주장은 성립될 수 없다. 어느 시대에나 그 시대의 최고 무기는 수출하지 않는다. 왜냐하면 그것은 자신들의 권위를 지키는 절대적인 도구이기 때문이다. 오늘날에도 핵무기나 최신 무기는 수출하지 않는 것에서 잘 알 수 있다.

고조선의 남부 경계가 남부 해안선까지였음은 문헌 기록을 통해서도 확인된다. 『고려사』「지리지」에는 강화도 마니산에 있는 참성단은 단군이 하느님에게 제사를 지내던 곳이며 전등산은 삼랑성이라고도 불리는데 단군이 세 아들을 시켜 쌓은 것이라고 전해온다고 기록되어 있다. 지금도 전해지는 이 전설이 고려시대에 이미 전해지고 있었음을 알 수 있다.

이 전설에 따르면 강화도 지역은 고조선의 영토여야 한다. 왜냐하면 단군이 자신의 영토 밖에 참성단과 삼랑성을 쌓았을 리 없기 때문이다. 강화도는 예성강보다 남쪽에 있을 뿐 아니라 고대에는 마한 지역이었다. 마한은 한(韓)의 일부로서 경기도, 충청남북도, 전라남북도를 포괄하고 있었다. 그러므로 강화도가 고조선의 영토였다면 마한 지역이 고조선에 속해 있었다는 것이 된다.

『삼국사기』 「신라본기」에는 신라를 건국한 중심 세력은 진한 사람들인데 그들은 고조선의 남은 백성들[遺民]이었다고 기록되어 있다. 진한은 한(韓)의 일부로서 경상북도 지역에 있었다. 경상북도 지역에 있었던 진한 사람들은 고조선의 남은 백성들이었다는 것이다. 이로 보아 오늘날 경상북도 지역도 고조선 영역에 포함되어 있었음을 알 수 있다.

『제왕운기』에는 고조선이 붕괴된 후에 한반도와 만주에 있었던 한(삼한), 부여, 비류, 신라, 고구려, 남옥저, 북옥저, 예, 맥 등 여러 나라의 통치자들은 모두 단군의 후손이었다고 기록되어 있다. 이들이 고조선을 통치했던 단군의 후손들이라면 이 나라들은 고조선시대에는 고조선에 속해 있었던 것이 된다. 그런데 위의 나라 가운데 한반도 남부에 있었던 한(韓)이 고조선에 속해 있었다면 고조선의 남부 경계는 남부 해안 지역까지였어야 하는 것이다.

고조선의 북부와 동북부의 경계는 어디였을까? 『제왕운기』 기록에 따르면 부여는 원래 고조선에 속해 있었는데 부여의 영토는 흑룡강과 아르군 강까지였다.

따라서 고조선의 북부와 동북부 경계는 흑룡강과 아르군 강 유역이었을 것이다. 앞에서 말했듯이 비파형동검은 한반도와 만주 전 지역에서 출토된다. 그러므로 만주 전 지역이 고조선의 영토였음을 알 수 있다.

옛 문헌들에는 고조선이 붕괴된 후 한반도와 만주에 있었던 여러 나라의 언어와 풍속은 서로 유사했다고 기록되어 있다. 언어와 풍속은 공동체를 이루고 밀접한 관계를 가지고 살아야만 비슷해지는 것이다. 따라서 이 나라들이 고조선에 포함되어 있지 않았다면 언어와 풍속이 비슷했을 수 없다.

이런 사실을 종합해볼 때 고조선의 영토는 서쪽은 오늘날 북경 가까이에 있는 난하, 동쪽과 동북쪽은 흑룡강과 아르군 강, 남쪽은 한반도 남부의 해안선에 이르러 한반도와 만주 전 지역을 포괄했음을 알 수 있다.

고조선은 진개에게 영토를 빼앗겼나

고조선은 중국 연나라 장수 진개(秦開)의 침략을 받아 그 서부 2,000리를 빼앗겼다고 주장하는 학자들이 있다. 이런 주장은 일본 학자들이 제기했던 것인데 일부 학자들이 그것을 따르고 있다.

진개의 고조선 침략에 관해서는 『위략(魏略)』에 기록되어 있다. 또한 『위략』의 기록처럼 자세하지는 않지만 『사기』 「조선열전」에도 언급되어 있다. 두 기록을 비교해보자.

고조선 강역도

『위략』에는 기자의 후손이 포학하므로 연나라가 장수 진개를 파견하여 조선의 서방 2,000리를 치고 만번한(滿番汗)으로 국경을 삼았다고 기록되어 있다. 『사기』「조선열전」에는 연나라가 전성기에 조선과 진번(眞番)을 복속시켰다고 기록되어 있다. 연나라의 전성기는 소왕(昭王) 때로, 진개가 활약했던 시기다. 그러므로 연나라가 전성기에 조선과 진번을 복속시켰다는 기록은 『위략』에서 말하는 진개의 조선 침략을 말한다.

여기서 우리는 다음과 같은 의문점을 발견하게 된다. 동일한 사건을 말하면서 『위략』은 연나라가 조선의 서방 2,000리를 빼앗았다고 했고, 『사기』「조선열전」은 조선과 진번을 복속시켰다고 했다. 『위략』에 따르면 조선은 영토의 일부를 빼앗겼고 『사기』「조선열전」에 따르면 조선은 완전히 멸망한 것이 된다.

『위략』과 『사기』「조선열전」에 나오는 조선을 동일한 의미로 본다면 위의 두 기록 가운데 하나는 잘못된 것이다. 둘 다 옳다면 두 기록에 나오는 조선은 다른 의미여야 한다. 종래에 일부 학자들은 두 기록 가운데 하나는 잘못된 것으로 믿었다.

그러나 어느 하나가 잘못되었을 것으로 속단해서는 안 된다. 위두 기록이 모두 옳을 수도 있기 때문이다. 예컨대 조선이라는 나라 서쪽 변경에 조선이라는 지명이 있었다면 위 두 기록은 옳은 것이다. 『위략』의 조선은 조선이라는 나라를 의미하고 『사기』「조선열전」의 조선은 조선이라는 나라의 서쪽 변경에 있었던 지명이되는 것이다. 진개는 조선이라는 나라의 서부 영토 2,000리를 빼앗았는데 그 안에 서쪽 변경의 조선이 포함되어 있었다는 것이

되는 것이다.

그러한 상황이 고조선에 존재했는가? 존재했다. 고조선의 서부 변경에 기자조선이 있었다. 중국인들은 고조선, 기자조선, 위만조선, 낙랑군의 조선현 등을 모두 조선이라고 불렀다. 따라서 『위략』에 나오는 조선을 고조선, 『사기』 「조선열전」에 나오는 조선을 기자조선으로 보면 『위략』과 『사기』 「조선열전」의 기록은 모두 옳은 것이다.

진개가 고조선의 서부 변경 2,000리를 침략했는데 그 안에 기자조선이 들어 있었다는 것이 되는 것이다. 『위략』에 따르면 연나라와 기자조선의 관계가 악화되어 전쟁이 일어난 것으로 되어 있다. 여기서 문제가 되는 것은 진개가 고조선의 서부 기자조선 지역을 침략한 후 그 지역을 계속 차지하고 있었을 것인가 하는 점이다. 그렇지 않았다.

『한서』와 『진서』의 「지리지」를 보면 기자조선과 낙랑군의 조선현 위치가 동일했던 것으로 기록되어 있다. 낙랑군은 서한이 위만조선을 멸망시키고 그 지역에 설치했다. 그런데 위만조선은 고조선의 서부 변경에서 기자조선의 정권을 빼앗아 건국되었다.

그러므로 진개가 고조선을 침략한 후 그 땅을 그대로 차지하고 있었다면 낙랑군 조선현의 위치가 기자조선과 동일할 수 없다. 기자조선 지역은 진개 침략 때에 이미 중국 영토가 되어 있어야 하므로 그보다 늦게 고조선 영토 내에서 건국된 위만조선의 영역이 될 수 없기 때문이다.

다음과 같은 문제도 발견된다. 『사기』 「조선열전」에는 연나라가 전성기에 조선과 진번을 복속시켰다고 말하고 이어서 위만이 영토를 확장하는 과정에서 진번을 복속시켰다고 했다. 당시에 위만은 고조선을 침략하여 영토를 확장했다. 그러므로 진개가 고조선을 침략한 후 그 땅을 그대로 차지하고 있었다면 진번은 이미 중국의 땅이 되어 있어야 하므로 위만이 진번을 복속시켰을 수 없다. 이 기록은 진개 침략 후에 진번은 고조선의 영토가 되어 있었음을 말해주는 것이다.

이상과 같이 진개가 고조선을 침략한 후 기자조선과 진번이 모두 고조선의 영토가 되어 있었다는 것은 진개가 고조선을 침략한 후 후퇴했음을 알게 해준다. 진개가 후퇴하지 않고서야 진개가 차지했던 기자조선과 진번이 고조선의 영토가 되어 있을 수는 없다.

당시 연나라 상황을 보더라도 진개는 후퇴할 수밖에 없었을 것이다. 연나라는 소왕 때 전성기를 맞았다. 그러나 그러한 상황은 오래 지속되지 못했다. 연나라는 바로 쇠퇴의 길로 접어들어 멸망의 위기에까지 이르게 되었다.

연나라의 중앙이 이런 상황이었는데 진개가 침략한 땅을 그대로 확보하고 있었을 수는 없었을 것이다. 고조선은 이런 좋은 기회를 이용하여 반격을 했을 것이다. 고조선은 진개의 침략으로 피해를 보기는 했지만 그 영토가 줄어들지는 않았던 것이다. 진개에게 빼앗겼던 고조선의 영토가 수복되었음은 다음 글에서도 확인될 것이다.

만번한의 위치는 어느 곳이었을까

『위략』에는 연나라의 진개가 조선의 서부 2,000리를 침략한 후 국경을 만번한으로 삼았다고 했다. 그러므로 당시의 상황을 바르게 알기 위해서는 만번한의 위치를 알 필요가 있다. 만번한의 위치가 확인되어야만 진개의 고조선 침략이 일시적인 것이었는지 그렇지 않았는지가 분명해질 것이다.

지난날 일부 학자들은 만번한은 당연히 이전의 고조선과 중국의 국경으로부터 고조선 쪽으로 2,000리 이동한 지역에 있어야 한다고 믿었다. 진개의 침략으로 고조선의 서부 2,000리는 중국 영토가 되어 있어야 한다고 생각했기 때문이다. 『위략』의 표현은 그렇게 믿도록 되어 있다.

그러나 사료를 이용할 때 조심해야 하는 것은 기록자가 내용 일부를 생략할 경우도 있다는 점이다. 예컨대 한국전쟁에 대해 기록하면서 "북한의 인민군이 낙동강까지 밀고 내려왔다. 그 후 남북한은 휴전을 했는데 휴전선은 판문점을 경계로 했다."고 말했다고 가정해보자. 위의 내용에 사실과 다른 부분은 없다. 그러나 당시 상황과 우리나라 지리를 모르는 사람이 위 문장을 읽으면 남한은 북한에게 낙동강까지 빼앗긴 상태에서 휴전을 했던 것으로 잘못 알게 될 것이다. 그리고 판문점은 낙동강 유역에 있었던 지명으로 잘못 인식하게 될 것이다.

그러므로 이런 잘못을 저지르지 않기 위해서는 위 문장에 나오는 낙동강과 판문점의 위치를 먼저 확인해야 한다. 그리고 그에 따라 당시 상황을 이해해야 한다. 그런 과정을 거치면 판문점은 낙동강보다 훨씬 북쪽에 있음을 알게 될 것이다. 그리고 북한의 인민군이 낙동강 유역까지 밀고 내려온 것은 사실이지만, 그 후 후퇴했음을 알게 될 것이다.

진개의 고조선 침략에 관한『위략』의 기록도 마찬가지다. 이 사료를 정확하게 이해하려면 먼저 만번한의 위치를 확인해야 한다. 만번한이 이전의 고조선과 중국 국경으로부터 고조선 쪽으로 2,000리 이동한 곳에 있었을 것으로 단정해서는 안 되는 것이다. 만번한의 위치를 알아야만 진개가 고조선을 침략한 후의 상황을 정확하게 알 수 있다.

만번한의 위치는『한서』「지리지」기록을 통해 확인할 수 있다. 『한서』「지리지」에는 서한의 요동군 내에 문현(文縣)과 번한현이 있었다고 기록되어 있다. 그런데 고대에 문(文) 자는 만(滿) 자와 발음이 같았다고 한다. 지금도 중국 동남부에서는 두 글자가 같은 발음으로 사용되고 있다. 그러므로 요동군의 문현(文縣) 지역은 만현(滿縣)이라고 기록될 수도 있다. 따라서 전국시대에 진개가 고조선을 침략한 후 국경이 되었던 만번한은 후에 서한 요동군의 문현과 번한현이 된 곳을 합한 지역을 통칭했던 지명이었다고 학자들은 보고 있다.

그렇다면 서한의 요동군은 어디에 있었는지가 문제로 등장한다. 지난날 대부분의 학자들은 서한의 요동군 위치를 오늘날 요동 지역으로 보았다. 그 지명이 동일하기 때문이었다. 따라서 만번한은 압록강 유역쯤에 있었을 것으로 생각했다. 그러나 그것은 잘못이다. 앞에서 이미 밝혀진 바와 같이 서한의 요동군은 오늘날 요동 지역이 아니라 북경 근처의 난하 유역에 있었다. 고대의 요동과 오늘날 요동은 위치가 달랐던 것이다.

앞에서 이미 밝혀진 바와 같이 고조선과 서한의 국경은 오늘날 난하와 갈석산으로 형성되어 있었다. 당시 서한의 동북부 국경은 난하 하류 동부 유역에 있는 갈석산부터 난하 중류 유역으로 형성되어 있었다. 그런데 서한의 요동군은 서한의 영토 가운데 가장 동북쪽에 위치해 있었다. 그러므로 국경선과 접하여 그 서쪽에 위치해야 하는 것이다. 요동군은 갈석산을 그 동쪽 경계로 하여 난하 하류 유역을 차지하고 있었던 것이다. 따라서 요동군 안에 있었던 만번한은 북경 근처에 있는 오늘날 난하 유역에 위치해 있었을 것임을 알 수 있다.

그런데 앞에서 말한 바와 같이 고조선과 중국의 국경은 갈석산부터 난하 유역으로 형성되어 있었다. 그리고 진개가 고조선을 침략한 후에도 국경은 난하 유역에 있었던 만번한 지역이었다. 이것은 무엇을 말해주는가? 진개가 고조선을 침략한 후 그 땅을 계속 차지하고 있지 못하고 후퇴했음을 알게 해주는 것이다.

여기서 알아야 할 중요한 사실은 진개가 고조선을 침략한 후 형성된 국경은 서한의 요동군 내에 있었다는 점이다. 다시 말하면 새로 형성된 국경은 이전보다 중국 쪽으로 이동해 있었다. 이를 통해 연나라가 고조선을 침략한 후 단순히 후퇴한 것이 아니라 오히려 고조선에게 동부의 땅 일부를 빼앗겼음을 알 수 있다.

고조선이 연나라 동부의 땅을 빼앗았음은 중국의 서한시대 문헌인 『염철론』에 기록되어 있다. 『염철론』 「비호(備胡)」편에는 고조선이 국경을 넘어 연나라의 동부 땅을 빼앗은 일이 있다고 적혀 있다.

이상의 사실들을 종합해볼 때 고조선은 연나라 진개와의 전쟁에서 급작스러운 침략을 받아 처음에는 일시적으로 그 서부 영토를 빼앗겼지만 바로 국토를 회복했던 것이다. 그뿐만 아니라 고조선은 진개의 침략을 격퇴하고 오히려 연나라의 동부 땅 일부를 차지하여 그의 침략을 응징했음을 알 수 있다.

고조선은 어떤 형태를 가진 국가였나

과연 고조선은 성읍국가였을까

고조선은 어떤 형태의 국가였을까? 일부 학자들은 고조선은 성읍국가였다고 말한다. 성읍국가란 도시국가라는 말이다. 고대 그리스에서는 아테네 등의 도시들이 바로 국가였다. 그러므로 우리나라의 고대국가도 서양의 고대국가와 같은 도시국가였을 것으로 생각한 것이다. 그런데 우리의 옛 문헌에는 성읍이라는 단어가 등장한다. 이 성읍을 서양의 도시에 해당할 것으로 해석하여 우리나라의 고대국가를 성읍국가라고 부르게 되었던 것이다.

중국사에서도 그 연구가 깊이 있게 진행되지 못했던 시기에 중국의 고대국가는 서양과 같은 도시국가였을 것으로 생각했다. 우리나라나 중국은 근대적 역사 연구 방법을 서양에서 들여왔는데 초기에는 자신들의 고대사회에 대한 연구가 부족했으므로 서양사의 틀을 그대로 빌려 썼던 것이다.

그러나 그것은 잘못이었다. 인류의 역사는 세계 모든 지역에 공통되는 보편성도 있지만 지역에 따라 서로 다른 특수성도 있는 것이다. 그리스는 토지가 매우 척박하다. 따라서 농업이 발달할 수 없어서 자급자족이 불가능했다. 그 결과 상업이 발달했다. 그러나 우리나라와 중국의 황하 유역은 토지가 비옥하여 농사짓기에 알맞았기 때문에 자급자족이 가능했다. 그러므로 농업경제가 기초였고 상업은 부수적이었다.

그리스에서는 각 마을의 거주민들이 자급자족이 불가능하므로 상업을 하기 좋은 곳으로 모여들었다. 그 결과 도시가 형성되고 그것이 발전하여 국가가 되었다. 이것이 도시국가다. 그러나 우리나라나 중국의 황하 유역은 농사를 지어 자급자족이 가능했으므로 자연마을들이 그대로 존속되었다. 그것들이 연맹체를 형성하고 다시 이런 연맹체들이 통합되어 국가를 출현시켰던 것이다.

따라서 우리나라의 고대국가는 도시국가가 아니라 많은 마을들로 구성된 마을집적국가였다. 그러므로 고조선을 성읍국가라고 부르는 것은 우리의 역사를 깊이 연구하지 않은 상태에서 서양의 논리를 그대로 적용한 잘못된 것이다.

고조선이 도시국가가 아니었고 많은 마을들로 구성되어 있었음은 옛 문헌의 기록과 고고학 자료를 통해서도 확인된다.『사기』「조선열전」의 기록에 따르면 위만은 나라를 세운 후 영토를 넓히기 위해 고조선 지역을 침략했다. 그때 주변의 작은 마을들을 쳐서 항복을 받았다고 한다. 이것은 고조선에 마을들이 있었음을 알게 해준다.

이를 좀 더 확실히 하기 위해 고조선 이전과 그 이후의 상황을 살펴보자. 고조선 이전 일찍부터 마을이 출현했음은 고고학 자료에서 확인된다. 한반도와 만주 지역에서는 신석기시대 초기 유적에서부터 집자리들이 발견된다. 한반도와 만주에서 가장 이른 신석기시대 유적인 강원도 ᄋ산리 유적과 내몽골자치구 흥륭와 유적에서는 집자리들이 발견되었다. 이런 사실로 보아 신석기시대 초기부터 한반도와 만주 각 지역에는 마을들이 산재해 있었다.

한반도와 만주에서 발견된 신석기시대나 청동기시대의 유적 가운데 집자리가 발견되지 않은 곳도 있다. 그러나 유적이 여러 지역에서 발견되는 것은 당시에 사람들이 널리 분포되어 거주했음을 알게 해준다. 그리고 그들은 당연히 마을을 이루고 살았을 것이다.

한편 고조선이 붕괴된 후의 상황을 전하는 『후한서』 「동이열전」과 『삼국지』 「동이전」의 〈부여전〉, 〈읍루전〉, 〈고구려전〉, 〈동옥저전〉, 〈예전〉, 〈한전(韓傳)〉 등에는 각 나라에 많은 읍락이 있었던 것으로 기록되어 있다. 읍락은 마을을 말한다. 이 나라들은 많은 마을들로 구성되어 있었던 것이다. 이들은 고조선의 뒤를 이은 나라들이므로 고조선도 이와 같은 마을들로 구성되어 있었을 것은 당연하다.

『한서』 「지리지」에는 위만조선이 멸망하고 그 지역에 설치된 한사군의 낙랑군에는 25개의 현이 있었는데 6만 2,812호에 40만

6,784명의 주민이 살았고 현도군에는 3개의 현이 있었는데 4만 5,006호에 22만 1,845명의 주민이 살았다고 기록되어 있다. 행정구역으로 군 밑에 있었던 현은 도시가 아니었다. 그러므로 위의 인구는 여러 마을에 나누어져 있었을 것이다. 위만조선과 한사군이 있었던 지역은 원래 고조선의 서부 변경이었으므로 고조선의 다른 지역에서도 상황은 마찬가지였을 것이다.

〈광개토왕릉비문〉에는 광개토왕이 백제를 치고 58개의 성과 700개의 촌락을 획득했으며 동부여를 치고 64개의 성과 촌락 1,400개를 획득했다는 기록이 있다. 이는 고구려 광개토왕시대에 한반도와 만주에 마을들이 널리 산재해 있었음을 알게 해준다.

이런 마을 가운데는 필요에 의해 인위적으로 만들어진 것도 있었겠지만 대부분은 신석기시대 이래 자연적으로 형성된 마을들이었을 것이다. 이런 사실은 우리나라와 만주 고대사회의 기초가 마을이었음을 알게 해준다.

우리나라의 고대국가인 고조선은 서양의 도시국가와 같은 성읍국가가 아니었던 것이다. 수많은 마을들이 그 바탕을 이루고 있었던 마을집적국가였던 것이다.

고조선은 어떤 구조의 국가였을까

고조선은 우리 역사에 처음으로 등장한 국가였다. 고조선 이전에 정치권력이 출현하기는 했지만 아직 국가 체제를 갖춘 단계는 아니었다. 그러므로 고조선의 통치자들은 아직 국가를 경영해본 경험이 없었다. 행정 조직도 발달하지 못했다. 그러한 상황의 고조선은 어떤 통치 구조를 하고 있었을까?

이것은 고대사회의 발전 과정을 통해 이해할 수 있다. 지금부터 1만 년 전 신석기시대가 시작되면서 여기저기에 마을이 형성되었다. 이 시기에는 하나하나의 마을이 사회의 독립된 단위였다. 그러므로 이 시기를 마을사회라고 한다.

지금부터 6,000년 전(서기전 4000년)에 이르면 일정한 지역에 있는 마을들이 연맹체를 형성한다. 재산 사유제가 출현하여 구성원 사이에 빈부의 차이가 일어나고 정치권력을 가진 추장도 출현한다. 신분의 분화도 일어났다. 이 시기를 마을연맹체사회 또는 고을나라라고 한다.

이런 고을나라들 가운데 세력이 강한 고을나라가 다른 고을나라들을 통합하여 고조선을 건국했다. 그러나 고조선을 건국한 세력은 고조선과 같은 큰 나라를 통치해본 경험이 없었다. 그래서 종래의 고을나라들을 그들의 추장이 계속해서 통치하도록 했다. 그리고 각 지역의 추장들로 하여금 단군을 최고 통치자로 받들고 일정한 의무를 이행하도록 했다.

고조선의 단군은 각 지역에 있는 고을나라들을 추장들에게 위탁하여 통치했던 것이다. 이제 각 지역의 고을나라들은 고조선에 속한 지방정권이 되었던 것이다. 그들을 거수국이라 했으며 그곳을 다스리는 추장을 거수라 불렀다. 고조선은 단군 밑에 많은 거수들이 각 지역을 다스리는 지방분권국가였던 것이다.

고조선의 이런 국가 구조는 문헌 기록을 통해서도 확인된다. 『제왕운기』에는 고조선이 붕괴된 후 한반도와 만주에 있었던 한(삼한), 부여, 비류, 신라, 고구려, 남옥저, 북옥저, 예, 맥 등의 나라가 모두 단군의 후손이었다고 기록되어 있다. 그리고 고조선이 붕괴된 후 한반도와 만주에는 70개가 넘는 나라들이 있었지만 이 나라들의 이름을 확인할 길이 없다고 기록되어 있다.

이 기록은 위의 나라들이 고조선에 속한 거수국들이었을 것임을 알게 해준다. 만약 이 나라들이 고조선에 속해 있지 않았다면 이들을 고조선의 단군 후손이라고 말할 수 없는 것이다. 고조선의 거수국 가운데 이름이 전해지지 않은 거수국도 많이 있다는 사실도 알 수 있다. 역사에 남을 만한 사건이나 사실과 관계되지 않았던 거수국은 문헌에 기록되어 있지 않은 것이다. 중국에서도 서주시대에 1,800여 개의 제후국이 있었다고 하는데 문헌 기록에서 확인된 제후국은 수십 개에 불과하다.

그런데 『제왕운기』는 고조선이 붕괴된 후 1,300여 년이 지난 고려 후기에 쓰인 책이다. 그러므로 그 내용을 믿어도 괜찮을지 의문을 품을 수 있다. 그러한 의문은 『시경(詩經)』 「한혁(韓奕)」편이 풀어준다. 『시경』은 중국에서 가장 오래된 고전으로, 서주시대부터 춘추(春秋)시대까지의 시들을 모아놓은 책이다. 그 가운데 「한혁」편은 한후(韓侯)라는 인물이 서주 왕실을 방문했을 때 서주 왕실에서 그를 환대했던 내용이다.

「한혁」편의 주인공인 한후는 고조선의 단군을 가리킨다. 고조선에서는 통치자를 단군이라고도 했고 한이라고도 불렀다. 그래서 서주 왕실에서는 그를 한후라고 불렀던 것이다. 그런데 『시경』 「한혁」편 내용만으로는 한후가 누구인지 알 수가 없다. 그러나 동한시대 왕부(王符)가 지은 『잠부론(潛夫論)』에 「한혁」편의 주인공인 한후에 대한 설명이 실려 있어 그가 고조선의 단군이었음을 알 수 있다. 왕부는 한후가 기자조선과 위만조선의 동쪽에 있었던 나라의 통치자였다고 말하고 있는데, 기자조선과 위만조선의 동쪽에 있었던 나라는 고조선이었던 것이다.

「한혁」편 내용을 보면 한후는 많은 나라를 거느리고 있었다. 그뿐만 아니라 서주 왕실에서는 한후가 추(追)와 맥(貊)이 있는 지역까지를 다스리는 것을 인정했다. 추와 맥은 오늘날 난하 동부 유역에 있었던 고조선의 거수국이었다. 그러므로 한후에게 이들을 다스리는 것을 서주 왕실이 승인했다는 것은 그 지역을 국경 지역으로 확정지었다는 뜻이 들어 있다. 아마도 이보다 앞서 고조선과 서주 사이에는 국경 분쟁이 있었을 가능성이 있다.

옛 문헌에서 확인되는 고조선의 거수국은 부여·고죽(孤竹)·고구려·예·맥·추·진번·낙랑(樂浪)·임둔(臨屯)·현도(玄菟)·숙신·청구·양이·양주·발·유(兪)·옥저(沃沮)·기자조선·진(辰)·비류·행인(荇人)·해두(海頭)·개마(蓋馬)·구다(句茶)·조나(藻那)·주나(朱那)·한(삼한) 등이다.

이 가운데 부여·고죽·고구려·예·맥·추·진번·낙랑·임둔·현도·숙신·청구·양이·양주·발·유·옥저·기자조선 등은 오늘날 요서 지역에 위치했고, 진·비류·행인·해두·개마·구다·조나·주나·한 등은 오늘날 요하 동부의 만주와 한반도에 위치했다.

실제로는 이보다 훨씬 많은 거수국이 있었겠지만 역사에 남을 만한 사건과 관련을 갖지 못한 거수국은 기록에 남아 있지 않기 때문에 확인할 길이 없는 것이다.

고조선의 사회신분은 어떠했을까

앞에서 말한 바와 같이 고조선은 그리스와 같은 도시국가(또는 성읍국가)가 아니었다. 고조선은 많은 고을들로 구성된 마을집적국가였다. 그런데 고조선의 각 지역에는 그 지역의 여러 마을들이 연맹을 형성한 거수국들이 있었다. 각 거수국은 거수가 통치했다. 따라서 거수국의 여러 마을 가운데는 거수가 거주하는 마을이 있었다. 이 마을을 국읍(國邑)이라 불렀다. 국읍 이외의 일반 마을들은 읍(邑) 또는 읍락(邑落)이라 불렀다.

고조선의 중앙에는 단군이 직접 다스리는 직할국이 있었다. 그곳에는 고조선 전체의 통치자인 단군이 거주하는 도읍, 즉 아사달이 있었다. 그리고 도읍 주위에는 일반 마을인 읍 또는 읍락들이 있었다. 고조선에는 도읍보다 중요한 곳이 있었는데, 그곳은 태백산 마루에 있는 신시(神市)였다. 신시는 고조선의 종교 성지로서 정신적 중심지였다.

그곳은 하느님 환인의 아들 환웅이 강림한 곳이라고 전해오는 곳으로서 고조선이 건국되기 전부터 종교의 성지였다. 고대사회에서는 종교가 정치보다 위에 있었다. 그러므로 신시는 도읍보다 더 중요한 의미를 지니고 있었던 것이다. 이와 같이 국가의 정신적 중심지로서 종교 성지가 있는 현상은 다른 나라의 고대사회에서도 마찬가지였다.

그런데 일반 마을인 읍, 각 지역의 거수가 거주했던 국읍, 단군이 거주했던 아사달, 종교적 성지인 신시 등은 기본적으로는 모두가 사람들이 거주한 마을이다. 단지 그 마을의 성격에 따라 다른 명칭이 붙여졌을 뿐이다. 그러므로 고조선의 사회 구조는 읍·국읍·아사달·신시 등의 명칭을 가진 마을들이 상하 관계로 중첩되어 있었다고 말할 수 있다.

이런 마을의 중첩은 고조선의 사회신분과 직결된다. 우리나라 같은 농업사회에서 형성된 마을들은 혈연집단이 만든 씨족마을이었다. 마을에 따라서는 몇 개의 씨족이 모여 사는 경우도 있었지만 씨족 조직이 붕괴된 것은 아니었다.

그러므로 마을이 중첩된 고조선의 사회 구조는 씨족이 상하로 중첩된 구조였던 것이다. 이를 구체적으로 설명하면 일반 읍에는 피지배 신분의 씨족들이 거주했고 국읍에는 거수와 그의 씨족들이 거주했다. 그리고 아사달에는 단군과 그의 씨족이 거주했고 신시에는 종교 지도자들이 거주했다.

그런데 일반 읍의 거주민들은 국읍에 거주한 거수의 지배를 받고 있었으므로 거수의 씨족보다 낮은 신분이었고, 거수는 단군의 지배를 받고 있었으므로 거수의 씨족은 단군의 씨족보다 낮은 신분이었다.

그리고 신시에 거주한 종교 지도자들은 가장 높은 신분이었는

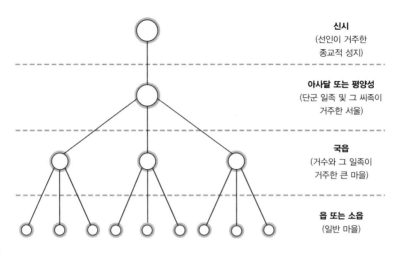

신시
(선인이 거주한
종교적 성지)

아사달 또는 평양성
(단군 일족 및 그 씨족이
거주한 서울)

국읍
(거수와 그 일족이
거주한 큰 마을)

읍 또는 소읍
(일반 마을)

고조선의 사회 구조

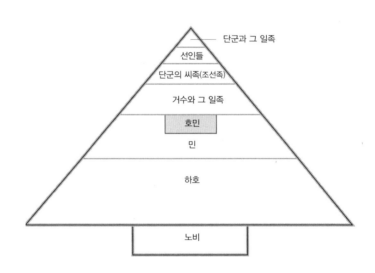

단군과 그 일족

선인들

단군의 씨족(조선족)

거수와 그 일족

호민

민

하호

노비

고조선 사회의 신분 구성

데 그들이 동일한 씨족이었는지 여러 씨족들로부터 선발된 사람들이었는지는 분명하게 알 수가 없다. 단군은 종교와 정치를 모두 관장했으므로 정치적 통치자인 동시에 신시에 거주한 종교 지도자들의 우두머리이기도 했다.

신시의 거주민·단군 씨족·거수 씨족은 지배 귀족 신분이었고 일반 읍의 거주민들은 피지배 씨족이었다. 고조선은 농업사회로서 각지에 널리 분포되어 있던 마을의 거주민들은 대부분 농사를 짓고 살았으므로 일반 읍은 농업마을이었다고 말할 수 있다.

옛 문헌에는 우리나라의 고대사회에는 제가(諸加) 또는 대가(大家)라고 불린 귀족·호민(豪民)·민(民)·하호(下戶)·노비(奴婢) 등이 있었던 것으로 기록되어 있다. 하호는 직접 노동에 종사하는 피지배 신분이었고 노비는 남자 노예인 노(奴)와 여자 노예인 비(婢)를 합하여 부른 명칭으로 기록되어 있다. 호민과 민에 대해서는 분명한 설명이 없다.

그런데 위에서 살펴본 고조선의 사회 구조와 옛 기록에 나타난 신분의 명칭을 연결해보면 다음과 같은 해석이 가능해진다. 신시의 종교 지도자, 단군 씨족, 거수 씨족 등은 그들 사이에 신분의 높고 낮음이 있기는 했지만 모두가 제가 또는 대가에 속하는 지배 귀족 신분이었고, 일반 읍의 거주민은 하호로서 귀족에게 종속되어 농사를 짓는 피지배 신분이었을 것이다. 그리고 민은 귀족에서 갈라져 나온 사람들로서 정치적 권력은 없었으나 하호보다는 신분이 높았고 귀족에게 종속되지 않은 자경농민들로서 평민이었을 것이며, 이 가운데 부유한 사람들을 호민이라 불렀을 것이다.

그러므로 호민과 민은 동일한 사회신분이지만 재산이 많고 적은 차이가 있었을 뿐이다.

이렇게 보면 고조선 사회의 신분 조직은 지배 귀족인 제가 또는 대가, 피지배 신분이면서도 자경농민인 평민, 귀족에 종속되어 있었던 종속농민인 하호, 노예 신분인 노비 등이 있었음을 알 수 있다. 그런데 이들은 씨족이 단위가 되어 거주하고 있었으므로 고조선의 사회신분은 씨족신분제였음을 알 수 있다.

노비는 당시의 사회제도에서는 사람의 신분에 속할 수 없었다. 왜냐하면 노비는 가축과 같이 재산으로 취급되었기 때문이다. 노비는 법을 어긴 사람들이거나 전쟁 포로였다. 고조선의 법에 따라 절도죄를 지으면 노비가 되었다. 노비는 살아서는 주인을 위해 일했고 주인이 죽으면 그의 무덤에 순장되기도 했다. 이런 사실은 옛 기록에서도 확인되지만 고고학 자료를 통해서도 확인된다. 요령성 여대시(旅大市)에서 발굴된 고조선시대의 무덤인 강상(崗上)무덤과 누상(樓上)무덤에서는 많은 순장인이 확인되었다.

고조선 마을의 성격은 어떠했을까

고조선에는 생산노동에 종사하는 신분의 사람들과 생산노동에 종사하지 않는 신분의 사람들이 있었다. 그러한 사실은 고조선시대의 무덤에서 출토된 유물을 통해 알 수 있다. 출토된 유물에 따라 고조선시대의 무덤을 크게 두 종류로 나누어볼 수 있다.

청동기가 출토된 무덤과 그렇지 않은 무덤이다. 청동기가 출토된 무덤에서는 무기와 장신구, 마구류, 수레 부품 등이 함께 출토된다. 그러나 농구는 출토된 바가 없다. 반면에 농구가 출토된 무덤에서는 청동기나 마구류, 수레 부품 등은 출토되지 않는다.

고조선은 청동기시대였는데 당시 청동기는 지배층의 독점물이었다. 그러므로 청동기가 출토된 무덤은 지배 귀족의 무덤임을 알수 있다. 이들의 무덤에서 농구가 출토되지 않은 것은 이들이 농경에 종사하지 않았다는 것을 말해준다. 그리고 이들의 무덤에서 마구류와 수레 부품이 출토되는 것은 이들이 말과 수레를 이용했음을 알게 해준다.

여기서 지적해두고 싶은 점이 하나 있다. 그것은 무덤에서 마구류가 출토되었다고 하여 그들을 기마족으로 보아서는 안 된다는 것이다. 농경사회에서도 지배층은 말과 마차를 교통수단으로 이용했기 때문이다.

일본 학자 가운데는 일본을 건국한 사람들은 대륙에서 온 기마인들이라고 주장하는 사람이 있다. 소위 기마민족국가설이다. 일본인 자신이 우리나라에서 건너간 사실을 인정한 것처럼 보인다. 그러나 이 주장은 경계해야 한다.

그 주장대로라면 우리나라는 기마인들이 일본으로 건너가는 통로 역할밖에 하지 못한 것이 된다. 기마인들은 정착민이 아니기 때문에 우리나라에서는 토착문화를 이루지 못했고 일본 열도에 이르러서야 토착문화를 이루고 나라를 세웠다는 것이다. 결국 우리나라의 고유문화를 인정하지 않기 위한 술수인 것이다. 이런 교묘한 술수에 맞장구를 쳐서는 안 될 것이다. 우리는 농경민으로서 오래전부터 정착생활에 들어가 고유문화를 이룩했던 것이다.

고조선시대의 무덤 가운데 농구가 출토된 무덤은 농경에 종사했던 피지배층의 무덤임을 알 수 있다. 이들의 무덤에서 청동기나 마구류, 수레 부품 등이 출토되지 않은 것은 이런 사실을 알게 해준다. 앞에서 이미 밝혀졌듯이 당시 생산노동에 종사했던 신분은 민, 하호, 노비였다. 청동기나 마구류, 수레 부품 등이 출토되지 않은 무덤은 주로 민과 하호의 무덤일 것이다. 왜냐하면 노비들은 동물과 같이 취급되었으므로 무덤을 제대로 만들지 못했을 가능성이 있기 때문이다.

그러나 고조선의 국가 경제라는 측면에서 민은 중요한 역할을 하지 못했을 것으로 생각된다. 민은 평민으로서 자경농민이었는데 귀족의 속박을 받지 않는 자유는 보장되었으나 혼자의 힘으로 농토를 개간해서 농사를 지어야 했기 때문에 그 생산량은 많지 않았을 것이다. 그리고 그 인구도 고조선 전체에서 큰 비중을 차지하지 못했을 것이다. 따라서 이들의 생산은 고조선의 국가 경제에 큰 도움이 되지 못했을 것이다.

그러므로 고조선의 국가 경제는 하호와 노비들의 노동에 의해 뒷받침되었을 것이다. 그런데 고조선의 사회 구조로 보아 하호의 인구가 가장 많은 비율을 차지하고 있었을 것이므로 고조선의 주된 생산 담당자는 하호였을 것이며 노비들은 보완적인 위치에 있었을 것이다. 고대 그리스에서는 생산을 담당했던 노예의 인구가 일반 시민의 인구보다 훨씬 많았다. 그러므로 이 시대를 노예제

사회라고 부른다. 그러나 고조선은 노비의 인구가 하호보다 적었으므로, 노예제 요소가 일부 있기는 했지만 고대 그리스와 같은 노예제 사회라고 할 수는 없을 것이다.

그런데 노비들은 혈연 조직을 벗어나 그들의 주인에게 속박된 생활을 했지만, 하호들은 씨족이 단위가 되어 마을을 이루고 살았다. 자경농민인 민도 하호처럼 마을을 이루고 살았다. 그러므로 이들의 생산 활동을 이해하는 데 있어서는 마을 구성이 참고가 될 것이다.

고조선의 마을 구성은 그동안의 발굴 결과를 통해 확인할 수 있다. 고조선의 마을 터에서는 대략 30제곱미터 정도의 면적에 3~5채의 집자리가 발견된다. 그곳에서 출토된 유물이나 집터들의 구성으로 보아 이들은 하나의 공동체를 이루고 있었음을 알 수 있다. 전문가들은 이들이 비록 다른 집에 거주하기는 했지만 하나의 가족공동체였을 것으로 보고 있다. 고조선의 씨족마을을 이루는 기초는 가족공동체였던 것이다.

그동안 발굴을 통해 확인된 바에 따르면 당시의 가족공동체는 20~40명 정도가 보편적이었고 100명을 넘지 않았을 것으로 보인다. 이것은 생산 활동의 기본 단위이면서 씨족 구성의 기초 단위이기도 했던 것이다. 이런 단위를 기초로 하여 구성된 고조선 마을은 작은 것은 5집, 큰 것은 60집 정도에 이르렀을 것으로 학자들은 보고 있다.

이런 마을들은 하나의 마을공동체로서 그들의 거주 지역뿐만 아니라 그 주변의 산과 강 또는 호수 등을 포함한 일정한 지역을 생활 단위로 하여 공동노동을 하기도 했다. 그리고 각 마을들은 서로 생활 영역을 침범하지 않았으며 만약 영역을 침범했을 때는 그에 대한 보상을 해야 했다.

고조선의 통치 조직은 어떠했을까

고조선은 한반도와 만주에 처음으로 등장한 국가였다. 따라서 행정 조직이 발달해 있지 않았다. 그러므로 불완전한 행정 조직으로 국가를 경영하기 위해 그것을 보완하는 어떤 조직이 있었을 것이다.

고조선의 관제에 대한 직접적인 기록은 남아 있지 않다. 그러나 위만조선의 관직을 통해 고조선의 관직을 짐작할 수 있다. 『사기』 「조선열전」에 따르면 위만조선에는 관료 조직으로서 왕을 보좌하고 행정을 총괄하는 직책인 비왕(裨王)이 있었고 군사 업무를 총괄하는 직책으로 장군(將軍)이 있었다. 왕의 유고 시에 대비해서 왕의 생존 시에 뒤를 이을 태자가 이미 봉해져 있었고, 각 분야별로 업무를 분담하여 관장하는 조선상(朝鮮相)·상(相)·이계상(尼谿相) 등의 중앙관료가 있었다.

이런 위만조직의 관료 조직에 대해 중국 동한(東漢)의 학자 응소 (應劭)는 『한서음의(漢書音義)』라는 저서에서 "오랑캐들이 관료제도에 대한 지식이 없어서 관료를 모두 상(相)이라고 불렀다."고 말했다. 여기서 오랑캐란 위만조선을 가리킨다. 응소가 '위만조선이 관제를 몰라 모두 상이라 불렀다'고 한 말은 중국의 관제를 기준으로 한 말이다. 웅소의 머릿속에는 중화의식이 자리 잡고 있었던 것이다. 중국에서 상(相)은 행정을 담당한 최고 관직으로서 국가에 하나(때에 따라서는 좌승상, 우승상 두 사람)밖에 없는 관직이었다. 그러나 위만조선의 중앙관료에는 상이라는 칭호가 붙은 관직이 여러 개 있었다. 이것을 보고 웅소는 위만조선의 관제는 미개하다고 생각했던 것이다.

그러나 웅소의 말을 뒤집으면 위만조선은 중국과는 다른 독자적인 관제를 가지고 있었다는 뜻이 된다. 중국의 관제를 따르는 것이 문화적인 것이고 그렇지 않은 것은 미개하다는 생각은 잘못된 것이다.

여기서 생각해보아야 할 것은 위만이 서한에서 망명 온 사람이라는 점이다. 그는 중국의 관제에 대해 잘 알고 있었을 것이다. 그런데도 위만은 중국의 관제를 따르지 않고 중국과는 다른 독자적인 관제를 사용하고 있었다. 관제를 포함한 모든 문화는 어느 개인이 하루아침에 창제하는 것이 아니다. 오랜 기간에 걸쳐 점차 발전하는 것이다.

그러므로 위만조선이 서한과 다른 관제를 사용했다는 것은 그곳에 이미 그곳 사람들에게 익숙한 관제가 있었음을 말해준다. 위만조선이 위치한 곳은 원래 고조선 영토였다. 그러므로 위만조선의 관제는 고조선의 관제를 계승한 것이었다. 고조선의 관제였던 것이다.

고조선의 통치 조직에는 신정 조직(神政組織)과 혈연 조직의 요소도 있었다. 신정 조직은 종교 조직을 말한다. 고조선의 최고 통치자인 단군은 정치적인 통치자인 동시에 종교의 최고 지도자였다. 고조선은 하느님을 국신(國神), 즉 최고신으로 섬겼다. 그리고 하느님 아래에는 단군사화에서 보이는 바와 같이 곰신, 호랑이신 등의 동물신과 자연신들이 있었다. 이런 신들은 고조선을 구성한 씨족들의 수호신이었다. 이런 여러 씨족들의 신을 함께 받들어 종교적인 융합을 꾀했다.

고조선에는 중앙의 성지로서 신시가 있었다. 이곳에서 단군이 주재하는 종교의식이 행해졌다. 고조선의 거수국들에도 하느님에 대한 종교의식을 주관하는 천군(天君)이라는 종교 지도자가 있었고 소도(蘇塗)라는 종교 성지가 있었다. 중앙과 비슷한 종교 조직이 거수국들에도 있었던 것이다. 단군은 이런 종교 조직과 종교의 권위를 이용하여 신권통치(神權統治)가 가능했던 것이다.

고조선의 통치 조직에는 씨족 조직의 요소도 있었다. 고대의 통치 조직에 씨족 조직의 요소가 있는 것은 보편적인 현상이다. 권력은 독점을 유지하려는 속성이 있다. 그러한 욕망을 달성하기 위해서는 씨족 조직이 필요하다고 사람들은 생각했던 것이다. 사람들에게 있어서 씨족 조직은 다른 어떤 조직보다도 믿을 수 있고 친숙하기 때문이다.

『제왕운기』에는 고조선이 붕괴한 후 한반도와 만주에 있었던 한(삼한), 부여, 비류, 신라, 고구려, 남옥저, 북옥저, 예, 맥 등의 여러 나라 통치자들이 모두 단군의 후손이었다고 기록되어 있다. 이 나라들은 고조선시대에는 모두 고조선의 거수국들이었다. 이 나라들을 언제부터 단군의 후손들이 통치했는지는 알 수 없지만 적어도 이 가운데 일부는 고조선시대부터 단군의 후손들이 통치했을 가능성이 있다.

『삼국유사』에는 부여를 건국한 부루와 고구려를 건국한 주몽은 어머니가 다른 단군의 아들들이었다고 기록되어 있다. 이 기록은 부여와 고구려의 통치자들이 고조선 단군의 후손이었음을 말해주고 있다. 『제왕운기』와 『삼국유사』 기록은 고조선에는 각 지역의 거수들을 단군의 후손들로 봉하는 혈연 조직이 있었음을 알게 해준다. 이런 혈연 조직은 고조선 후기로 내려오면서 중앙 권력의 강화와 더불어 더욱 확대되었을 것이다.

이상의 내용을 요약하면 다음과 같다. 고조선에는 중국과는 다른 독자적인 관제가 있었다. 고조선은 이런 관제에 신정 조직을 추가하여 고조선을 구성한 여러 씨족들의 융합을 꾀하고 통치자의 신권통치를 가능하게 했다. 그리고 혈연 조직을 강화해나감으로써 권력의 독점과 영속화를 추구했다.

고조선의 도읍은 어디였을까?

『삼국유사』〈고조선〉조에는 고조선이 아사달, 평양성(平壤城), 백악산아사달(白岳山阿斯達), 장당경(藏唐京), 아사달로 차례로 도읍을 옮겼던 것으로 기록되어 있다. 고조선은 네 번 도읍을 옮겼지만 첫 번째와 다섯 번째의 도읍명이 같으므로 결국 고조선의 도읍지는 네 곳이었다.

『삼국유사』〈고조선〉조에는 고조선의 도읍 가운데 아사달이나 평양성이 오늘날 평양에 있었던 것처럼 기록되어 있다. 그리고 기자가 고조선으로 망명 오자 단군은 도읍을 백악산아사달에서 장당경으로 옮겼다가 다시 아사달로 옮긴 것으로 되어 있다. 기자가 고조선으로 망명한 시기는 서기전 1100년 무렵이므로 이 시기에 한 번 도읍을 옮겼던 것이다.

『삼국유사』에 기자가 망명 오자 단군이 도읍을 장당경으로 옮겼다고 기록된 것을 보면 기자의 망명과 고조선의 도읍 이동이 관계가 있었음을 알 수 있다. 그러므로 당시 고조선의 도읍이었던 백악산아사달은 기자의 망명지와 가까운 곳에 있었을 가능성이 있다. 『삼국유사』기록에서 얻을 수 있는 고조선의 도읍에 관한 정보는 이것이 전부이다.

그런데 중국의 『한서』「지리지」, 『요사』「지리지」, 『대청일통지(大淸一通志)』 등에서는 고조선의 도읍지였을 것으로 추정되는 지명들이 나온다. 그것은 험독(險瀆)이라는 지명이다.

중국의 옛 문헌에는 험독에 대해 한결같이 위만조선의 도읍 또는 옛 조선의 도읍이었다고 말함으로써 험독이 고대 도읍지의 명칭임을 말하고 있다. 그런데 위만조선의 도읍명은 『사기』「조선열전」에는 왕험(王險)이라 기록되어 있고 『삼국유사』「위만조선」조에는 왕검성(王儉城)이라 기록되어 있다. 이로 보아 우리 고대어의 검(儉)을 중국인들은 험(險)으로 기록했음을 알 수 있다.

따라서 앞의 문헌들에 나오는 험독(險瀆)은 검독(儉瀆)으로도 읽힐 수 있다. 고대에 우리 민족은 최고 통치자를 검이라고도 불렀으므로 최고 통치자가 거주하는 곳을 검터라고 했을 것이다. 이것이 한자로 기록되면서 검독[독(瀆)은 중국 음으로 뚜(du)로 발음됨]이 되었을 것으로 생각된다. 따라서 험독이나 검독은 우리 민족이 세운 고대국가의 도읍이었을 것임을 알 수 있다. 중국에서는 도읍을 험독이나 검독으로 부른 적이 없다.

중국 문헌에서는 험독이 위만조선의 도읍 또는 옛 조선의 도읍이라고 말하고 있지만 위만조선의 도읍은 『사기』「조선열전」과 『삼국유사』「위만조선」조에 왕험 또는 왕검성이라 기록되어 있으며 고증 결과 그 위치는 험독들과는 다른 곳으로 확인되었다. 그러므로 험독들은 위만조선의 도읍이 아니었다. 따라서 고조선의 도읍일 가능성이 높다.

그러므로 험독이 위치한 곳들이 고조선의 당시 상황으로 보아 도읍지로 적절하다면 고조선의 도읍으로 볼 수 있을 것이다.

중국 문헌에 등장하는 험독의 위치를 보면 『한서』「지리지」의 험독은 오늘날 난하 하류 유역에 있었고, 『요사』「지리지」의 험독은 오늘날 심양(沈陽) 동남 본계시(本溪市) 지역으로 추정되며, 『대청일통지』의 험독은 대릉하 동부 유역의 북진(北鎭) 동남 지역으로 확인된다.

『삼국유사』〈고조선〉조에는 고조선의 도읍이 네 곳이었던 것으로 기록되어 있는데 중국 문헌에 보이는 험독은 세 곳뿐이다. 따라서 고조선의 도읍지로 가능한 지역 한 곳이 더 필요하다. 그곳은 오늘날 평양 지역이었을 것으로 추정된다. 왜냐하면 『삼국유

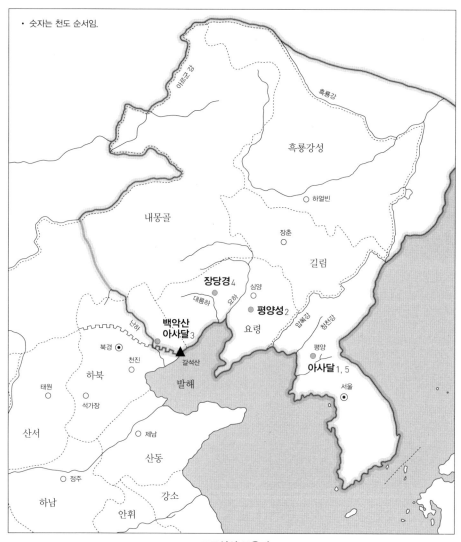

• 숫자는 천도 순서임.

고조선의 도읍지

사』〈고조선〉조에 평양 지역이 고조선의 초기 도읍지였던 것으로 주석되어 있기 때문이다. 평양 지역은 중국의 영토가 된 적이 없기 때문에 중국 문헌에는 기록되지 않았을 것이다. 이렇게 보면 고조선의 도읍지였을 것으로 추정되는 곳은 오늘날 난하 하류 유역, 북진 동남, 본계시 지역, 평양 지역이 된다.

이제 도읍의 순서를 확인해보자. 필자는 평양 지역을 첫 번째와 마지막 도읍인 아사달로 보고자 한다. 그 이유는 『삼국유사』〈고조선〉조에 고조선의 첫 번째 도읍이 평양에 있었던 것으로 기록되어 있으며, 평양 지역에서는 청동기시대의 유물인 고인돌이 많이 발견되었는데 아주 초기의 것부터 그 이후의 것까지 매우 다양하기 때문이다. 그뿐만 아니라 『후한서』와 『삼국지』 기록에 따르면 고조선이 붕괴된 후 단군 일족의 후손들이 청천강 남부 유역에 거주했던 것으로 확인되기 때문이다. 이곳은 고조선이 조선이라는 명칭을 사용하기 전의 아사달 고을나라 시기의 도읍이었을 것으로 생각된다. 지명이 아사달이기 때문이다.

두 번째 도읍인 평양성은 본계시 지역이었을 것이다. 고조선이 건국되어 그 영토가 만주 지역을 포괄하게 되자 통치의 편의를 위해 북쪽으로 도읍을 옮겼을 것이기 때문이다.

세 번째의 백악산아사달은 난하 유역이었을 것이다. 『삼국유사』〈고조선〉조에는 기자가 망명 오자 단군은 백악산아사달에서 장당경으로 도읍을 옮겼다고 했는데 기자의 망명지는 난하 하류 동부 유역이었으므로 위의 기록과 부합되기 때문이다.

이렇게 보면 네 번째의 장당경은 난하 유역보다 다소 동쪽인

대릉하 유역의 북진 동남 지역이 된다.

그런데 오늘날 요서 지역에 한사군이 설치되어 북진 지역이 그 안에 들어가게 되자 고조선은 다시 도읍을 옮기지 않을 수 없었을 것이다. 그래서 첫 도읍지였던 아사달로 다시 도읍을 옮겼을 것으로 보인다.

·풀림 8·

고조선 사람들의 경제 활동은 어떠했나

고조선의 농업은 어떠했을까

우리나라와 중국을 포함한 동아시아 사회는 고대부터 농업을 경제의 기초로 하고 있었다. 이 점은 한반도와 만주를 영토로 하고 있었던 고조선도 예외는 아니었다. 『삼국유사』에 따르면 단군왕검이 고조선을 건국하기 훨씬 전부터 농업을 매우 중시했다.

『삼국유사』〈고조선〉조에 실린 단군사화의 내용을 보면 하느님 환인의 아들인 환웅은 3,000명의 무리를 이끌고 지상에 내려와 바람을 관장하는 어른[風伯], 비를 관장하는 어른[雨師], 구름을 관장하는 어른[雲師]을 거느리고 곡식, 인명, 질병, 형벌, 선악 등과 인간 사회의 360여 가지 일을 두루 맡아 보살폈다고 한다.

단군사화는 환웅이 했던 일 가운데 바람, 비, 구름 등 기후에 관한 것과 곡식을 생산하는 것을 가장 먼저 언급하고 있다. 바람, 비, 구름 등의 기후 조건은 농사와 매우 밀접한 관계를 갖는다. 그러므로 기후와 곡물을 가장 먼저 언급했다는 것은 환웅시대에 가장 중요한 것이 농업이었음을 알게 해 준다.

이런 농업사회가 발전하여 고조선에 이르렀던 것이다. 고조선의 강역 가운데 농업이 발달한 지역은 그 지형으로 보아 요하 유역으로부터 송화강(松花江), 흑룡강, 우수리 강[오소리강(烏蘇里江)]을 따라 펼쳐진 만주의 동북평원과 한반도의 서해안을 따라 펼쳐진 평야였을 것이다.

여기서 참고로 알아야 할 것은 치수 시설이 충분하지 않았던 고대의 농경은 큰 강 유역보다는 그 지류나 작은 강가에서 발달했다는 점이다. 그렇기 때문에 한반도에는 넓은 평야가 적으므로 농업이 발달하지 않았을 것으로 생각해서는 안 된다.

그리고 고조선 전기에 해당하는 서기전 1000년 무렵까지는 전 지역의 기온이 지금보다 높았다. 그러므로 고조선의 북부인 북만주 지역까지도 농사짓기에 좋은 기후 조건을 갖추고 있었다.

지금부터 1만 년 전에 빙하기가 끝나고 후빙기에 들어서면서 세계적으로 기온이 높아지기 시작했다. 8,000년 전에 이르면 지금과 비슷한 기온에 도달했고 5,000년 전 무렵에는 가장 높은 기온에 도달했다가 3,000년 전에 지금과 같은 기온에 이르렀다. 8,000년 전부터 3,000년 전까지의 연평균 기온은 지금보다 섭씨 3~5도 정도 높았다. 그러므로 만주 지역은 오늘날보다 농사짓기에 훨씬 좋은 환경이었을 것이다.

고조선의 유적에서는 돌반달칼, 돌낫 등 추수용 농구와 돌갈판, 돌갈대 등 곡물을 가공하는 공구가 많이 출토되는데 이는 당시 추수가 농토 개간보다 중요했음을 말해준다. 이런 사실은 농업이 매우 발달해 있었음을 알게 해준다.

고조선에서는 각 마을의 주민들이 협동으로 농사를 지음으로써 노동능률을 올렸다. 고조선 사회의 기층을 이룬 것은 마을이었는데 마을의 거주민들은 씨족이 단위를 이루고 있었다. 이들은 하호라고 불렸다. 이들은 귀족들의 관리 아래서 농경에 종사했는데 오랜 씨족공동체의 관습과 노동능률을 올리기 위한 필요성에 따라 공동으로 노동을 했던 것이다.

고조선 후기에 이르면 철기가 보급되었다. 철기는 농구로 보급되어 생산을 증대시키는 데 크게 기여했다. 고조선시대의 철기 유물로는 호미, 괭이, 삽, 낫, 반달칼, 도끼 등의 농구와 자귀, 끌, 손칼, 송곳 등의 공구 그리고 비수, 창끝, 단검, 꺾창, 활촉 등의 무기 및 그 밖의 것들이 여러 유적에서 출토되고 있다.

이런 철제 도구들은 노동능률을 크게 올려주어 농토의 개간을 확대하고 큰 규모의 관개시설을 가능하게 했을 것이다. 그리고 농작물을 깊게 심을 수 있도록 하여 생산량을 늘렸을 것이다. 그뿐만 아니라 목재 가공이 수월해짐으로써 이전보다 목재 농구가 다양화되고 생산이 증가했을 것이다.

고조선에는 이런 농업 발달의 기초 위에서 조세제도가 확립되었다. 앞에서 소개한 『시경』「한혁」편에는 고조선이 농토를 정리하여 세금을 매겼다는 기록이 있다. 『맹자』에는 고조선의 세제에 대한 구체적인 기록이 있다.

『맹자』「고자(告子)」편에는 고조선에서는 수확의 20분의 1을 세금으로 징수했던 것으로 기록되어 있다. 수확의 20분의 1은 매우 낮은 세율이다.

맹자는 고조선이 이렇게 낮은 세금을 거두어들이면서도 유지될 수 있었던 것은 규모가 큰 사원이나 궁궐, 능묘 등을 짓지 않고, 관직도 많이 설치하지 않으며 지배 귀족이 검소한 생활을 하기 때문이라고 말하고 있다. 고조선에서 이렇게 세금이 적고 지배 귀족이 검소한 생활을 했던 것은 '홍익인간(弘益人間)' 이념이 정치사상에 반영되었기 때문일 것이다.

고조선에서는 발달된 농업을 바탕으로 목축업도 성행했다. 서포항, 초도, 오동, 범의구석, 미송리, 입석리, 승리산, 양두와, 망해둔, 서단산, 소영자 등 고조선의 여러 유적에서는 개, 돼지, 소, 말, 양, 닭 등의 집짐승 뼈가 출토되어 목축이 성행했음을 알게 해주었다. 출토된 전체 동물 뼈의 비율을 보면 후기로 오면서 멧짐승보다는 집짐승의 뼈가 늘어나 농업의 발달과 더불어 목축업이 점차 발달했음을 알 수 있다.

고조선에서는 어떤 곡물을 재배했을까

고조선의 농업은 매우 발달해 있었다. 여러 종류의 곡물이 출토된 평양시 남경 유적에서 출토된 공구를 보면 농토를 개간하기 위한 공구는 없었다. 이와 같이 농토 개간용의 공구가 출토되지 않은 것은 그곳이 이미 개간되어 경작을 계속해온 농토였음을 알게 해주는 것이다.

이로 보아 고조선에는 필요에 따라 농토를 새로 개간한 곳도 있었지만 남경 유적과 같이 이미 농토로 확보된 땅이 많았을 것으로 생각된다. 이런 사실은 당시에 농업이 매우 발달해 있었음을 알게 해준다.

고조선에는 구획 정리된 농토가 많이 있었던 것으로 기록에 전해온다. 고조선에 관한 기록인 『시경』「한혁」편에 따르면 고조선에서는 성을 쌓고 해자를 팠으며 농토를 정리하여 세금을 매겼다고 한다. 성을 쌓거나 해자를 파는 토목 기술은 농업을 위한 관개시설을 만드는 데도 이용되었을 것이다. 이런 관개시설은 고조선의 많은 농토를 빗물이 있어야만 농사지을 수 있는 천수답에서 벗어나 옥토가 되도록 만들었을 것이다.

고조선 사람들은 청동 공구를 사용하여 강한 목재를 이용한 여러 종류의 농구를 제작함으로써 농경에 발전을 가져왔다. 그러한 사실은 평안남도 주의리에서 출토된 고조선시대의 평후치와 수레바퀴에서 확인되었다. 전문가들은 참나무로 만든 이 평후치가 앞부분이 보습날 역할을 하도록 되어 있어 밭갈이에 주로 사용되었을 것이며, 경작지를 갈거나 이랑을 내는 데 성능이 아주 좋았을 것으로 보고 있다.

평후치와 함께 출토된 수레바퀴는 단단한 참나무로 만들어졌는데 지름이 1.6미터나 되는 커다란 것으로서 바퀴살의 수가 24개였을 것으로 추정되었다. 이 정도의 바퀴를 사용한 수레는 상당히 큰 것으로서 그 수레를 끄는 데는 짐승을 이용했을 것으로 전문가들은 보고 있다.

평양시 입석리 유적과 만주의 정가와자(鄭家洼子) 유적에서는 여러 종류의 동물 뼈와 함께 소뼈가 출토되었다. 정가와자 유적에서는 마구도 출토되었다. 이런 자료들은 당시에 수레를 끄는 데 소나 말이 이용되었음을 알게 해준다. 이런 부림짐승들은 논이나 밭을 가는 데도 이용되었을 것이다. 농경에 동물들이 이용됨으로써 노동능률을 크게 올려 생산이 증대되었을 것이다.

대전시 귀정동에서는 사람이 따비로 밭을 가는 그림과 괭이로 땅을 파는 그림 및 사람이 수확물을 그릇에 담는 그림이 새겨져 있는 청동기가 출토되었다. 이 청동기는 고조선에서 이런 농경 방법이 일반화되어 있었음을 알게 해준다.

고조선의 유적에서는 돌반달칼, 돌낫 등 추수용 농구와 돌갈판, 돌갈대 등 곡물 가공 공구가 많이 출토된다. 추수용 농구가 많이 출토되는 것은 당시에 곡물의 수확이 중요한 자리를 차지하고 있었음을 말해준다.

고조선이 건국되기 훨씬 전인 마을사회(전기 신석기시대) 초기부터 한반도와 만주 지역에서 곡물을 재배했음은 여러 유적에서 확인된다. 함경북도 서포항 유적과 평안남도 궁산리 유적, 황해북도 지탑리 유적, 내몽골자치구 흥륭와 유적, 요령성 신락(新樂) 유적과 소주산(小珠山) 유적 등에서는 곡물의 껍질을 벗기거나 가루를 만드는 데 사용되었던 갈돌판과 갈돌대가 출토되었다.

그리고 방사성탄소연대측정에 의해 7,000년 전(서기전 5000년) 무렵의 유적으로 확인된 신락 유적에서는 탄화된 조가 출토되어 당시 만주 지역의 주된 재배 곡물이 조였음을 알게 해주었다.

이런 마을사회시대(전기 신석기시대)의 농업은 고을나라시대(후기 신석기시대)를 거쳐 계속 발전하여 고조선시대에 이르러서는 벼, 보리, 조, 기장, 콩, 팥, 수수, 피 등의 오곡을 비롯한 여러 종류의 곡물과 대마나 황마 같은 섬유식물들이 재배되었다. 이런 곡물의 낟알들은 황해북도 지탑리 유적, 청진시 범의구석 유적, 함경북도 오동 유적, 황해북도 석탄리 유적, 평양시 남경 유적, 강원도 오산리 유적 등에서 출토되었다. 고을나라시대부터 고조선시대까지 오랜 기간에 걸친 유적인 남경 유적에서 출토된 낟알들은 그 대표적인 것이다.

볍씨는 남경 유적에서도 출토되었지만 그보다 빠른 연대의 것으로 근래에 경기도 일산과 김포에서 지금부터 5,000~4,000년 전 (서기전 3000-2000년) 무렵의 볍씨가 출토되었다. 이로 보아 한반도에서는 고조선이 건국되기 전부터 벼농사를 지었음을 알 수 있다.

그리고 마을사회시대의 유적인 평안남도 궁산리의 집자리에서는 뼈바늘에 꿰여 있는 삼베실이 출토되었고 고조선의 여러 유적에서도 대마나 황마 껍질에서 뽑은 삼베실이 출토되었다. 자강도 토성리 유적에서는 삼베 조각이 출토되었다.

여기서 알아두어야 할 점이 하나 있다. 그것은 고조선시대에 농사를 지었던 경작지들은 대부분 유기질이 많이 함유된 비옥한 땅이라는 사실이다. 이런 토질에서는 곡물이 쉽게 썩는다. 더욱이 한반도와 만주는 중국의 황하 유역이나 다른 지역에 비해 토질이 좋아 이런 현상이 현저하다. 그러므로 낟알이 출토되는 경우가 드물다. 따라서 지금까지 유적에서 출토된 것보다 훨씬 많은 종류의 곡물이 재배되었을 가능성이 높다. 이처럼 다양한 곡물이 고조선에서 재배되었다는 것은 고조선의 농업이 매우 발달해 있었음을 말해준다.

고조선의 수공업은 어떠했을까

고조선에서는 수공업도 발달해 있었는데, 대표적인 수공업 제품은 청동기와 철기였다. 고조선의 청동기는 두 시기로 구분된다. 고조선의 대표적인 청동기인 비파형동검이 출현하기 이전과 비파형동검시대이다. 대체로 비파형동검이 출현하기 이전은 고조선 전기, 비파형동검시대는 고조선 중기, 철기시대는 고조선 후기에 해당한다.

비파형동검이 출현하기 이전의 청동기문화를 만주 지역에서는 하가점하층문화 또는 풍하문화라고 부른다. 이 문화는 고조선이 건국되기 전인 서기전 2410년 무렵에 시작되었다. 한반도에서도 전라남도 영암군 장천리의 청동기시대 집자리와 경기도 양평군 양수리의 청동기시대 고인돌 유적의 연대가 방사성탄소연대측정 결과 서기전 2500년 무렵으로 나타났다.

그동안 발굴된 하가점하층문화 유적에서 출토된 청동 유물은 귀걸이, 단추, 가락지, 활촉, 작은 칼 등으로 대개 소품이고 종류도 다양하지 않다. 청동기는 지배층의 독점물로서 농구로는 사용된 예가 드물기 때문에 이것들이 직접 서민들의 생활을 향상시켰을 것으로 보기 어렵다. 그러나 청동으로 이미 칼 등의 무기와 공구를 만들어 사용했으므로 이런 청동기는 목기나 골기, 각기 등을 가공하는 데도 이용되었다.

이런 가공 공구의 출현은 그것이 비록 일반화되지는 못했다고 하더라도 이전 시대의 가공 기술에 그것이 추가됨으로써 수공업 발달에 큰 도움을 주었을 것이다. 청동기를 사용하기 시작했다고 하는 것은 청동기의 출현이라는 의미에서뿐만 아니라 그 사회의 전반적인 문화 수준이 그만큼 고도화되었다는 것을 의미한다.

비파형동검문화의 개시 연대는 최근의 만주 지역 발굴 자료로 보아 서기전 16~14세기로 보아야 할 것 같다. 그러므로 비파형청동검문화는 고조선 중기를 대표하는 것이다. 비파형동검은 그 자체가 우수한 무기이며 섬세하고 정교한 기술을 필요로 하는 공예품이다. 그뿐만 아니라 이와 공존했던 유물들은 당시의 문화 수준이 매우 높았음을 알게 해준다.

이 시기의 유적인 요령성 여대시의 강상무덤과 누상무덤에서는 많은 유물이 출토되었다. 강상무덤에서 출토된 유물은 874점이나 된다. 청동 제품으로는 단검, 창끝, 활촉 등의 무기와 팔찌, 비녀, 그물 모양 장식 등의 장식품 및 청동 고리, 청동 덩어리 등이 있었고 돌제품으로는 검자루맞추개, 거푸집, 곤봉대가리, 활촉, 가락바퀴, 숫돌 등이 있었으며 이 외에 낚시, 송곳, 구슬, 돌고리, 달아

매는 돌 장식, 뼈비녀, 조개 장식, 질그릇 등이 있었다.

누상무덤에서는 288점의 유물이 출토되었다. 청동 제품으로는 단검, 방패, 활촉 등의 무기와 도끼, 끌, 칼, 송곳 등의 공구 및 일산대 꼭지, 팔찌, 단추 모양의 장식, 패쪽 장식, 구슬 등의 장식품 외에도 통 모양 청동기, 방울, 고리 모양 청동기, 용도를 알 수 없는 청동기 등이 있었다. 그리고 활촉, 그물추, 숫돌 등의 돌 제품과 돌이나 옥 또는 흙으로 만든 구슬, 조개 장식, 뼈구슬 등의 장식품 및 질그릇 등이 있었다. 이렇게 다양하고 많은 유물은 당시에 수공업이 매우 발달해 있었음을 알게 해준다.

청동기 제조의 기술 수준은 청동제 장식품의 종류가 매우 다양하고 품질이 세련되어 있는 점에서 알 수 있다. 이 시기에 만들어진 청동방패는 뒤로 약간 휘어 있으며 가장자리 가까이에는 사선무늬가 돌려져 있었다. 청동거울 모양의 장식에는 둥근 청동판 뒤에 꼭지가 붙어 있는데 방패와 같이 뒤로 약간 휘어 있고 두께는 매우 얇았다. 이 시기의 말 띠 장식용 청동구슬은 지름이 1.2~1.4센티미터이고 두께는 7.5밀리미터이며 구멍의 지름은 1~1.2밀리미터로서 대단히 섬세하다. 이런 구슬이 정가와자 6512호 무덤에서만 224점이나 출토되었다. 이렇게 섬세한 제품은 발달된 청동 기술 없이는 제조가 불가능하다.

특히 강상무덤에서 출토된 청동실로 만든 장식품은 당시의 높은 금속 가공 기술을 보여주는 대표적인 유물이다. 그것은 지름이 0.25밀리미터 정도의 가느다란 구리실로 짠 것이었다. 이렇게 가는 구리실을 뽑아내는 것은 오늘날의 기술로도 쉽지 않다. 이런 수준은 당시의 세계 금속 기술 수준에서 보더라도 매우 높은 위치를 차지한다.

고조선 후기에 이르러 철기가 보급되면서 수공업은 한층 더 발달했다. 우리나라의 철기문화 개시 연대를 서기전 300년으로 잡는 학자들이 있지만, 최근 발굴된 자료들에 따르면 서기전 800년 무렵이거나 그보다 올라가야 한다. 고조선에서는 무기, 농구, 공구 등 다양한 제품을 철로 만들어 사용했다.

초기에는 연철을 사용했으나 서기전 6세기 무렵부터는 선철을 사용하기 시작했고 서기전 3세기 무렵에 이르면 강철을 사용하기에 이르렀다. 그리고 단철과 주철을 모두 사용했으며 용도에 따라 특성에 맞는 철을 이용했고 이미 열처리 기술을 가지고 있었다.

이와 같은 제철 기술 발달의 영향을 받아 청동 기술도 새로운 단계에 진입하여 세형동검문화가 출현하게 되었다. 이 시기의 청동기문화는 제품도 한층 더 다양해졌을 뿐만 아니라 그 기술이 각 지역으로 널리 보급되어 청동 제품에 지역적 특성이 나타나기 시작했다. 세형동검이 한반도를 중심으로 발달한 것은 바로 이런 이유 때문이었다.

고조선의 상업은 어떠했을까?

고조선의 농업과 수공업 등의 발달은 상업의 발달을 가져왔다. 청동 무기나 청동 의기 등은 통치 권력의 유지를 위해 사용되었기 때문에 상품화될 수 없었다. 그러나 다른 잉여 생산품들은 일부가 상품화되어 상업의 발달을 가져왔다. 그런데 고조선의 국내 상업에 관해서는 구체적인 자료가 없지만 대외 무역에 관해서는 문헌 기록과 고고학 자료가 있다.

요령성 여대시의 강상 유적에서는 열대나 아열대 지역에서 생산되는 보배조개가 출토되었다. 이것은 고조선이 남중국 또는 그 이남 지역과도 교역을 했음을 말해준다. 이렇게 먼 지역까지의 교역은 육로보다는 해로를 이용했을 것이다. 고대인들이 육로보다 해로를 많이 이용했음은 세계 여러 나라에서 일반적으로 확인된다. 그런데 해로를 이용하기 위해서는 큰 배가 있어야 한다. 따라서 고조선의 조선 기술은 상당히 높은 수준에 이르러 있었을 것이다.

고조선은 중국과 많은 무역을 했다. 중국의 문헌인 『죽서기년(竹書紀年)』과 『사기』에는 중국의 제순(帝舜)시대부터 서주시대까지 고조선의 거수국이었던 숙신의 사신들이 여러 차례 중국을 방문했던 것으로 기록되어 있다. 숙신의 사신들은 중국을 방문할 때 호(楛)나무로 만든 활과 화살, 돌화살촉 등을 예물로 가지고 갔다.

그런데 고대사회에서 사신이 가지고 간 예물은 사실은 교역품이었다. 고대에는 국가 간에 민간무역이 본격적으로 이루어지지 않았기 때문에 사신이 다른 나라를 방문할 때 자기 나라 특산품을 가지고 가서 비싼 값으로 팔거나 그곳의 특산품과 교환했다.

그러므로 숙신이 중국에 활과 화살, 돌화살촉 등을 예물로 가지고 갔다는 것은 이런 무기들을 중국에 수출했다는 뜻이다. 고조선시대는 청동기시대였는데 청동기는 지배자들의 독점물이었고 일반 백성들은 석기를 사용하고 있었다.

무기에 있어서도 청동 무기는 지배자들이나 사용했고 청동은 귀한 물건이어서 수량도 많지 않았다. 따라서 일반 병사들은 돌이나 나무로 만든 무기를 사용했다. 그러한 시대에 먼 거리에서 목표물을 살상할 수 있는 활은 대단한 위력을 가진 무기였을 것이다. 특히 고조선의 활과 화살, 돌화살촉은 위력이 뛰어났기 때문에 중국에 수출되었던 것이다.

고조선의 활과 화살, 돌화살촉을 중국인들이 매우 귀하게 여겼음은 『국어(國語)』라는 책의 기록에서 알 수 있다. 『국어』 「노어(魯語)」에 따르면, 무왕(武王)이 상나라와 싸워 승리하고 서주를 건국하자 숙신의 사신이 이를 축하하기 위해 활과 화살, 돌화살촉을 예물로 가지고 갔는데 무왕은 이때 받은 화살에 '숙신이 가져온 화살'이라는 글귀를 새겨 큰딸인 태희(太姬)가 결혼할 때 기념품으로 주어 가보로 보존하도록 했다고 한다.

서주 무왕이 숙신의 화살을 얼마나 귀한 것으로 생각했으면 결혼하는 큰딸에게 주어 가보로 삼게 했겠는가? 오늘날에도 우리나라 활은 세계적인 명성을 얻고 있는데 그런 전통은 이미 고조선 시대부터 이어져왔던 것이다.

고조선은 중국에 동물의 가죽도 수출했다. 『시경』 「한혁」편에는 고조선의 단군이 서주를 방문하면서 예물로 비휴(貔貅) 가죽, 표범 가죽, 말곰 가죽 등을 가지고 갔다고 기록되어 있다. 이런 특수한 동물 가죽들은 고조선의 특산물이었고 중국인들이 좋아한 물품이었을 것이다. 그렇기 때문에 이런 물품들이 중국에 수출되었을 것이다.

『관자(管子)』에도 고조선의 특산물에 관한 기록이 있다. 『관자』는 중국의 춘추시대 패자였던 제나라 환공(桓公)을 보필했던 관중(管仲)의 사상을 적은 책이다. 『관자』의 「경중갑(輕重甲)」편에는, 외국의 사신들이 중국을 방문하지 않은 것을 환공이 걱정하자 그들이 가져온 예물을 비싼 값으로 쳐주면 자주 방문하게 될 것이라고 관중이 대답했다고 기록되어 있다. 그리고 관중은 고조선의 특산물은 표범 가죽과 털옷이라고 언급했다고 기록되어 있다. 이 대화 내용에서 당시 고조선의 특산품이 표범 가죽과 털옷이었다는 사실과 사신이 예물로 가지고 간 물건은 단순한 예물이 아니라 비싼 값을 쳐서 파는 상품이었음을 알 수 있다.

근래에 길림성 성성초(星星哨)의 고조선시대 유적에서는 양털실과 개털실을 섞어서 짠 모직물이 출토되었다. 이것은 오늘날 생산되는 다소 거친 모직물 수준으로, 고조선의 모직 기술이 매우 발달해 있었음을 알게 해주었다. 이로 보아 고조선에서 중국에 수출된 털옷은 상당히 발달된 모피 의류였을 것이다. 중국으로의 수출은 고조선 전 기간 동안 계속되었다.

이런 수출을 통해 고조선은 막대한 외화를 보유한 국가가 되었다. 중국의 전국시대에 고조선과 국경을 접하고 있었던 연나라의 명도전이 자강도 운송리 유적에서 5,000점, 평안남도 청송로 동자구 유적에서 4,280점, 자강도 길다동 유적에서 4,000여 점이 출토되었으며 이 밖의 여러 유적에서도 수백 점에서 3,000여 점에 이르는 명도전이 출토되었다. 포전, 반량전 등의 중국 화폐도 많이 출토되고 있다. 이런 출토량은 엄청난 것으로 고조선이 국제무역을 통해 많은 외화를 벌어들였음을 알게 해준다.

고조선의 경제 수준은 어느 정도였을까

고조선이 한반도와 만주 전 지역을 차지하고 있었던 대국이었고 수준 높은 청동기문화를 가지고 있었다면 그런 나라에 걸맞은 경제적 기반이 있어야 한다. 그러므로 고조선의 경제 수준을 확인하는 것은 고조선의 국력과 사회 수준을 이해하는 데 중요한 의미를 지닌다. 그러나 과거에는 고조선의 경제에 대한 연구가 부족했다. 연구가 전혀 없었던 것은 아니지만 대개 고조선의 경제를 실제보다 낮게 평가했다.

그렇게 된 데는 그럴 만한 이유가 있었다. 고조선에 관한 직접적인 사료가 부족했다. 과거에는 고고학적인 발굴 자료도 충분하지 못했다. 거기에다 일본인들이 고조선의 존재를 부인했던 학문 풍토의 영향도 받았다.

그러나 중국의 옛 문헌에는 고조선의 경제 수준을 알 수 있는 간접 기록들이 상당히 많다. 그런 기록들을 살펴보자.

서주의 역사서인 『일주서(逸周書)』에는 서주가 건국 후 낙읍(洛邑)에 부도(副都)인 성주(成周)를 건설하고 국내외 여러 나라 대표를 초청하여 큰 모임을 개최한 기록이 있다. 이 모임에 오늘날 요서 지역에 위치했던 숙신을 비롯한 고조선의 여러 거수국 사신들이 참석했다. 이런 사실은 고조선의 경제 수준이나 사회 수준이 결코 낮지 않았을 것임을 시사한다.

고조선은 연나라와 큰 전쟁을 벌인 바 있다. 연나라 장수 진개가 고조선을 쳐들어옴으로써 전쟁은 시작되었다. 이때 기습을 받은 고조선은 일시적으로 서부 영토 2,000여 리를 빼앗겼다. 그러나 고조선은 바로 연나라의 침략을 물리치고 오히려 연나라의 동부 땅 일부를 빼앗아 침략에 대한 응징을 했다. 이런 큰 전쟁에는 막대한 경제력이 뒷받침되어야 한다. 그러므로 이런 사실은 고조선의 경제가 상당히 높은 수준에 도달해 있었을 것임을 알게 해준다.

『사기』 「화식열전(貨殖列傳)」에는 전국시대의 연나라가 고조선 지역과 교역을 하여 경제적으로 큰 이익을 얻었다고 기록되어 있다. 이 기록은 고조선에 물산이 풍부했음을 알게 해준다.

『전국책(戰國策)』 「연책(燕策)」에는 연나라의 동쪽에는 조선(朝鮮)과 요동이 있고 북쪽에는 임호(林胡)와 누번(樓煩)이 있으며 서쪽에는 운중(雲中)과 구원(九原)이 있고 남쪽에는 호타(呼陀)와 역수(易水)가 있다고 설명한 후, 연나라는 군사 수십만, 전차 700대, 말 6,000필, 10년을 버틸 군량을 가지고 있었다고 기록되어 있다. 그런데 연나라는 땅은 넓지만 사람이 많이 살지 않아 자체 생산으로 10년간의 군량을 비축한다는 것은 불가능했다.

따라서 주변의 다른 지역으로부터 그것을 구해야 하는데 북방의 임호와 누번은 유목족이었고 운중과 구원도 농사에는 알맞지 않은 지역이었다. 그러므로 연나라가 군량을 얻을 수 있는 지역은 조선, 요동, 호타, 역수 등이었을 것이다. 그런데 앞에서 소개된 『사기』「화식열전」에 연나라가 고조선 지역과의 교역으로 큰 이익을 얻었다고 기록되어 있는 점으로 미루어 연나라가 보유하고 있었던 군량미 가운데 상당한 양은 고조선으로부터 구입했을 것으로 생각된다. 이런 사실은 고조선의 농업이 발달되어 있었을 것임을 알게 해준다.

전국시대에 연나라는 이민족을 방어하기 위해 국경에 성을 쌓았고 중국을 통일한 진제국은 북방에 만리장성을 쌓았는데 연나라에서 쌓은 성이 만리장성의 동쪽 부분을 형성했다. 이 성들의 동쪽 부분은 고조선과의 국경에 위치했다. 연나라와 진제국이 고조선과의 국경에 성을 쌓았다는 것은 고조선이 두려운 존재였기 때문이었을 것이다. 그러한 고조선의 국력은 그것을 뒷받침할 만한 경제적 기반 없이는 불가능하다.

『사기』「조선열전」에 따르면 진제국의 뒤를 이어 건국된 서한은 고조선과의 국경이 너무 멀어서 지키기 어렵게 되자 그것을 서한 쪽으로 이동시켰다. 서한은 건국 초에 내부 사정이 어렵기는 했지만 그렇다고 하더라도 넓은 중국 대륙을 차지하고 있었던 동아시아에서 가장 큰 국가였다. 그러한 서한이 고조선과의 국경을 지키기 어려워 서한 쪽으로 이동했다면 고조선의 국력이 매우 강했을 것임을 시사한다.

고조선의 경제 수준이 낮지 않았음은 많은 중국인들이 고조선 지역으로 이주한 사실에서도 알 수 있다. 『위략』과 『후한서』「동이열전」, 『삼국지』 「동이전」 등에는 진제국 말기부터 서한 건국에 이르는 사이에 많은 중국인들이 고조선의 서부 변경으로 이주했다고 기록되어 있다. 고조선의 경제와 사회가 낙후되어 사람 살기에 불편했다면 많은 중국인들이 이주해 오지 않았을 것이다. 이런 사실은 고조선의 경제와 사회가 상당히 안정되어 있었을 것임을 알게 해준다.

『후한서』 「동이열전」 〈고구려전〉에는 고구려 사람들은 공공 모임에 참석할 때는 모두 비단에 수놓은 옷을 입고 금과 은으로 만든 치렛거리를 사용했다고 기록되어 있다. 이것은 고구려 사람들의 생활이 경제적으로 여유가 있었음을 알게 한다. 고구려는 원래 고조선의 거수국이었으므로 이런 고구려의 풍속은 고조선의 그것을 계승했을 것이다. 이런 사실로 보아 고조선 사람들의 생활도 상당히 여유가 있었을 것이다.

이상의 사실들은 고조선의 경제가 매우 높은 수준에 도달해 있었을 것임을 알게 해준다.

위만조선의 경제 수준은 어느 정도였을까

위만조선은 고조선의 거수국인 기자조선의 정권을 빼앗아 건국되었다. 위만조선의 영토는 원래 고조선의 서부 변경이었다. 그러므로 위만조선의 경제 수준은 고조선의 경제 수준을 계승하고 있었다. 따라서 위만조선의 경제 수준을 통해 고조선의 경제 수준을 추측해볼 수 있을 것이다.

위만조선의 경제 수준은 『사기』 「조선열전」의 기록을 통해 어느 정도 추정이 가능하다. 위만조선은 우거왕(右渠王) 때 서한 무제의 침략을 받아 멸망했다. 당시 서한은 육군과 해군을 수륙 양면으로 파견하여 위만조선을 쳤다. 육군은 육로로 당시의 요동(오늘날 난하 유역)에 출격했고 해군은 산동성으로부터 북쪽으로 발해를 항해하여 위만조선의 도성을 쳤다.

위만조선의 저항은 만만치 않았다. 서한의 육군과 해군은 위만 조선과 1년여에 걸쳐 전쟁을 했다. 위만조선은 결국 내분으로 망하기는 했지만 그 전쟁은 결코 서한에 유리하지만은 않았다. 위만 조선과 서한의 국가 규모를 보면 위만조선은 서한에 비교할 수 없을 정도로 작은 나라였다. 위만조선은 고조선의 변방에 위치해 있던 작은 나라였고 서한은 중국 대륙을 모두 차지하고 있던 대제국이었다.

그뿐만 아니라 서한은 무제시대에 경제적으로나 군사적으로 국력이 가장 강했다. 그 위세를 주변 이민족들에게 과시하던 때였다. 그런 국력을 바탕으로 무제는 북쪽의 흉노와 남쪽의 남월을 친 후 위만조선에 쳐들어왔다. 이런 막강한 서한의 군사를 맞아 위만조선이 그렇게 오랫동안 강하게 싸울 수 있었던 것은 그것을 뒷받침할 수 있는 경제적 기반 없이는 불가능하다.

『사기』 「조선열전」에는 위만조선의 경제력을 더 구체적으로 알 수 있는 기록이 나온다. 무제는 위만조선과의 전쟁 중에 전세가 결코 서한에 유리하지 않게 진전되자 사신을 보내 위만조선의 우거왕을 꾸짖어 항복을 받을 생각을 했다. 그래서 위산(衛山)이라는 사람을 사신으로 보냈다. 우거왕은 서한과 같이 큰 나라와 오랜 전쟁을 하는 것은 결코 도움이 되지 않는다는 것을 잘 알고 있었다. 그래서 우거왕은 위산에게 서한에 항복할 뜻이 있음을 비쳤다. 이 일은 성사되지 못했지만 그 내용 가운데 위만조선의 경제력을 알게 하는 부분이 있다.

위만조선의 우거왕은 서한에 항복의 뜻을 전하기 위해 태자를 파견하기로 했다. 그리고 서한에 말 5,000필과 많은 군량미를 제공하기로 했다. 위만조선의 태자는 말과 군량을 가지고 서한의 사신인 위산과 함께 서한을 향해 떠났는데 태자를 호위한 병사가 1만여 명에 달했다.

위산은 태자를 호위한 군대 1만여 명이 무장을 하고 있는 것이 마음에 걸렸다. 혹시 그들이 변란을 일으킬까 두려웠던 것이다. 그래서 국경에 이르자 위산은 태자에게 무장을 풀 것을 요구했다. 위만조선은 이미 서한에 항복하기로 했으므로 군사들이 무기를 버리도록 하는 것이 옳지 않겠느냐는 것이었다.

태자는 사신의 그러한 요구를 의심하지 않을 수 없었다. 호위병들의 무기를 버리게 한 후에 자기를 죽일 수도 있다고 의심했던 것이다. 그래서 태자는 서한으로 가는 것을 중지하고 호위병들을 이끌고 돌아와버리고 말았다.

위의 내용에서 관심을 갖게 하는 것은 위만조선에서 서한으로 보내려던 말의 수량이 5,000필이나 되었다는 점이다. 위만조선이 자신들이 가지고 있었던 말을 전부 서한에 보내려고 했을 리는 없으므로 말 5,000필은 위만조선에 있던 말 가운데 일부에 불과했을 것이다. 위만조선에서 이렇게 많은 말이 생산되었다면 다른 가축도 많이 길렀을 것이다. 이런 사실은 위만조선에 목축이 매우 발달해 있었을 것임을 알게 해준다. 농경사회에서의 목축은 농업의 발달과 밀접한 관계가 있다.

이때 위만조선은 많은 군량미도 보내기로 했는데 그 수량은 정확하게 알 수 없으나 말을 5,000필이나 보내기로 했던 점으로 미루어보아 군량미도 적지 않았을 것이다. 이것은 위만조선에서 농업도 발달했을 것임을 알게 해준다.

그리고 서한으로 향했던 태자를 호위했던 무장 병사가 1만여 명이던 점으로 미루어보아 위만조선에는 상당히 많은 상비군이 있었던 것도 알 수 있다. 이런 상비군을 유지하려면 그것을 뒷받침할 만한 경제적 기반 없이는 불가능하다.

이상과 같은 사실들은 위만조선의 경제 수준이 매우 높았을 것임을 알게 해준다. 그런데 앞에서 말한 바와 같이 위만조선 영토는 원래 고조선의 서부 변경이었다. 그러므로 위만조선의 농업이나 목축은 고조선의 그것을 계승하고 있었다. 다시 말하면 위만조선의 경제 수준은 고조선의 경제 수준을 계승하고 있었다. 그러므로 위만조선의 경제 수준은 고조선의 경제 수준을 간접적으로 말해준다. 이를 통해 보더라도 고조선의 경제는 매우 높은 수준에 도달해 있었을 것임을 알 수 있다.

고조선 사람들의 생활 모습은 어떠했나

고조선 사람들은 어떤 옷을 입고 살았을까

고조선 사람들의 옷차림에 대해 직접 말한 당시의 기록은 전하지 않는다. 그러나 고조선의 유적에서 출토된 유물과 고조선의 뒤를 이은 여러 나라의 풍속에 대한 기록을 통해 고조선의 옷차림을 알 수 있다.

고조선의 옷차림을 알게 해주는 남자 인형이 함경북도 서포항 유적과 함경북도 범의구석 유적 등에서 출토되었다. 서포항 유적의 고조선 문화층(청동기시대)에서 출토된 흙으로 만든 남자 인형은 모두 서 있는 형태인데 아랫도리에 가랑이가 없이 넓게 퍼져 있다. 이것은 당시 사람들이 두루마기나 도포 같은 겉옷을 입었음을 알게 해준다.

『삼국지』「동이전」〈부여전〉에 따르면 부여 사람들은 국내에 있을 때는 흰색의 옷을 숭상하여 흰 베로 만든 큰 소매 달린 도포와 바지를 입고 가죽신을 신었다. 이 기록은 고조선이 붕괴한 후의 부여 풍속을 말한 것이지만 부여는 원래 고조선의 거수국이었으므로 이런 풍속은 고조선의 것을 계승하고 있었을 것이다.

『후한서』「동이열전」과 『삼국지』「동이전」의 〈예전〉과 〈고구려전〉에는 예 사람들은 남녀 모두 깃이 둥근 옷을 입고 은으로 만든 꽃으로 장식을 했으며, 고구려 사람들은 비단에 수놓은 옷을 입고 금과 은으로 장식을 했다고 기록되어 있다. 예와 고구려는 원래 고조선의 거수국이었으므로 이런 옷차림은 고조선으로부터 이어졌을 것이다.

고조선 사람들은 모자를 즐겨 썼던 것으로 보인다. 서포항 유적과 범의구석 유적의 고조선 문화층에서 출토된 흙인형의 머리 모양은 고깔이나 둥근 모자를 쓴 것처럼 만들어져 있었다.『후한서』「동이열전」〈고구려전〉에는 고구려 사람들은 책(幘)이나 절풍(折風) 같은 모자를 즐겨 썼던 것으로 기록되어 있는데 이런 풍속은 고조선으로부터 이어졌을 것이다.

고조선 사람들은 토시를 비롯한 여러 가지의 치렛거리를 사용했다. 자강도 토성리의 고조선 유적에서는 청동으로 만든 토시 한 쌍이 출토되었다. 그리고 그동안 여러 유적에서 출토된 치렛거리를 보면 구슬류, 단추, 고리 등 옷에 달아매는 것과 목걸이, 귀걸이, 팔찌, 가락지 등 몸에 걸거나 끼는 것이 있었다.

치렛거리는 종류가 다양했고 그것을 만드는 데 사용된 재료도 여러 가지였으며 기교도 매우 세련되었다. 예컨대 구슬을 만든 재료를 보면 청동을 비롯하여 푸른색, 자색, 보라색, 흰색 등의 벽옥과 천하석, 공작석, 구리, 조개껍질, 뼈, 흙 등 자연계에서 얻은 재료뿐만 아니라 사기나 유리 같은 인공적으로 만든 재료도 이용되었다. 모양도 다양하여 둥근구슬, 대롱구슬, 7면구슬, 장고구슬, 대추구슬 등이 있었다.

고조선에서는 옷감으로 삼베, 모직, 명주 등이 생산되었다. 옛 문헌의 기록에 따르면 고조선에서는 비휴 가죽이나 표범 가죽, 말곰 가죽 등과 모피 의류를 중국에 수출했다. 이로 보아 고조선에서는 모피 의류도 매우 발달해 있었을 것이다. 그러나 농업을 기본으로 생활했던 그들에게는 당연히 식물성 섬유로 짠 천이 더 중요했다.

고조선에서 삼베와 모직을 옷감으로 이용했음은 출토된 유물에 의해 확인되었다. 토성리의 고조선시대 유적에서는 삼베 천 조각이 출토되었고 길림성 성성초 유적에는 양털실과 개털실을 섞어서 짠 모직물이 출토되었다.

전문가들은 성성초에서 출토된 모직물은 원시적이기는 하지만 방직 기계를 사용해서 짰을 것으로 보고 있다. 고조선 후기의 유적인 길림성 후석산(猴石山) 유적에서는 마포가 출토되었는데 이것도 방직 기계를 사용해서 짠 것이었다. 고조선에서는 이미 방직 기계를 사용했던 것이다.

고조선에서 명주가 생산되었음은 『한서』「지리지」기록을 통해 알 수 있다. 『한서』「지리지」에는 기자가 고조선으로 망명하여 그곳에서 농사짓고 누에치며 길쌈을 했다는 기록이 있다. 기자가 고조선으로 망명한 시기는 서기전 1100년 무렵으로 고조선 중기에 해당된다. 그러므로 고조선에서는 중기에 이미 누에를 치고 명주를 생산했던 것이다. 고조선의 유적에서는 이전 시대에 비해 매우 많은 가락바퀴와 바늘이 출토된다. 가락바퀴가 많이 출토되는 것은 당시에 천을 생산하기 위해 실 뽑는 일이 활발했음을 말해주고, 바늘이 많이 출토되는 것은 옷을 짓는 일이 그만큼 많아졌음을 알게 해준다. 거의 모든 집에서 길쌈을 하고 옷을 지었던 것으로 보인다.

고조선 사람들의 바느질 솜씨는 상당히 꼼꼼했다. 범의구석 8호 집자리에서는 자작나무 껍질을 누빈 것이 발견되었는데 그 솜씨가 쇠바늘로 누빈 것과 차이가 없을 정도로 정교했다. 고조선 사람들은 바늘을 매우 소중하게 간직했다. 함경북도 서포항 유적과 초도 유적의 고조선 문화층에서는 뼈로 만든 바늘통 안에 바늘들이 보관되어 있는 것이 출토되어 고조선 사람들이 바늘을 매우 소중하게 다루었음을 알게 해주었다.

이상과 같은 사실들로 미루어볼 때 고조선 사람들이 길쌈하고 옷 짓는 것을 매우 중요한 생활의 일부로 생각하고 있었을 것임을 알 수 있다.

고조선 사람들은 무엇을 먹고 살았을까

음식은 사람이 살아가는 데 있어서 가장 기본적이고 필수적인 것이며 그것은 그 사회의 생활 수준과 문화 수준을 말해주기도 한다. 중국의 옛 문헌에 기록된 바에 따르면 고조선의 음식문화는 상당히 높은 수준에 도달해 있었다.

『한서』「지리지」에는 기자가 고조선으로 망명했을 때 그 지역의 농민들은 변(籩)과 두(豆)라는 그릇을 사용하여 음식을 먹었다고 기록되어 있다. 변은 대나무로 만든 그릇이고 두는 나무로 만든 그릇이다. 앞에서 말한 바 있지만 기자는 서주 초기인 서기전 1100년 무렵에 서주로부터 고조선의 서부 변경으로 망명한 인물이다. 따라서 위의 내용은 고조선 농민들의 음식 생활을 말해주는 것이다. 고조선 농민들은 음식을 먹는 데 이미 대나무나 나무로 만든 그릇을 사용하고 있었던 것이다.

물론 질그릇도 사용했다. 질그릇은 고조선이 건국되기 훨씬 전인 신석기시대부터 고조선시대를 거쳐 그 후까지 줄곧 사용되었음이 고고학적 발굴에 의해 확인된다. 『한서』「지리지」에 고조선의 농민들이 대나무와 나무로 만든 그릇을 사용했다고 기록한 것은 그것이 중국인들에게 특이하게 보였기 때문이다. 당시에 중국인들은 일반적으로 질그릇을 사용했을 것이다. 고조선 사람들이 대나무나 나무로 만든 그릇을 사용했다는 것은 매우 위생적인 생활을 했음을 말해준다.

『후한서』「동이열전」의 〈부여전〉과 〈예전〉에는 부여 사람들은 조(俎)와 두라는 그릇을 사용했고 예 사람들은 변과 두라는 그릇을 사용하여 먹고 마셨다는 기록이 있다. 이 기록은 고조선이 붕괴한 후의 상황을 말한 것인데 이들은 원래 고조선의 거수국이었으므로 그런 풍속은 고조선으로부터 이어졌던 것이다.

고조선 사람들은 음식을 먹는 데 숟가락을 사용했다. 함경북도 서포항 유적의 고조선 문화층에서 청동으로 만든 숟가락 2점, 범의구석 유적의 고조선 문화층에서 뼈로 만든 숟가락 2점, 초도의 고조선 문화층에서 뼈로 만든 숟가락 1점 등이 출토되어 그러한 사실을 알게 해주었다.

위의 유적들에서 출토된 숟가락 모양은 타원형에 자루가 있는 것으로 오늘날의 찻숟가락을 확대한 것같이 매우 예쁘게 디자인되어 있다. 초도 유적에서 출토된 뼈숟가락의 손잡이 부분은 아름답게 조각되어 있다. 고조선 사람들은 생활용품 하나하나도 아름답게 만들기 위해 정성을 들였던 것이다.

아마도 고조선에서는 청동이나 뼈보다는 대나무 또는 나무를 이용한 숟가락이 더 많이 보급되어 있었겠지만 썩어 없어져 유물로 남아 있지 않을 것이다. 지구상에는 아직도 음식을 숟가락을 사용하지 않고 직접 손가락으로 먹는 사람들이 많다. 이런 점을 생각해볼 때 고조선 사람들은 매우 일찍이 위생적인 음식문화를 이룩했음을 알 수 있다.

고조선 사람들의 주식은 벼, 보리, 조, 기장, 콩, 팥, 수수, 피 등의 곡물을 이용하여 만든 음식이었을 것이다. 고조선시대에 이런 곡물이 재배된 것은 지탑리 유적, 범의구석 유적, 오동 유적, 석탄리 유적, 남경 유적, 오산리 유적, 일산 유적 등에서 확인되었다.

고조선 사람들은 자연산의 식료도 이용했을 것이다. 한반도와 만주의 산과 들에 흔한 개암, 도토리, 밤, 잣, 호두 등의 열매와 고사리, 미나리, 쑥, 참나물, 도라지, 더덕, 달래 같은 자연산 나물, 물고기, 대합, 굴, 미역, 김, 다시마 등 바다에서 나는 것은 중요한 부식물로 이용되었을 것이다.

고조선의 여러 유적에서는 멧돼지, 등줄쥐, 집쥐, 비단털쥐, 승냥이, 여우, 너구리, 곰, 큰곰, 검은곰, 산달, 수달, 족제비, 오소리, 시라소니, 삵, 범, 표범, 물개, 바다말, 수염고래, 바다사자, 넝이, 사향노루, 노루, 복작노루, 사슴, 말사슴, 산양 등의 멧짐승 뼈가 출토되었다. 개, 돼지, 소, 말, 양, 닭 등의 집짐승 뼈도 출토되었다. 사냥이나 목축을 통해 얻은 이런 동물들의 고기도 식료로 이용되었을 것이다.

고조선 사람들은 곡물을 낟알 자체로 음식을 만들어 먹기도 했지만 가루로 가공하여 음식을 만들기도 했다. 범의구석 유적 고조선 문화층 집자리 중앙에는 기장 가루가 두껍게 쌓여 있는 것이 발견되었다. 15호, 20호, 35호 집자리의 엎어진 독 주위에도 기장 가루가 두껍게 쌓여 있었는데, 아마도 독이 쓰러지면서 내용물이 흩어진 것으로 보인다.

고조선 사람들의 음식은 익히거나 끓인 것이 주류를 이루었겠지만 쪄서 먹기도 했다. 초도 유적과 범의구석 유적 등에서 출토된 질시루나 정백동 유적 8호 무덤에서 출토된 청동시루 등은 이런 사실을 알게 해준다. 고조선 사람들은 시루가 보급됨으로써 곡물을 찐 후 그것을 쳐서 떡을 만들기도 했고 곡물 가루를 쪄서 증편 같은 것을 만들기도 했을 것이다.

지금까지 고찰한 바와 같이 고조선 사람들은 여러 가지 식료를 이용하여 다양한 음식을 만들어 먹었을 뿐만 아니라 음식을 먹는데 대나무나 나무로 만든 그릇과 숟가락을 이용함으로써 매우 위생적이고 수준 높은 문화 생활을 했음을 알 수 있다.

고조선 사람들의 음식문화는 어떠했을까

식생활에서 빼놓을 수 없는 것은 어떤 조미료를 사용했을까 하는 점이다. 그들이 사용했던 가장 기본이 되는 조미료는 소금이었을 것이다. 그런데 고조선 사람들이 소금을 사용했는지의 여부를 말해주는 직접적인 기록은 없다. 그러나 고조선 주변에 대한 기록을 통해 어느 정도 이를 추측할 수 있다.

『사기』「화식열전」에는 연나라에 관한 기록이 있는데 다음과 같은 내용이 있다. 연나라에서는 소금, 물고기, 대추, 밤 등이 풍부하게 생산되었는데 연나라는 고조선과 무역을 하여 큰 이익을 보았다는 것이다. 그리고 『관자』「지수(地數)」편에는 연나라에서 생산되는 소금은 바닷물을 끓여서 만든 것인데 중국인들이 매우 귀하게 여겼던 물품이라는 기록이 있다.

연나라는 중국의 가장 동북부에 위치하여 고조선과 국경을 접하고 있었다. 그리고 고조선과 많은 교역을 했다. 연나라와 고조선 사이에 교역이 활발했음은 문헌 기록과 고고학 자료를 통해 확인된다. 이 점에 대해서는 앞에서 고조선의 상업을 말하면서 이미 설명했다. 고조선과 연나라 사이에 무역이 활발했고 연나라에서는 소금이 많이 생산되고 있었으므로 소금에 대한 지식을 고조선에서도 알고 있었을 것이다.

『후한서』「동이열전」〈동옥저전〉에는 고구려가 동옥저를 병합한 후에 그곳에서 조세로서 담비 가죽, 물고기, 소금, 해산물 등을 징수했다는 기록이 있다. 동옥저에서 소금이 생산되었던 것이다. 이 기록은 고조선이 붕괴된 후의 상황을 전하는 것이지만 옥저는 원래 고조선의 거수국이었으므로 동옥저의 소금 생산 기술은 고조선시대부터 이어져 내려온 것으로 보아도 무방할 것이다.

고조선 사람들은 소금을 사용하여 음식의 간을 맞출 수 있었을 것이다. 소금을 사용한 음식은 소화를 도와 고조선 사람들이 건강을 유지하는 데도 크게 도움이 되었을 것이다. 그리고 쉽게 상할 수 있는 고기나 채소를 소금에 절여 오랫동안 보존하여 그것들이 생산되지 않는 시기에도 식품으로 사용하는 것이 가능하게 되었을 것이다. 물고기를 이용하여 젓갈을 만드는 방법도 개발되었을 것으로 생각된다.

고조선에서는 술도 생산되었을 것이다. 범의구석 유적, 오동 유적, 쌍타자 유적, 장군산 유적 등을 비롯한 고조선시대의 여러 유적에서는 잔이 출토되었다. 이런 잔은 술을 마시는 데 사용되었을 것이므로 이로써 고조선 사람들이 술을 마셨음을 알 수 있다.

『후한서』「동이열전」〈부여전〉에는 부여 사람들의 술 마시는 풍속에 대한 기록이 있는데, 부여 사람들은 여러 사람이 모여 회합을 할 때에는 술잔을 올리고 잔을 씻는 예법이 있다고 전하고 있다. 이것은 오늘날 술잔을 서로 권하는 우리의 음주 풍속과 같은 것이었을 것으로 생각된다.

그리고 부여에는 영고(迎鼓), 고구려에는 동맹(東盟), 예에는 무천(舞天), 한에는 5월제와 10월제 등 하늘에 제사 지내는 풍속이 있었는데 이때에는 나라 안의 남녀노소 모든 사람이 밤낮없이 음식을 먹고 술 마시며 노래 부르고 춤을 추었다고 한다. 이와 같이 고조선의 후계세력이었던 이들 나라의 사람들은 술을 즐겨 마셨다. 이로 보아 고조선에도 이미 상당히 발달한 음주문화가 있었을 것으로 생각된다.

국가적인 축제에는 남녀노소 모든 사람이 상하 차별 없이 음식과 술을 마셨던 것으로 보아 음주문화는 특정 계층만이 아니라 신분을 초월하여 모든 사람이 즐겼던 것 같다.

고조선에 술이 있었다면 당연히 식초도 있었을 것이다. 술은 일정 기간이 지나면 자연히 식초로 변하기 때문에 고조선 사람들은 술을 보관하는 과정에서 식초를 발명했을 것이다. 식초는 음식을 변하지 않도록 하는 데 사용되었을 것이고 소금과 더불어 음식의 맛을 내는 중요한 조미료로도 사용되었을 것이다.

고조선 사람들은 매우 다양한 음식을 개발했을 것으로 생각된다. 그러한 사실은 고조선시대의 유적에서 출토된 음식 그릇들을 통해 추정이 가능하다. 고조선시대의 유적에서 출토된 그릇들을 크게 나누면 조리용, 음식용, 저장용 등으로 나누어진다. 그 가운데 음식 그릇을 보면 뚝배기, 보시기, 바리, 접시, 굽접시, 굽바리, 굽보시기 등 종류가 다양하다. 음식 그릇이 다양한 것은 그만큼 음식 종류가 많았다는 것을 말해준다.

바리는 밥을 담는 데 사용되었을 것이고 보시기는 밑반찬을 담는 데 사용되었을 것이며 접시는 고기류의 부식물을 담는 데 사용되었을 것이다. 그동안의 발굴 자료를 보면 고조선의 유적에서 단지류와 여러 가지 항아리가 이전 시대보다 크게 늘어났다. 이것은 그러한 그릇에 담아야 할 음식물인 기름이나 젓갈류가 늘어났음을 의미한다.

이상과 같이 고조선에서는 소금이나 식초를 이용하여 음식 간을 맞추어 조리하는 것이 가능했다. 이런 음식은 맛도 좋았고 소화 기능을 도움으로써 건강에도 도움이 되었을 것이다. 그리고 다양한 종류의 먹거리와 술은 음식문화를 한층 풍요롭게 만들었을 것이다.

고조선 사람들은 어떤 집에서 살았을까

고조선의 건축은 이전에 비해 크게 발전했다. 고조선의 건물은 대개 반지하였다. 평면은 직사각형 형태가 많았다. 직사각형 움의 긴 변과 짧은 변의 비율은 대개 1 : 1.4의 황금 비율을 이루고 있었다. 고조선인들은 지붕을 짚이나 풀 같은 것으로 이었는데 그 위에 두껍게 진흙을 바른 것도 있었다.

고조선의 집은 맞배지붕, 사각지붕, 우진각지붕 등의 지붕에 벽체, 기둥, 도리, 들보, 대공, 용마루, 주춧돌 등 여러 가지 건축 요소를 지닌 견고한 힘받이 구조의 건물로서 집 주위는 흙이나 돌을 쌓아 담장을 설치하기도 했다. 이런 건축 요소는 우리 민족의 전통 건축의 기본 요소를 이룬 것들로서 고조선시대에 이미 그 기본 요소가 형성되었던 것이다.

고조선 사람들은 집의 내부 구조에도 상당히 관심을 기울였다. 난방 시설부터 살펴보자. 고대인들은 난방을 위해 집 안에 화덕을 설치했는데 고조선 사람들은 화덕의 열량을 높이기 위한 여러 가지 시설을 했다.

그들은 집의 면적이 넓어지자 가장 손쉬운 방법으로 넓은 방에는 2개의 화덕을 설치했다. 그리고 화덕의 열을 오랫동안 보존하기 위해 화덕의 바닥과 주변에 자갈을 깔고 그것들을 달구어서 열을 보존하는 방법을 채택했다. 그리고 고조선 말기인 2세기 무렵에는 온돌을 발명했다.

지금까지 초기 온돌이 확인된 유적은 자강도 시중군 노남리 유적과 중강군 토성리 유적, 평안북도 영변군 세죽리 유적, 평안남도 북창군 대평리 유적 제2지점 등이다. 토성리 유적에서는 5개의 온돌 시설이 확인되었다. 그 구조는 얄팍한 판돌을 돌상자무덤을 만들듯이 잇대어 세우고 그 위를 다른 판돌로 덮은 고래가 좁고 긴 형식의 것이었다. 고래는 안의 너비가 15~30센티미터, 높이는 15~20센티미터 정도였다. 고래 형식은 똑바로 된 곧은식과 중간에 방향이 바뀐 꺾임식 두 종류가 있었다.

이러한 온돌은 고래가 하나로 되어 있는 외고래 온돌이었다. 그런데 대평리유적 제2지점 2호와 3호 집자리에서는 고래가 두 줄인 온돌이 발견되었다. 이 집들은 움집이 아니라 지상식 건물이었는데 온돌의 고래는 꺾임식으로 두 줄로 되어 있었다. 그리고 고래의 너비가 매우 넓었다. 이렇게 고래가 두 줄이면서 면적이 넓은 것은 온돌 만드는 기술이 한층 발전했음을 의미한다. 지금까지 발견된 초기의 온돌은 서기전 2세기 무렵의 것이지만 온돌이 발명된 시기는 이보다 훨씬 오래되었을 것이다.

고조선 사람들은 땅에서 올라오는 습기를 차단하기 위해 여러 가지 시설을 했다. 고조선 사람들은 집을 짓기 전에 그곳을 단단하게 다졌다. 그리고 불로 달구었다. 바닥을 진흙이나 진흙에 굴껍질을 섞어 다지기도 했다. 그 위에는 삿자리나 멍석 또는 판자를 깔았다.

이런 시설은 방바닥에 국한된 것이 아니었다. 벽에다 널판자를 둘러친 집도 있었고 천장과 벽체에 자작나무 껍질을 바른 집도 있었다. 그리고 어떤 집은 바닥에 널판자를 깔고 그 위에 삿자리를 깔았으며 벽체에는 널판자를 붙이고 그 위에 자작나무 껍질을 도배종이처럼 붙여 내부를 치장했다. 이런 고고학 자료들을 통해 고조선의 농민 가운데는 집 안을 상당히 잘 꾸미고 문화적인 생활을 한 사람들도 있었음을 알 수 있다.

고조선의 집자리에서는 칸막이 시설을 한 것도 발견되었는데 이것은 주택의 혁명적 변화라 할 수 있다. 고조선 사람들은 집 안에 벽장 또는 저장움을 만들거나 큰 독을 두고 곡물을 저장했다.

본체 건물 밖에 독립된 창고 건물이 있었음도 유적에서 확인된다. 이런 자료들로 보아 고조선 사람들은 집 안팎에 곡물을 저장하는 장치를 마련하고 안정된 생활을 했음을 알 수 있다.

지금까지 살펴본 고조선 집의 내부 구조는 일반 마을 농민들의 살림집에 해당한다. 고조선의 지배 귀족은 이보다 훨씬 규모도 크고 시설도 좋은 집에서 살았을 것이다. 그러나 아직까지 고조선의 지배 귀족이 살았던 도읍이나 국읍이 어디였는지를 확인하지 못한 상태여서 지배 귀족의 건물 규모나 그 내부 시설 등을 알 수가 없다.

그런데 『후한서』「동이열전」〈부여전〉에는 부여에서는 둥근 목책으로 성을 만드는데 궁실과 창고, 감옥이 있었다고 적혀 있다. 이 기록에서 말하는 궁궐이나 창고, 감옥은 지하나 반지하의 움집은 아니었을 것이다. 아마도 지상 건축물로서 규모도 컸을 것이다. 이것은 고조선이 붕괴한 후 부여의 상황을 말한 것이지만 부여는 원래 고조선의 거수국이었으므로 부여에 이런 건축물이 있었다면 바로 전 시대인 고조선에도 이와 유사한 건축물이 있었다고 보아야 할 것이다.

아직까지 우리 학계는 고조선의 도읍이나 그 거수국들의 국읍 위치를 정확하게 찾아내지 못한 실정이다. 그리고 그러한 곳으로 추정되는 곳이 발굴된 예도 없다. 그러므로 궁궐을 비롯한 지배 귀족의 집에 대해서는 자세하게 알 수가 없다. 그러나 고조선시대에 해당하는 서기전 3~2세기 무렵의 유적으로 추정되는 요령성의 목양성(牧羊城) 유적, 윤가촌(尹家村) 유적, 평안북도 단산리 유적 등에서는 여러 가지 아름다운 문양과 문자가 새겨진 기와 조각들이 출토되었다. 이런 점으로 미루어 고조선의 지배 귀족은 여러 종류의 기와와 막새를 사용한 화려하고 웅장한 건물에서 살았을 것으로 추정된다. 이 문제는 앞으로의 연구 과제로 남는다.

고조선에는 어떤 풍속이 있었을까

고조선 사회의 기초는 각지에 산재해 있었던 마을이었다. 그러한 마을들은 씨족으로 형성되어 있었는데 그 기초는 가족공동체였다. 그러므로 고조선 사회의 공동체의식은 가족공동체와 씨족공동체에 대한 의식이 그 기초를 이루고 있었다. 즉 고조선이라는 국가에 대한 의식도 가족공동체에 대한 의식의 연장선에서 이루어졌던 것이다.

예컨대 가족공동체 안에서의 서열은 씨족 안에서의 서열로 연장되고 그것은 다시 국가 안에서의 씨족 간의 신분으로 확장되었던 것이다. 가족공동체를 보호해야 한다는 의식은 씨족을 보호해야 한다는 의식으로 연장되고 궁극적으로는 국가에 대한 충성으로 나타났던 것이다. 그러므로 가족 안에서 상하 질서를 규정짓는 효도는 국가에서의 신분 질서를 규정짓는 충성으로 확대되었던 것이다.

고조선 사회의 맨 밑바닥을 이루는 조직은 가족공동체였기 때문에 고조선 사회가 잘 유지되기 위해서는 우선 가족공동체가 잘 유지되어야 했다. 그러기 위해서는 부부 관계, 부모와 자녀 관계가 견고해야 했다. 따라서 이런 관계를 견고하게 하기 위한 내용이 당시의 사회윤리나 법의 기초가 되어 있었다. 『한서』「지리지」에는 기자가 고조선 지역으로 망명했을 당시의 고조선 풍속에 관한 내용이 실려 있는데 고조선의 부인들은 행실이 단정하고 신의가 있으며 음탕하지 않다고 기록되어 있다.

고조선에서는 정절을 지키는 것을 매우 중시했는데 그것은 가정과 씨족의 질서를 지키기 위한 것이었다고 생각된다. 이런 의식은 다음 시대에도 그대로 이어졌다. 그러한 사실은 부여의 법에 나타나 있다.

『후한서』「동이열전」〈부여전〉에는 부여의 법에 관한 기록이 있는데 부여에서는 남녀가 음란한 짓을 하면 모두 죽이는데 투기하는 여자를 더욱 나쁜 것으로 다스려 죽인 뒤 산 위에다 시체를 버려둔다고 했다. 부여는 원래 고조선의 거수국이었으므로 이런 법은 고조선의 것을 이어받았을 것이다.

고조선이나 부여에서 남녀의 음란한 행위를 혹독하게 처벌한 것은 고조선의 사회 구조를 생각해보면 이해가 된다. 고조선의 마을은 씨족마을이었다. 그러한 사회에서 남녀가 음란한 짓을 했다면 그 대상은 씨족 안의 사람일 수밖에 없다. 다시 말하면 일가나 집안사람들끼리 음란한 짓을 하는 것이다. 그러므로 음란한 짓을 가볍게 다룬다면 씨족의 질서가 완전히 붕괴되고 말 것이다. 고조선 사회 구조의 기초가 유지될 수 없게 되는 것이다.

이런 정서는 오늘날까지 이어져 우리는 부부가 아닌 남녀의 성

관계를 서양 사람들보다 훨씬 엄격하게 금하고 있다. 고대 그리스와 같은 상업사회에서는 고대 도시국가가 출현하는 과정에서 사람들이 도시로 주거지를 옮김에 따라 씨족 조직이 무너졌다. 따라서 남녀의 관계가 씨족 내에서 일어나는 경우가 적었다. 그러므로 어느 정도 융통성이 있었다.

그러나 우리 사회는 고조선 이후에도 오랫동안 씨족마을이 그대로 유지되었다. 따라서 씨족 내에서의 남녀 관계를 용납할 수 없었던 것이다. 이런 전통이 남녀의 성 문제에 대한 우리 민족의 가치관을 형성하고 있는 것이다. 우리 민족이 성범죄를 다른 범죄보다 특별히 나쁜 것으로 생각하는 것은 이와 같이 오랜 역사를 통해 형성된 가치관에서 비롯된 것이다.

『삼국지』「동이전」〈예전〉에는 동예에서는 동성끼리 혼인하지 않았다고 기록되어 있다. 예는 원래 고조선의 거수국이었으므로 동예의 이런 풍속도 고조선의 것을 계승했을 것이다. 동성 간의 혼인을 금한 것은 씨족 질서를 유지하기 위한 목적도 있었을 것이며, 결혼을 통해 다른 씨족과의 유대를 공고히 하여 사회 결속을 다지기 위한 조처이기도 했을 것으로 생각된다.

최치원이 쓴 난랑(鸞郞)이라는 화랑도의 비문에는 고조선에서 사회윤리의 가장 기본이 되는 덕목으로 삼았던 3가지가 기록되어 있다. 첫째는 집 안에 들어와서는 부모에 효도하고 밖에 나가서는 나라에 충성하는 것이며, 둘째는 처신을 하는 데 있어서 일을 억지로 만들어 하지 않고 행동을 하되 말을 앞세우지 아니하고, 셋째는 선한 일을 받들어 행하고 악한 일은 저지르지 않는다는 것이다. 이러한 덕목은 고조선 사회를 유지하는 사회사상의 기초였을 것이다.

위의 덕목 가운데 첫 번째의 것은 유가(儒家), 두 번째의 것은 도가(道家), 세 번째의 것은 불가(佛家)의 사상과 같다. 그래서 이런 사상이 유가, 도가, 불가에서 왔을 것으로 보는 학자들도 있다. 그러나 그렇지 않다.

이런 사상들은 유가나 도가, 불가가 우리나라에 들어오기 전에 우리 민족의 기본 사상으로서 이미 존재하고 있었다. 그런데 나중에 유가와 도가, 불가가 그러한 사상을 가지고 우리나라에 들어오자 그것이 우리 민족의 정서에 맞았기 때문에 쉽게 받아들였던 것이다. 그러므로 위 사상들의 원형은 외래적인 것이 아니다.

고조선에는 통치 수단으로 이미 법이 존재했다. 그 내용 일부가 『한서』「지리지」에 나온다. 사람을 죽이면 사형에 처하고, 상해를 입히면 곡물로써 보상하며, 도적질한 자는 남자는 거두어 가노(家奴)로 삼고 여자는 비(婢)로 삼는데 재물을 바치고 죄를 면하고자 하는 자는 각자가 50만을 내야 한다고 되어 있다. 그리고 설사 죄를 면해 일반 백성이 되었더라도 그것을 오히려 부끄럽게 여겨 혼인의 대상으로 취하지 않았다고 한다. 그래서 고조선에는 도둑이 없어 대문이나 방문을 잠그지 않고 살았다고 한다.

고조선에서 신분 차별은 어떠했을까

세계 각 지역의 고대사회에서는 국가가 출현하기 전에 이미 정치권력이 출현하고 사회신분의 분화가 일어났다. 한반도와 만주에서도 고조선이 건국되기 전인 약 6,000년 전에 그러한 사회가 출현했다. 그러나 그 정치권력이 법으로 뒷받침되지 않았기 때문에 그 사회를 국가 단계의 사회라고 부르지 않는 것이다.

그러므로 고조선이 건국되기 훨씬 이전부터 우리 사회에는 사회신분에 차이가 생겼고 세월이 흐르면서 점차 심해졌다. 그러므로 고조선에 이르러서는 사회신분의 차이가 상당히 심해졌을 것은 당연하다. 이와 같이 사회신분의 분화가 일어나고 그것이 점차 심해지는 현상은 세계의 모든 고대사회에서 볼 수 있는 것이다. 여기서 중요한 것은 사회신분의 분화가 확대되는 것은 보편적인 현상이지만 그 정도와 그에 따른 차별은 지역에 따라 다르다는 것이다.

앞에서 소개한 고조선의 법 가운데 남에게 상해를 입힌 사람은 곡물로 보상하고, 남의 물건을 도적질한 남자나 여자는 그 집의 노비로 삼는데 그것을 면하려면 50만을 내야 한다는 조항이 있었다. 이런 법은 사회질서를 유지하기 위한 것이었겠지만, 두 조항을 비교해볼 때 절도죄에 대한 처벌이 상해죄에 비해 지나치게 가혹하다는 느낌이 든다. 상해죄에 대해서는 치료비 정도의 곡물을 보상하면 되지만 절도죄는 노비가 되어야 한다는 것이다.

이것은 당시에 사유재산 보호를 매우 중요시했음을 알게 해준다. 당시에 많은 재산을 가진 사람은 대부분 단군의 씨족과 각 지역 거수의 씨족인 지배 귀족이었을 것이기 때문에 사유재산 보호는 결국 이들 지배 귀족을 보호하기 위한 것이었을 것이다.

그러면서도 고조선에서는 사회신분에 따른 차별이 다른 지역에 비해 심하지 않았던 것 같다. 이런 현상은 사람들을 널리 이롭게 하고 현세를 낙원으로 만드는 것이 목표였던 '홍익인간'과 '재세이화(在世理化)' 이념이 정치사상과 사회사상에 반영되었기 때문이었던 것으로 생각된다.

고조선에서는 그러한 이념을 실천하기 위해 세금을 많이 거두어들이지 않았다. 『맹자』「고자」편에는 고조선의 세율이 수확의 20분의 1이었던 것으로 기록되어 있다. 맹자가 살았던 전국시대 중국의 세율은 나라에 따라 다소 달랐지만 대략 수확의 10분의 5 정도 되었다. 이런 중국의 세율과 비교해볼 때 고조선의 세율은 매우 낮은 것이었다. 이렇게 낮은 세금을 받으면서도 고조선이 유지될 수 있었던 것은 지배층이 매우 검소한 생활을 했기 때문이라고 맹자는 말하고 있다. 이런 낮은 세율은 토지를 소유한 귀족들에게 이익을 주었을 것이며 고조선의 농민들도 비교적 안정된 생활을 할 수 있도록 만들었을 것이다.

홍익인간과 재세이화의 이념은 일상생활에도 반영되었던 것으로 보인다. 『후한서』「동이열전」과 『삼국지』「동이전」의 기록에 따르면 부여, 고구려, 동예, 한 등에는 영고, 동맹, 무천, 5월제와 10월제라는 거국적으로 하느님에게 제사를 지내는 풍속이 있었다. 이때에는 온 나라 사람들이 크게 모여 남녀 상하 차별 없이 연일 음식을 먹고 술을 마시며 노래와 춤을 즐겼다고 한다.

신분이 다른 사람들이 한자리에서 음식을 먹고 술을 마시며 노래와 춤을 즐긴다는 것은 이웃 나라인 중국에서는 상상도 할 수 없었다. 중국에서는 신분이 다르면 관(冠), 혼(婚), 상(喪), 제(祭)는 물론 일상생활에 이르기까지 차별되는 규정이 있어 이를 지켜야 했다. 공자는 이런 차별된 규범을 예(禮)라 하여 극구 찬양했다.

이런 중국 고대사회와 비교해볼 때 부여, 고구려, 동예, 한 등은 신분에 대한 차별이 적은 나라였다. 그런데 이 나라들은 원래 고조선의 거수국이었다. 신분 차별이 후대로 내려오면서 심해진다는 점에서 볼 때 고조선시대에는 신분에 대한 차별이 훨씬 적었을 것임을 알 수 있다.

고조선 사회가 신분에 대한 차별이 적었음은 다음 기록을 통해서도 확인된다. 『삼국지』 「동이전」 〈한전〉에는 한(韓) 사람들은 옷을 입고 모자를 쓰기를 좋아하는데 하호들도 일이 있어 군(郡)에 갈 때는 모두 옷과 모자를 빌려서 착용한다고 기록되어 있다.

하호는 우리나라의 고대사회에서 노비를 제외하고는 가장 낮은 신분으로, 귀족에게 종속되어 농사짓던 종속농민이었다. 그런데 이들이 군에 일이 있어 갈 때는 옷과 모자를 빌려 착용하고 갔다는 것이다. 이들이 빌려 입은 옷은 이들보다 신분이 높은 사람들의 것이었을 것이다. 하호보다 신분이 높은 사람들이 착용하는 옷과 모자를 하호가 빌려 착용할 수 있었다면 이것은 신분에 대한 차별이 매우 적었음을 알게 해준다. 앞에서 말한 바와 같이 중국에서는 이런 일은 상상도 할 수 없었다.

이것은 고조선이 붕괴한 후 한(韓)의 풍속을 말한 것이지만 한은 원래 고조선의 거수국이었으므로 고조선에서는 이보다 훨씬 차별이 적었을 것이다. 고대사회가 발전하는 과정에서 고조선시대에는 신분의 분화가 심해졌겠지만 가능하면 신분에 따른 차별을 하지 않으려는 노력이 사회 전반에 깔려 있었던 것으로 보인다. 이것은 아마도 '홍익인간'과 '재세이화'의 이념이 사회사상으로 작용하고 있었기 때문일 것으로 생각된다.

고조선 사람들은 어떤 종교를 믿었나

고조선 종교의 명칭은 무엇이었을까

세계 어느 지역에서나 고대사회에서는 종교가 정치 위에 있어서 그 사회를 지배했다. 이런 상황은 우리의 고대사회에서도 마찬가지였다.

따라서 고조선의 사회나 문화를 바르게 인식하기 위해서는 당시의 종교에 대한 깊이 있는 인식이 필요하다. 고조선의 종교를 말하기 위해서는 고조선 종교의 명칭을 먼저 밝혀야 할 것이다. 그동안 일부 학자들은 우리의 고대 종교를 신교(神敎), 신선교(神仙敎), 산신교(山神敎) 등으로 불러왔으나 그러한 명칭은 학술적 연구 결과로 얻은 것이 아니었다.

고조선 종교의 명칭에 대해 시사해주는 기록은 『삼국사기』에 실려 있다. 『삼국사기』 「신라본기」 〈진흥왕〉조에는 최치원이 쓴 난랑의 비 서문이 실려 있다. 그 내용을 보면, "신라에는 현묘한 도(道)가 있어 이를 풍류(風流)라고 불렀는데 그 교(敎)가 세워진 기원에 대해서는 『선사(仙史)』에 자세하게 실려 있다."고 했다. 풍류는 화랑도를 말하고 『선사』는 선(仙)의 역사책을 말한다. 풍류는 도(道) 또는 교(敎)라고 불렀는데 그 기원이 선의 역사책에 자세하게 기록되어 있다는 것이다. 이로써 화랑도의 기원은 선교(仙敎)였음을 알 수 있다.

『삼국사기』에서는 고조선의 단군을 선인이라 기록하고 있다. 『삼국사기』 「고구려본기」 〈동천왕〉조에는 고구려가 중국 위나라 관구검(毌丘儉)의 침략을 받아 환도성(丸都城)에 다시 도읍을 할 수 없게 되어 평양성으로 도읍을 옮겼는데 평양은 본래 선인왕검이 거주했던 곳이라고 기록되어 있다. 여기서 단군왕검을 선인왕검이라고 부르고 있다. 단군을 선인이라고도 불렀던 것이다.

단군을 선인이라고도 불렀음은 1325년(고려 충숙왕 12년)에 이숙기(李叔琪)라는 사람이 쓴 조연수(趙延壽)의 묘지명 내용에서도 확인된다. 묘지명 내용 가운데 단군왕검을 선인왕검이라 부르고 있다. 그리고 선인왕검이 장수할 수 있었던 것은 선(仙)을 닦았기 때문이라고 말하고 있다.

이런 내용은 고조선의 종교가 선교였으며 그 지도자를 선인이라 불렀음을 알게 해준다. 그리고 고조선의 종교는 선(仙)을 추구했으므로 그 길을 선도(仙道)라고 할 수 있을 것이다.

이런 사실을 뒷받침해주는 기록이 『사기』에도 보인다. 『사기』

「진시황본기」에는 진제국의 시황제가 오늘날 산동성에서 서불[徐市 : 서복(徐福)이라고도 부름]을 중국의 동쪽 바다에 보내어 선인들이 사는 봉래(蓬萊), 방장(方丈), 영주(瀛洲)의 삼신산(三神山)을 찾아가 불사약을 구해 오게 했다는 기록이 있다. 그런데 중국의 산동성으로부터 동쪽 바다를 항해하면 고조선에 도착한다. 따라서 서불이 선인을 찾아간 곳은 고조선 땅이었다.

위의 『사기』「진시황본기」 내용의 주석에 따르면 『괄지지(括地志)』라는 책에 서불이 선인을 만나기 위해 바다로 들어가 찾아간 곳은 단주(亶洲)라 불리는 땅이었다고 기록되어 있다고 한다. 그런데 단주가 어디였는지에 대해서는 아직까지 아무도 말한 바 없다. 필자는 단주는 고조선이었다고 생각한다.

그 이유는 이러하다. 단주는 '단의 땅'이라는 뜻이다. 이것은 단군이 다스리는 땅이라는 뜻으로 해석된다. 고조선의 단군을 『삼국유사』에서는 단군(壇君)이라 표기했고 『제왕운기』에서는 단군(檀君)이라 표기했다. 단 자를 각각 다른 한자(漢字)로 표기했다. 비슷한 시기에 쓰인 두 책에 어떤 이유로 단 자가 각각 다른 한자로 표기되었을까? 그 이유는 단군이라는 명칭이 순수한 우리 고대어였기 때문이다. 그것을 한자로 표기하면서 그 음에 따랐기 때문에 단 자가 각각 다르게 표기된 것이다.

그러므로 단군은 단군(亶君)으로도 표기될 수 있다. 이렇게 보면 단주는 '단군의 땅' 또는 '단군의 나라'라는 뜻이 된다. 진시황의 명을 받은 서불은 선인을 만나기 위해 산동성을 떠나 동쪽으로 고조선을 향해 항해했던 것이다.

서불이 고조선에 도착했음을 알게 해주는 전설이 우리나라에 남아 있다. 경상남도 남해군 금산에는 중국의 고문자로 새긴 마애석각이 있다. 그 내용은 "서불이 일어나 일출에 예를 올렸다[徐市起, 禮日出]."는 것이다.

과거에는 이 마애석각의 내용을 알지 못했다. 그런데 조선시대 말기의 역관이자 서화가였던 오경석(오세창의 아버지)이 그것을 탁본하여 중국에 가지고 가서 중국의 고문자 전공 학자에게 물었다. 중국학자는 그것이 진시황이 문자통일을 하기 전의 중국 문자인 주문(籀文)이라는 사실과 글의 내용까지 일러주었다. 이 사연을 적은 오경석의 친필 설명문이 오늘날 전한다. 제주도 서귀포시에 있는 정방폭포에도 "서불이 이곳을 지나갔다[徐市過此]."라고 새긴 마애석각이 있다.

이런 유적과 전설은 진시황의 명을 받은 서불이 선인을 만나 불사약을 구하기 위해 고조선에 왔음을 알게 해준다. 그리고 선인은 고조선의 종교 지도자들에 대한 칭호였으며 고조선의 종교가 선(仙)을 추구하는 선교였음도 알게 해준다.

고조선에서 신들의 계보는 어떠했을까

고대인들은 인간 만사는 물론 모든 자연현상은 신이 섭리한다고 믿었다. 그리고 모든 자연물이나 동식물에는 영이 있다고 믿어 그들을 신으로 받들었다. 사람에게도 영이 있다고 믿었으므로 죽으면 신이 된다고 생각했다.

고조선이 건국되기 훨씬 전 마을사회시대에 각 마을은 저마다 수호신을 가지고 있었다. 산기슭의 마을 사람들은 산을 수호신으로 받들었고 강가의 마을 사람들은 강을 수호신으로 받들기도 했다. 하늘이나 호랑이, 곰 등을 수호신으로 받들기도 했다.

마을사회가 발전하여 고을나라(마을연맹체)가 형성되면서 연맹을 맺은 여러 마을의 수호신들도 연맹체를 형성하게 되었는데 추장 출신 마을의 수호신이 최고신이 되어 그 고을나라의 수호신이 되었다. 그 후 고을나라들이 통합되어 국가를 이루게 될 때에도 여러 고을나라의 수호신들이 통합체를 이루게 되었는데 가장 강한 고을나라의 수호신이 그 국가의 최고신이 되었다. 그리고 그 국가의 종교 안에서 신들이 차지하는 위치는 그 신을 받드는 씨족이 그 국가 안에서 차지하는 지위와 동일했다. 이렇게 해서 고대 종교 안에서의 신의 계보가 형성되었다.

이런 고대 종교의 구조는 신화에 함축되어 있는 경우가 많다. 왜냐하면 신화는 고대인들이 체험했거나 생각했던 것을 신들의 이야기로 표현한 것이 많기 때문이다. 예컨대 어느 마을과 마을 또는 어느 고을나라와 고을나라가 전쟁을 했을 때 고대인들은 그것을 인간들의 전쟁으로 표현하지 않고 수호신들이 싸운 것으로 표현한 경우가 많다. 전쟁에서 승리한 것도 수호신이 강했기 때문으로 설명했다. 이렇게 전해오는 것이 신화나 전설인 것이다.

고대사회에서의 신들의 계보 즉 종교 구조는 기록을 통해 확인되기도 한다. 중국의 갑골문에서는 그런 내용을 확인할 수 있다.

갑골문은 중국 상나라의 기록이다. 그 내용을 보면 상나라의 최고 신은 제[帝 : 상제(上帝)라고도 불렸음]였는데 제는 상족의 수호신이었다. 그리고 상제 밑에 하(河), 악(嶽) 등의 자연신이 있었다. 하는 황하(黃河)신, 악은 숭산(嵩山)신이었다.

그런데 하, 악 같은 자연신들은 씨족의 명칭, 지역의 명칭, 중앙에서 관직을 맡았던 사람의 이름으로도 사용되었다. 이것은 씨족의 명칭과 그 수호신의 명칭, 그들이 거주하던 지역의 명칭, 그 씨족 출신 관리의 이름을 동일하게 사용하고 있었음을 알게 해준다. 이런 종교 구조는 고조선에도 대부분 적용된다.

고조선의 종교 구조는 단군사화 내용으로 알 수 있다. 단군사화에는 하느님 환인의 아들 환웅이 지상에 내려와 곰을 여자로 진화시킨 후 그녀와 결혼하여 단군왕검을 낳았는데 단군왕검이 성장하여 고조선을 건국했다. 곰이 여자로 진화될 때 호랑이도 함께 있었는데 호랑이는 사람으로 진화하지 못한 것으로 되어 있다.

단군사화에서 환웅과 곰, 호랑이는 수호신을 의미한다. 환인은 하느님을 받들던 씨족의 수호신이었고 곰과 호랑이도 각각 다른 씨족의 수호신이었다. 그러므로 이 내용은 고조선을 건국하기 전에 이런 씨족들이 서로 연맹을 이루었음을 의미한다. 그리고 그 가운데 하느님을 숭배한 환웅족은 가장 높은 신분을 차지했고 환웅족과 통혼을 한 곰족은 그다음 신분을 차지했으며 호랑이족은 그보다 낮은 신분이 되었음을 말해준다.

그런데 환웅족, 곰족, 호랑이족은 어느 씨족이었을까? 환웅족은 고조선을 건국한 핵심 씨족이었으므로 그 명칭은 조선족이었을 것이다. 고대에 국가의 명칭은 그 나라를 세운 씨족의 명칭을 사용했기 때문이다. 우리나라의 고대사회를 보면 부여국은 부여족이, 고구려국은 고구려족이 건국했고 중국에서도 하(夏)나라는 하족이, 상나라는 상족이, 주나라는 주족이 세웠던 것이다.

곰족은 고구려족이었던 것으로 생각된다. 『후한서』 「동이열전」과 『삼국지』 「동이전」 〈고구려전〉을 보면 고구려에서는 큰 굴을 신으로 섬겼다고 했는데 단군사화에서 굴은 곰이 여자로 진화한 곳이었다. 일본 사람들은 고구려를 고마라고 한다. 일본 사람들은 자신들이 왜 고구려를 고마라고 읽는지 알지 못하면서도 오랜 전통으로 그렇게 읽고 있는 것이다. 고마는 곰을 말할 것이다. 일본어로 곰을 구마라고 하는데 우리말의 곰과 일본어의 구마, 고마 등은 어원이 같을 것이다.

호랑이족은 예(濊)족이었을 것이다. 이런 사실은 『후한서』 「동이열전」과 『삼국지』 「동이전」 〈예전〉 기록을 통해 알 수 있다. 그곳에는 예 사람들은 호랑이를 섬긴다고 분명하게 기록되어 있다.

이상의 사실을 통해 볼 때 고조선의 종교 구조 즉 신들의 계보도 갑골문을 통해 확인된 신들의 계보와 같은 구조를 하고 있었음을 알 수 있다. 고조선의 최고신은 하느님이었고 그 밑에 곰과 호랑이신이 차례로 서열을 형성하고 있었는데 이런 신들의 서열은 바로 그들을 섬겼던 씨족인 조선족, 고구려족, 예족 등이 현실 사회에서 차지하고 있었던 신분 서열과 동일했던 것이다. 고조선의 건국 과정에서 실제로는 이보다 훨씬 많은 씨족이 통합되었겠지만 단군사화가 전승되는 과정에서 대표적인 3개 씨족의 신으로 압축되었을 것이다.

고조선의 단군은 어떤 신을 섬겼을까

고조선의 단군이 어떤 신을 섬겼는지를 살펴보기 전에 참고로 동아시아에서 가장 오래된 기록인 갑골문의 내용을 잠깐 살펴보자. 중국의 갑골문에 따르면 상나라에서는 초기에는 상족의 수호신인 제(帝)와 상족의 조상신, 상나라에 통합되었던 여러 씨족의 수호신 등 모든 신에게 왕의 주재 아래 융숭한 제사가 받들어졌다. 그러나 중앙의 왕권이 강화되면서 제사의식에서 상족 이외의 다른 씨족의 수호신은 점차 제외되었다.

이런 현상은 상나라 왕권이 강화되는 과정을 말해준다. 초기에는 수호신들에 대한 공동 제사라는 의식을 통해 상나라를 구성한 여러 씨족들의 융합을 꾀했다. 그러나 상왕이 통치에 자신을 가지고 그 권력을 전제화하면서 상족의 신들 중심으로 종교의식을 정비했던 것이다. 이런 현상은 고대국가에서 흔히 볼 수 있는 현상으로 고조선에서도 예외는 아니었을 것이다.

이렇게 보면 고조선의 단군은 초기에는 최고신인 하느님과 곰신, 호랑이신 등 여러 씨족의 수호신들을 함께 받들었을 것이다. 이런 종교 조직과 종교의식을 통해 고조선을 구성한 여러 씨족을 융합해나갔을 것이다. 그러나 단군의 통치권이 강화되면서 그러한 형태의 신앙은 점차 퇴색되고 하느님과 단군의 조상신에 대한 신양만으로 정비되었을 것이다.

고조선의 최고신이 하느님이었다는 것은 단군왕검의 아버지 환웅이 하느님 환인의 아들이었다는 단군사화의 내용을 통해 알 수 있지만 단군을 해모수(解慕漱)라고 불렀다는 점에서도 알 수 있다. 『삼국유사』「기이」편 〈고구려〉조에는 고구려를 건국한 고주몽(高朱蒙)은 해모수와 하백(河伯)의 딸 사이에서 태어났다는 설명과 함께 다음과 같은 기록이 있다.

부루(夫婁)는 단군의 아들이고 주몽은 해모수의 아들이라고 한 후 부루와 주몽은 어머니가 다른 형제라고 말하고 있다. 이런 『삼국유사』 기록을 통해 단군과 해모수가 동일인임을 알 수 있다.

주몽은 고구려를 건국한 고주몽을 말하고 부루는 부여왕 해부루를 말한다. 주몽이 고구려의 고주몽이라는 것은 위 기록이 말해 주고 있다. 부루가 부여왕 해부루라는 사실은 다음 기록을 통해 알 수 있다.

『삼국유사』「기이」편 〈북부여〉조에는 "천제(天帝)가 흘승골성(訖升骨城)에 내려와 스스로 해모수라 하고 국호를 북부여라 정했는데 아들을 낳아 부루라 하고 해(解)로써 씨를 삼았다."고 기록되어 있다. 그리고 『제왕운기』에는 "『단군본기(檀君本紀)』에 이르기를 단군은 비서갑(非西岬) 하백의 딸과 결혼하여 아들을 낳아 이름을 부루라 하고 해로써 씨를 삼았다."고 했다. 이런 기록들은 부여 해부루왕과 고구려의 고주몽왕이 단군의 후손이었음을 말해준다.

여기서 문제로 등장하는 것은 단군은 해모수로도 불렸는데 단군과 해모수는 어떤 뜻인가 하는 점이다. 단군은 몽골어에서 하늘을 뜻하는 텡그리(Tengri)와 같은 뜻으로 하느님 또는 하느님을 섬기는 사람을 뜻한다. 그리고 해모수는 우리말의 해머슴애가 한자화된 것으로 해의 아들이라는 뜻이다. 고조선 사람들에게 단군은 해의 아들로서 하느님의 지상 대리자로 인식되었던 것이다.

단군이 해의 아들로 인식되었다는 것은 고조선 사람들이 받들던 최고신은 하느님이었는데 그것은 해로서 상징되었다는 것을 알 수 있게 해준다. 이렇게 보면 단군사화에 하느님의 이름을 환인이라 부른 것도 설명이 된다. 해는 밝은 빛을 발하고 있고 하나밖에 없는 유일무이한 것이다. 그러므로 환인이라는 이름은 환한 님이라는 뜻의 '환님'과 오직 하나뿐인 님이라는 뜻의 '한님'이 복합되어 있는 우리말인데 그것이 한자로 표기되면서 환인(桓因)이 되었을 것이다.

그래서 우리 민족은 예부터 자신들은 하느님의 후손이라고 믿었다. 즉 '천손족(天孫族)'이라고 믿었던 것이다. 고조선이 붕괴된 후 그 후계 세력이었던 부여, 고구려, 동예, 한 등의 나라에 하느님에 대한 거국적인 제사의식인 영고, 동맹, 무천, 5월제와 10월제 등의 행사가 있었던 것은 고조선의 하느님 숭배가 이 시기에는 이미 우리 민족 전체에 깊이 뿌리내려져 있었음을 알게 해주는 것이다.

그런데 과거에 일부 학자들은 고조선의 국신은 곰이었다고 주장했다. 하느님은 세계 여러 지역에서 받들어진 보편적인 신이기 때문에 고조선의 국신이 될 수 없다는 것이다. 다른 나라나 민족이 하느님을 숭배했다고 해서 하느님은 고조선의 국신이 될 수 없다는 논리는 성립될 수 없는 것이다.

고조선의 국신이 하느님이 아니라 곰이었다고 말한 것은 일본인들의 영향을 받은 것이다. 일본인들이 자신들은 하느님의 후손으로서 '천손족'인 반면 조선인들은 곰의 후손이라고 비하하기 위해 퍼뜨린 논리였던 것이다.

여기서 알아야 할 것은 오늘날 일본인들이 자신들을 '천손족'이라고 부르는 것은 우리나라로부터 건너간 사상이라는 점이다. 고대에 우리나라에서 일본 열도로 건너간 이주민들이 나라를 세우고 지배층이 되어 자신들은 '천손족'이라고 했던 것이다. 그들은 우리 민족이었기 때문에 우리와 같은 생각을 가지고 있었던 것이다. 이런 사상이 일본에 전승되어 오늘날 일본 사상으로 자리를 잡게 된 것이다.

고조선의 종교 풍속에는 어떤 것이 있었을까

고조선 종교 풍속에는 고조선 사람들의 가치관이 들어 있다. 그것은 우리 민족 가치관의 원형이 되기 때문에 중요한 의미를 갖는다.

『후한서』「동이열전」과 『삼국지』「동이전」〈한전〉에는 다음과 같은 기록이 있다. 한(삼한)나라의 여러 거수국에는 하느님에 대한 제사를 주관하는 사람이 한 사람씩 있었는데 이 사람을 천군이라 불렀다는 것이다. 그리고 소도라는 종교 성지가 있었는데 그곳의 큰 나무에 북과 방울을 걸어놓고 신을 섬겼으며 죄인이라도 그 안으로 도망하면 잡지 못했다는 것이다.

이것은 고조선이 붕괴된 후의 한나라 상황을 전하는 것이지만 한나라는 고조선의 거수국이었으므로 이런 풍속은 고조선의 것을 계승했을 것이다. 그러므로 고조선에서도 중앙의 단군을 정점으로 하여 각지에는 천군이 있었을 것이다. 그리고 각지에는 소도와 같은 종교 성지가 있어서 일반인들은 그곳에서 안녕과 행복을 빌었을 것이다.

하느님은 고조선의 최고신이었으므로 전국적으로 하느님을 경배하는 축제도 있었을 것이다. 『후한서』 「동이열전」과 『삼국지』 「동이전」을 보면 부여에서는 12월에, 고구려와 동예에서는 10월에, 한에서는 5월과 10월에 하느님에게 거국적으로 제사를 지내는 풍속이 있었는데 이를 부여에서는 영고, 고구려에서는 동맹, 동예에서는 무천이라고 불렀다고 한다. 이런 제천의식 때에는 온 나라 사람들이 크게 모여 연일 음식을 먹고 술을 마시며 노래와 춤을 즐겼다고 한다.

이것은 고조선이 붕괴한 후의 여러 나라의 상황을 전하는 것이지만 이런 풍속은 고조선부터 이어졌을 것이다. 단군사화에 잘 나타나 있듯이 고조선의 최고신은 하느님이었으므로 하느님을 경배하는 거국적인 의식이 있었을 것은 당연하다.

고조선에서는 사람은 죽은 후에 영혼이 존재한다고 믿어 조상신을 숭배했다. 그렇기 때문에 동일한 마을에 거주한 씨족은 죽어서도 같은 곳에서 함께 살아야 한다는 생각에서 공동묘지를 만들었다. 그리고 경제적 여유가 없는 서민들은 어쩔 수 없이 일반 움무덤으로 자위할 수밖에 없었지만, 경제 여건이 허락되는 지배 귀족들은 돌무지무덤, 돌상자무덤, 돌널무덤, 고인돌무덤 등과 같은 큰 무덤을 만들게 되었다.

최근에 경상남도 창원군 동면 덕천리 유적에서는 20여 자리의 고인돌무덤이 발굴되었는데 그 가운데 규모가 가장 큰 1호 고인돌무덤에서는 주변 500여 평에 직사각형으로 석축을 쌓아 구역을 만든 것이 확인되었다. 이것은 무덤에 묻힌 사람의 후손들이 의식을 행하던 장소였을 것이다. 이 정도 넓은 구역이라면 상당히 많은 사람들이 참여했을 것으로 보인다. 이런 시설은 무덤을 만든 후에 정기적이거나 부정기적으로 그곳에서 조상에 대한 의식이 행해졌음을 알게 해준다.

고조선 사람들은 신이 인간 만사를 주관하고 있다고 믿었으므로 신의 뜻을 파악하기 위해 점을 쳤다. 범의구석 유적, 부원동 유적, 양두와 유적, 남산근 유적 등에서 출토된 점뼈는 그러한 사실을 알게 해준다. 동물의 뼈에 오목하게 구멍을 파고 그곳을 불로 지져서 생기는 금을 보고 길흉을 판단했던 것이다.

『후한서』「동이열전」〈부여전〉에는 부여에서는 군사적인 일이 있을 때에도 하느님에게 제사를 지내고 소를 죽여서 그 발굽을 가지고 길흉을 점쳤다는 기록이 있다. 이것은 고조선이 붕괴한 후의 부여 풍속을 말한 것이지만 이런 풍속은 고조선에서 동물의 뼈로 점을 쳤던 것과 연관이 있을 것이다.

고조선에는 신내림으로 점을 치는 단골도 있었을 것이다. 단골은 영감으로 신의 뜻을 예언할 뿐만 아니라 불행과 실패를 미리 막기 위한 마법 행위도 했을 것이다. 범의구석 유적의 고조선 문화층에서 출토된 흙으로 만든 돼지 조각품에는 송곳으로 찌른 듯한 크고 작은 구멍들이 있었는데 전문가들은 이것이 나쁜 신을 쫓아내기 위한 마법 행위를 한 흔적일 것으로 보고 있다.

그동안 출토된 유물을 보면 고조선과 중국은 신에 대한 종교의식에 상당한 차이가 있었던 것 같다. 고조선의 청동기는 청동검, 청동거울, 청동방울, 치렛거리 등이 주류를 이룬 반면에 중국 하, 상, 서주의 청동기는 무기를 제외하면 음식 그릇, 술통, 술잔 등이 대부분이다. 이런 차이는 신을 섬기는 종교의식이 달랐기 때문에 생겨났을 것이다.

고조선에서는 청동검, 청동거울, 청동방울 등을 손에 들고 몸을 치렛거리로 장식하고 노래와 춤으로 신을 기쁘게 하려고 노력했으며 중국인들은 음식과 술로 신을 대접하여 신의 환심을 사려고 했던 것이다. 고조선 사람들의 그러한 종교의식의 일부를 현존하는 무속에서 엿볼 수 있다.

오늘날 우리 사회에 전해오는 제사의식은 일종의 종교의식인데 음식과 술로써 조상신을 접대하고 있다. 이것은 유교의 가르침이 우리 사회의 지도 이념이 되면서 중국의 제사의식이 우리의 생활 속에 자리한 것이다. 원래 우리의 제사의식은 이와는 상당한 차이가 있었을 것으로 생각된다.

고조선의 종교가 추구한 것은 무엇이었을까

고대사회에서는 종교가 가장 위에 있으면서 그 사회를 지배했기 때문에 종교사상은 바로 그 사회의 도덕, 윤리, 예의, 제도, 법 등의 기본이 되는 가치관을 형성했다. 그러므로 고대사회에서 종교사상은 그 사회의 종합문화라고도 말할 수 있다.

그렇기 때문에 고조선의 종교가 무엇이었는지를 확인하는 것은 중요한 의미가 있다. 고조선의 종교사상은 단군사화에 잘 나타나 있다. 단군사화는 우리 민족이 체험했던 것을 전하는 것인데 그 내용에 등장하는 사건을 이해하고 표현하는 방법이나 그것을 전하는 방법에는 우리 민족의 가치관이 들어 있는 것이다.

첫째, 고조선의 종교사상은 지극히 인본주의적이다. 우리는 흔히 우리 민족의 핵심 사상은 '홍익인간' 이념이라고 말한다. 이것은 단군사화에 보이는 것이다. 단군사화에 따르면 하느님 환인의 아들인 환웅이 지상에 내려온 것은 인간을 널리 이롭게 하기 위해서였다. 신이 인간들로부터 경배받거나 인간 위에 군림하여 지배한 것이 아니라 인간세계를 이롭게 하기 위해 지상에 내려왔다는 것이다. 지극히 인간 중심적이며 인간을 주체로 인식한 사상임을 알 수 있다. '사람이 역사와 사회의 주체'라는 것이 고조선 종교사상의 기본 이념이었던 것이다.

둘째, 사람들은 물론 신까지도 사람들과 더불어 행복을 누리는 공영의 사회를 목표로 하고 있었다. 환웅은 지상에 내려온 후 인간 세상에 있으면서 그곳을 합리적인 사회로 진화시켰다. 하늘에서 내려온 환웅은 인간들과 다른 차원의 세계에서 살았던 것이 아니라 인간들과 함께 세속에 살면서 그 사회를 더 이상적인 사회로 진화시켰던 것이다. 신까지도 인간과 함께 공영(共榮)을 누리는 사회를 만들기 위해 적극적으로 참여했던 것이다.

고조선에서는 수확의 20분의 1이라는 매우 낮은 세금을 거두었고 신분 차별도 적었다고 앞에서 말했는데, 이것은 홍익인간 이념과 재세이화 정신이 정치사상과 사회사상에 반영되었기 때문이었을 것이다.

셋째, 현실 세계를 낙원으로 만드는 것이 목표였다. 고조선 사람들은 죽어서 천국이나 극락에 들어가는 것보다는 현재 살고 있는 세상을 바로 천국이나 극락 같은 낙원으로 만드는 것을 목표로 하고 있었다.

환웅은 인간 세상을 욕심내어 지상에 내려와 그곳을 합리적인 세상으로 만들었다. 환웅은 지상에 내려와 곡식, 인명, 질병, 형벌, 선악 등과 인간의 360여 가지 일을 모두 주관하면서 인간 세상을 발전시켰다. 고조선인들이 본 인간 세상은 하느님의 아들인 환웅도 탐내어 함께 살고자 했던 곳이며 그곳은 합리적인 세상으로 만들 가치가 있는 곳이었다. 현실 세계를 신과 함께 낙원으로 꾸미는 것이 고조선 사람들의 희망이었던 것이다.

넷째, 고조선 사람들은 모든 것을 화합과 조화로 보려 했다. 하느님의 아들 환웅이 지상에 내려와 지상에 있던 곰, 호랑이 등을 폭력으로 지배한 것이 아니라 곰을 여자로 진화시켜 결혼하여 단군을 낳았다. 이것은 천상신과 지상신의 화합을 의미한다.

그리스 신화를 보면 하늘에서 내려온 제우스는 땅의 어머니신인 가이아를 살해하고 지상을 지배했다. 고대 바빌로니아 신화에서도 마르두크(Marduk)라는 남성신이 오랫동안 인간 세상을 지배해오던 티아마트(Tiamat)라는 여성신을 죽이고 그녀의 몸을 나누어 천지를 창조했다. 서양 신화에서는 새로운 신이 기존의 신을 살해하고 세상을 지배했다. 그러나 단군사화에서는 결혼이라는 화합의 길을 택하고 있다.

다섯째, 고조선 사람들은 모든 것을 서로 보완하는 것으로 인식했다. 환웅과 웅녀의 결혼은 천상신과 지상신이 결합하여 상호 보완하는 것을 상징한다. 그리고 단군사화는 사람의 출현에 대해서도 하늘에서 내려온 환웅과 지상의 동물인 곰이 결합하여 단군이 출생한 것으로 설명함으로써 신에 의한 창조설과 동물로부터의 진화설을 서로 결합하여 보완했음을 알 수 있다.

여섯째, 사물의 구성 요소와 발전 과정을 셋으로 보았다. 단군사화는 하늘의 환웅, 지상의 곰, 사람인 단군왕검이 구성 요소를 이루고 있다. 하늘과 땅, 그리고 사람이라는 셋을 주요소로 하고 있는 것이다. 단군이 출생하기까지의 과정도 환인, 환웅, 단군이라는 세 단계로 표현되어 있다. 환웅이 하늘에서 내려올 때 증표로 받은 천부인도 3개, 그가 거느리고 온 무리도 3,000명으로 셋이 단위였다. 그가 거느렸던 풍백(風伯), 운사(雲師), 우사(雨師)도 3명이었으며 곰이 여자로 진화한 기간도 3·7일간이라고 표현하여 3을 단위로 하고 있다.

이런 내용은 고조선의 종교사상이 사물은 3을 기본 요소로 하여 구성되어 있고 3단계의 과정을 거쳐 발전한다고 믿었음을 알게 해준다. 이는 역사는 정, 반, 합의 세 단계를 거쳐 발전한다고 보는 변증법과도 통하는 것으로, 이를 3·1사상 또는 삼위일체사상이라고도 하는데 우리 민족사상의 주요한 요소를 형성하고 있었던 것이다.

· 풀림 11 ·

고조선의 과학기술은 어떠했나

고조선의 청동 주조 기술은 어느 수준이었을까

근래에 고고학적 발굴과 연구가 진전되면서 고조선의 금속 제
조 기술 수준을 보여주는 자료가 증가했다. 고조선의 주된 금속
제조 기술은 청동과 철에 대한 것이다.

청동의 발명과 사용은 인류사회의 성격을 바꾸어놓은 획기적인
것이었다. 석기만을 사용하던 시대에 청동으로 만든 무기와 의기,
장식품의 출현은 인류사회에 엄청난 변화를 가져다주었다. 청동은
원래 찬란하게 빛나는 황금색이었다. 이런 청동의 무기나 의기,
장식품은 우선 그 찬란함에서 석기와는 비교될 수 없었다. 그리고
석제 무기를 무참하게 파괴하는 청동 무기의 위력은 그것을 갖지
못한 사람들을 공포로 몰아넣기에 충분했다. 핵무기의 위력이 첫

선을 보였을 때의 상황을 연상할 만하다.

앞에서 이미 말한 바와 같이 그러한 위력을 가진 청동기가 출현한 것은 고조선 지역이 중국의 황하 유역보다 수백 년 앞선 서기전 2500년 무렵이었다. 이런 사실은 고조선 지역이 그만큼 문화의 발전이 빠르다는 것을 알게 해줄 뿐만 아니라 사회의 진화도 빨랐음을 의미한다. 고조선 지역에서 국가의 출현도 앞섰던 것이다.

새로운 과학기술이 사회에서 어느 정도 위력을 갖느냐 하는 것은 그 전 시대와 동시대 주변의 과학기술 수준과 어느 정도 차이가 있느냐 하는 상대적인 평가로 결정된다. 청동은 비록 생산 도구로는 이용되지 않았지만 화려함과 위력은 당시까지 사용되던 석기와는 비교될 수 없을 정도로 우수했기 때문에 그 영향은 실로 막대했다. 초기 국가인 고조선이나 상나라가 그렇게 넓은 강역을 확보할 수 있었던 것은 당시 지배층이 소유하고 있던 청동기의 위력이 크게 작용했던 것이다.

사람들이 처음으로 야금한 금속은 구리였을 것으로 추정된다. 구리는 녹는점이 1,083도인데 산화동이나 탄산동은 더 낮은 온도에서도 쉽게 녹는다. 고온에서 질그릇을 굽는 정도의 기술이라면 능히 구리를 뽑아낼 수 있다. 그러나 구리는 무르기 때문에 무기나 노동 도구를 만들 수 없었을 것이다. 그래서 강한 금속을 얻기 위해 오래지 않아 합금 기술을 발명했을 것이다. 청동은 구리를 주성분으로 하고 주석과 몇 가지 원소를 합금한 것이다.

청동의 합리적인 합금 비율은 구리 80~90%와 주석 10~20%이다. 구리와 주석의 합금 비율에 따라 청동의 성질이 달라진다. 그래서 고조선에서는 용도에 따라 합금 비율을 달리했다.

고조선의 유적에서 출토된 청동기를 분석한 결과 도끼와 단검에 함유된 주석(Sn)의 비율은 17.12~19.77% 사이인 데 비해 거울에 포함된 주석의 비율은 26.70%였다. 청동의 견고성은 주석이 19%일 때에 가장 높으며 비율이 그 이상이 되면 강도는 높아지나 잘 깨진다고 한다. 이런 청동의 특성을 고려해본다면 찍거나 찌르는 기능을 수행해야 하는 도끼와 단검에 함유된 주석의 비율은 매우 이상적이라고 말할 수 있다.

이에 비해 거울에 함유된 주석의 비율은 도끼나 단검에 비해 훨씬 높다. 이렇게 되면 강하기는 하지만 쉽게 깨지는 단점이 있다. 거울은 광택이 잘 나야 하므로 재질이 강해야 했다. 그러나 조심스럽게 다루며 사용하는 물건이라서 잘 깨지는 성질은 크게 문제되지 않았을 것이다. 또 도끼와 거울에는 아연(Zn)이 많이 포함되어 있는데 이것은 주머니 모양의 도끼와 잔줄무늬가 있는 거울의 경우 주조의 효과를 높이기 위해 필요했을 것이다. 청동에 아연을 적절히 배합하면 합금의 색깔과 유동성을 조절할 수 있는데 아연을 의도적으로 배합하여 주조한 것은 한국 청동기의 고유한 특징으로 평가된다.

고조선의 청동 주조 기술 수준이 매우 높았음은 청동기에 대한 현미경 관찰에서도 확인되었다. 일반적으로 청동은 구리 함유량이 높으면 경도는 낮아지는 반면 기포가 생기기 쉽다. 따라서 청동의 비율이 높은 단검의 경우 그런 현상이 나타나기 쉽다. 그런데도 단검에 대한 현미경 관찰에서 기포가 전혀 보이지 않고 입자들이 골고루 분포되어 있었다.

고조선에서는 청동기를 주조할 때 돌이나 모래를 이용한 거푸집과 더불어 밀랍틀도 이용했던 것으로 보인다. 밀랍틀은 밀랍에 송진을 녹여 섞어 물건의 원형을 만들고 그 주위를 진흙으로 발라 외형을 만든다. 이것을 불에 구워 밀랍으로 만든 원형을 녹여 빼내고 청동 주물을 부어 청동기를 만드는 것이다. 밀랍틀은 하나의 제품을 만들 때마다 새로운 틀이 필요하므로 생산능률은 낮지만 아주 섬세한 제품을 만들 수 있다는 이점이 있다. 고조선시대의 유물 가운데 섬세한 잔줄무늬로 장식된 청동거울은 밀랍틀을 사용했을 것으로 전문가들은 보고 있다.

고조선에서는 청동기를 만드는 데 필요한 구리를 얻기 위해 동광(銅鑛)을 개발했음이 유적으로 확인되었다. 고조선의 강역이었던 오늘날 내몽골자치구 임서현(林西縣) 대정(大井)에서는 서기전 1200년 무렵의 동광이 발견되었다. 이런 동광은 주물틀이 발견된 여러 유적들과 가까운 곳에 대부분 존재했을 것으로 전문가들은 보고 있다.

고조선의 제철 기술은 어느 수준이었을까

고조선 후기에 철기가 출현했다. 고조선 사람들은 서기전 8세기 무렵에 철기를 사용하기 시작했는데 제철과 제강 기술도 상당히 높은 수준에 도달해 있었다. 청동기가 주로 무기나 의기로 사용되었던 것과 달리 철기는 농구 등의 생산 도구로 이용되어 생산 증대에 크게 이바지했다.

철기의 사용으로 노동능률이 증대됨에 따라 토지에 대한 관념에도 변화가 생겼다. 넓은 토지도 개간이 가능해지면서 땅을 많이 소유할수록 이익이 된다는 새로운 경제관념을 갖게 된 것이다. 이에 따라 통치자나 지배 귀족은 많은 토지를 소유하려고 노력하게 되었다. 그러한 현상은 궁극적으로 중앙집권의 통치 조직을 출현시켰다. 우리나라에서는 고조선이 붕괴한 후 열국시대에 중앙집권의 통치 조직이 출현했다.

철은 연철, 선철, 강철로 구분된다. 이런 구분은 탄소 함유량으로 결정되는데 연철에는 0.01% 이하, 선철에는 2% 이상(보통 3.7~4.3%), 강철에는 2% 이하(보통 0.7~0.8%)의 탄소가 포함되어 있다. 탄소가 적은 연철은 탄성이 높은 반면에 매우 무르며 탄소가 많은 선철은 굳기는 하지만 깨지기 쉽다. 탄소 함유량이 중간 정도인 강철은 탄성과 굳기가 다 같이 강하고 주조와 단조가 모두 가능하다.

순철의 녹는점은 섭씨 1,539도다. 그런데 자연계에 있는 산화철은 섭씨 700~800도부터 환원이 시작된다. 녹는점이 구리는 섭씨 1,083도이고 청동은 섭씨 700~800도이므로 청동을 제련하는 정도의 열량이면 산화철을 제련할 수 있는 것이다. 그런데 산화철의 환원으로 얻어지는 철은 절반 정도 녹은 상태로 돌부스러기 등과 얽혀 있게 되는데 이것이 연철이다. 연철을 사용하려면 그것을 마치로 두드려 돌 등의 이물질들을 제거한 후 단조하여 철기를 만들어야 한다. 따라서 연철을 단철이라고도 부른다.

용광로의 온도가 섭씨 1,000도 이상이 되면 철의 환원은 빠른 속도로 끝나고 철은 탄소를 흡수하기 시작하여 섭씨 1,200도 정도에서 액체가 된다. 이렇게 얻어진 철은 탄소 함유량이 많은 선철이다. 선철은 굳기는 하지만 부서지기 쉬우므로 단조는 할 수 없고 주조하여 철기를 만들 수 있다. 따라서 선철을 주철이라고도 부른다.

강철은 광석에서 직접 얻을 수 없고 연철에 탄소를 추가하거나 선철에서 탄소를 일부 제거하는 방법으로 얻는다. 강철을 얻는 발전된 방법은 선철을 더 높은 온도(섭씨 1,350도 이상 섭씨 1,500도 정도)로 가열하여 탄소와 그 밖의 원소들을 연소시키는 방법으로 제련하는 것이다. 그러므로 선철을 강철로 전환하기 위해서는 제철로의 온도를 높이는 기술이 필요하다.

그동안 발굴된 몇 곳의 유적에서 출토된 철기를 시험 분석한 결과 고조선에서는 연철과 선철 및 강철이 사용되었음이 확인되었다. 고조선에서는 초기에 연철을 사용하다가 서기전 7~6세기 무렵에는 선철을 사용하게 되었으며 서기전 3세기 무렵에는 강철을 생산하게 되었던 것으로 보인다. 연철은 후에도 선철이나 강철과 함께 사용되었다.

강철은 강도에 따라 여러 가지 재질로 나누어지는데 그 강도는 탄소 함유량으로 결정된다. 고조선에서는 연강(구조용강, 탄소 0.5~0.6% 이하)과 견강(공구강, 탄소 0.6~0.7% 이상)을 제련하여 용도에 따라 선택

적으로 사용했던 것으로 나타났다. 고조선의 철기를 분석한 바에 따르면 제품을 가공하는 데 쓰인 손칼 따위는 연강이었고 창은 반연강이었으며 도끼는 반경강부터 극경강까지 다양했다. 도끼의 재질이 다양한 것은 도끼는 용도가 노동 도구와 무기로 나뉘기 때문에 용도에 따라 다른 재질을 사용했던 것으로 생각된다.

고조선에서는 강철의 질을 높이기 위해 이미 열처리 기술을 활용했다. 현미경 관찰에 의한 분자 구성을 보면 풍청리, 범의구석, 노남리, 세죽리 등의 유적에서 출토된 도끼들은 모두 열처리를 한 것이었다. 특히 세죽리 유적에서 출토된 유물 가운데는 두 번에 걸쳐 열처리를 한 것도 있었다. 열처리를 두 번 한 것은 굳히기 과정에서 나타난 응력을 띄우기로 제거하여 굳기와 질김성을 모두 갖춘 강재를 얻기 위해서였을 것이다.

이런 철을 생산하고 가공하기 위해서는 좋은 제철로와 송풍 장치가 있어야 한다. 자강도 시중군 노남리 유적 위층에서는 서기전 2세기 무렵의 제철로가 발견되었는데 쇳물을 받는 쇠탕 시설까지 갖춘 것으로서 같은 시기의 서구 제철로보다 규모가 훨씬 크고 잘 만들어진 것이었다.

제철로 안의 온도를 높이기 위해 송풍 장치도 사용했다. 경기도 가평군 마장리 유적에서는 야철용(冶鐵用) 송풍 토관의 파편이 출토되었는데 파편이기 때문에 그것의 완전한 형태는 알 수 없지만 당시에 송풍 장치가 있었음을 알 수 있다. 당시 사용했던 송풍 장치는 우리 민족이 오래전부터 사용해왔던 수동식 풀무와 디딜풀무였을 것이다.

서구에서 선철을 널리 이용하기 시작한 것은 14세기 무렵부터였으며 선철에서 강철을 얻는 발전된 제련 방법을 사용한 것도 이 시기부터였다. 그전에 사용했던 강철은 연철을 단조하여 얻은 것이었다. 그런데 우리 민족은 이보다 훨씬 빠른 고조선시대에 이미 연철과 선철을 제련했으며 진보된 방법으로 강철도 제련하여 사용했다. 이런 사실은 고조선 사람들의 철에 대한 지식과 가공 기술이 매우 이르고 높았음을 알게 해주는 것이다.

고조선의 일반 과학 수준은 어느 정도였을까

고조선 사람들이 청동과 철을 사용하기 시작한 것은 세계 역사상에서도 매우 이를 뿐만 아니라 기술 수준도 매우 높았음을 앞에서 확인했다. 그런데 그동안 출토된 유물을 보면 금속 가공에 사용된 기술도 매우 발달해 있었다. 고조선에서 사용된 금속 가공 기술은 도금, 판금, 누금, 맞머리못(리베트), 땜질 등이 있었다.

고조선에서 사용했던 도금법은 아말감(amalgam) 합금에 의한 수은도금과 박도금이었다. 수은은 철, 니켈, 코발트 등 일부 금속을 제외한 거의 모든 금속을 녹이면서도 열에는 증발하는 특성을 가지고 있다. 그러므로 수은에 금이나 은 등을 혼합하여 아말감을 만들어 그것을 청동기에 바르고 열을 가하면 수은은 증발하고 금이나 은만 청동기의 표면에 남아 도금되는 것이다. 서기전 1000년기 후반기에 보급된 마구류와 수레 부속품에서 보이는 금동 제품들은 아말감 합금의 수은도금 제품이었다.

박도금은 청동기에 먼저 수은을 바르고 그 위에 금박이나 은박을 씌운 후 열을 가하여 수은을 증발시키는 도금 방법이다. 평양시 정백동 37호 무덤에서 출토된 범무늬 띠고리의 얼룩덜룩한 무늬는 박도금으로 만든 무늬일 것으로 전문가들은 보고 있다.

판금은 금속을 마치로 때려 얇은 판을 만들어 그것을 물건에 씌우는 것을 말한다. 고조선의 청동 제품인 말관자와 수레 장식, 세형동검의 맞추개돌에 씌운 청동판 등은 이런 기법을 사용한 것이다.

누금은 금이나 은을 가는 실로 뽑아 그것으로 금속판에 수를 놓듯 장식하는 것이다. 위에서 언급한 정백동 37호 무덤에서 출토된 범무늬 띠고리는 굵은 은실로 테두리를 장식했고, 평양시 석암리 9호 무덤에서 출토된 용무늬 금띠고리는 금판의 테두리에 가는 금실로 수를 놓듯이 장식을 했는데 보기 드문 걸작품으로 평가받는다.

맞머리못은 2개의 금속 물체를 양쪽에 머리가 있는 못으로 연결하는 가공 기술이다. 평양시 정백동 8호 무덤에서 나온 청동제의 시루, 대야, 단지 등에 달린 고리 손잡이는 맞머리못으로 몸체와 연결한 것이었다.

땜질은 깨지거나 뚫어진 것을 때워 고치는 것이다. 이것은 일종의 용접 기술이지만 용해된 금속을 구멍이 나거나 부러진 부분에 부어서 응고 접착시키는 보수 방법이며 일반 용접과는 의미가 약간 다르다. 이런 땜질은 제주도에서 출토된 비파형동검을 비롯해 여러 지역의 청동 유물에서 보여 고조선시대에 땜질이라는 보수 기법이 청동기에 일반적으로 사용되었음을 알게 해주었다.

고조선 사람들은 천문에 대한 지식도 상당히 높았던 것으로 생각된다. 『후한서』「동이열전」〈예전〉에는 예 사람들은 새벽에 별자리의 움직임을 관찰하여 그해에 풍년이 들 것인지를 미리 알았다고 기록되어 있다. 이것은 고조선이 붕괴한 후의 상황을 말한 것이지만 예는 원래 고조선의 거수국이었으므로 이런 천문 관찰 능력은 고조선에서 계승되었을 것이다. 이런 경험이 축적되어 천문학의 발달을 가져왔을 것으로 생각된다.

『후한서』「왕경열전(王景列傳)」에도 고조선에 수준 높은 학문과 과학기술이 있었을 것임을 추측할 수 있는 내용이 보인다. 낙랑군 사람인 왕경은 천문과 술수에 밝아 황제의 부름을 받고 중앙에 나아가 치수 사업에 많은 공로를 세워 서주자사(徐州刺史), 여강태수(廬江太守) 등의 관직에 올랐다.

왕경이 천문과 술수 등에 밝았다는 것은 낙랑군 지역에 수준 높은 학문과 과학기술이 전해지고 있었음을 말해준다. 그런데 낙랑군 지역은 원래 고조선의 영토였으므로 이런 학문과 과학기술은 고조선에서 전해 내려왔을 것이다. 낙랑군은 중국의 행정구역이었으므로 그러한 높은 학문이나 과학기술은 중국에서 전해졌다고 보아야 한다고 주장하는 학자가 있을지 모르겠다. 그러나 낙랑군은 중국에서는 아주 변방이었다. 따라서 낙랑군 지역으로 이주한 중국인들은 군인이나 상인이 주류를 이루었을 것이며 수준 높은 학자들이 옮겨 오지는 않았을 것이다. 그러므로 왕경의 높은 학문과 과학기술은 그 지역에 이전부터 전해오던 것이었다고 보아야 할 것이다.

고조선에서는 의학도 상당히 발달해 있었을 것이다. 단군사화에는 곰과 호랑이가 사람이 되기 위해 동굴 속에서 햇빛을 보지 않고 쑥과 마늘을 먹은 것으로 되어 있다. 이것은 당시 사람들이 쑥과 마늘은 동물을 사람으로 변화시킬 정도로 큰 약효를 지닌 식물이라고 믿고 있었음을 말해준다. 고조선인들은 마늘과 쑥 외에 여러 종류의 건강식품과 약초에 대한 지식을 갖고 있었겠지만 단군사화에는 이 2가지가 대표적인 것으로 언급되었을 것이다.

고조선인들은 건강을 위해서는 건강식품이나 약품을 복용함은 물론 이와 더불어 금기 수련이 필요하다고 생각했던 것 같다. 단군사화에서 곰이 햇빛이 들어오지 않은 동굴 속에서 사람으로 진화되었다고 말한 것은 이런 생각이 반영된 것이다.

고조선에는 상당히 발달된 침술도 있었을 것이다. 『산해경(山海經)』 기록에 따르면 돌을 이용한 침술은 동방에서 기원했던 것으로 되어 있는데 이런 돌침이 후대의 침술로 발전했을 것이다. 서포항, 오동 등 고조선의 여러 유적에서는 뼈로 만든 침이 출토되었고 숭실대 박물관에는 청동침의 주물틀이 소장되어 있는데 이런 침들은 의료용이었을 가능성이 있다.

·풀림 12·

고조선의 문학과 예술은 어떠했나

고조선 사람들은 어떤 글을 남겼나

고조선에는 수준 높은 문학 작품들이 있었다. 고조선이 독자적인 문자를 사용했는지의 여부는 아직까지 확인되지 않고 있다. 그러나 한자가 일찍부터 사용되었던 것만은 확실하다. 고조선과 중국은 매우 일찍부터 활발한 문화 교류를 가졌던 것으로 보인다. 늦어도 기자가 망명 왔던 서기전 12세기 무렵에는 한문이 고조선에 전달되었고 서기전 8세기 무렵에는 한문이 상당히 널리 보급되어 있었을 것으로 생각된다.

요령성에 위치한 서기전 5세기 무렵의 윤가촌 유적 옹관에는 '평향(平鄕)……'이라는 7자의 한문이 새겨져 있었다. 이것은 이 시기에 고조선에서 한문이 사용되고 있었음을 알게 해준다. 그리고 근래에 경상남도 의창군 다호리의 서기전 2세기 고분에서는 청동기, 철제 농구, 제기, 칠기 등과 함께 5자루의 붓이 출토되었다. 이 붓들은 중국에서 한(漢)시대에 사용했던 것들과 같은 것으로 문자의 필사용이었다. 이것은 당시 문자의 기록이 일반화되어 있었음을 알게 해준다.

따라서 고조선에는 이미 상당히 수준 높은 기록문화가 있었을 것이다. 전하는 바에 따르면 고조선에는 신지(神誌)라는 기록을 전담한 관직이 있었는데 당시 사람들은 신지선인(神誌仙人)이라 불렀다고 한다. 고조선에서 선인은 종교직에 종사하는 사람들에 대한 호칭이었는데 위의 칭호가 옳다면 신지선인은 기록관인 동시에 종교직의 업무도 맡고 있었던 인물일 가능성이 있다. 고대사회에서 문자를 다루는 사람은 대개 종교 지도자였고 사회에서 영향력을 가진 지성인들이었다. 이 점은 고조선에서도 예외가 아니었던 것 같다.

고조선에는 신지가 지은 『신지비사(神誌秘詞)』라는 책이 있었다고 하는데 이 책에 대해서는 『삼국유사』「흥법(興法)」편에 언급되어 있다. 그리고 『고려사(高麗史)』「김위제열전(金謂磾列傳)」에는 김위제가 숙종에게 천도를 주장하는 상소를 올리면서 『신지비사』 기록을 인용한 내용이 보인다. 이런 점 등으로 미루어보아 고조선에 『신지비사』라는 책이 있었던 것만은 분명하다.

그런데 위의 「김위제열전」에 따르면 『신지비사』에는 도읍지가 될 땅은 저울대, 저울추, 저울 머리와 같이 부소(扶疎), 오덕지(五德地), 백아강(百牙岡)이 균평(均平)을 이루어야 하며 그렇지 못할 때는 왕업이 쇠퇴할 것이라고 기록되어 있다고 했다. 이로 보아 고조선에는 상당히 체계적인 풍수지리 이론이 있었던 것으로 보인다. 고조선의 풍수지리 이론은 '균평의 이념'이 기초를 이루고 있음을 알 수 있는데 그것은 홍익인간 이념과 서로 통했을 것이다.

『평양지(平壤誌)』에는 1583년에 평양의 법수교 밑에서 세 조각난 비석이 발굴된 일이 있는데 그 비석에 새겨진 문자가 전혀 새로운 것이어서 읽을 수가 없었는데 이를 고조선에서 사용했던 신지문자(神誌文字)로 보는 학자도 있다고 기록되어 있다.

고조선의 가사문학 작품으로는 「공후인(箜篌引)」 또는 「공무도하가(公無渡河歌)」로 불리는 한 편이 전한다. 이 작품은 중국 진(晉)나라의 최표(崔豹)가 편찬한 『고금주(古今注)』에 실려 있다. 그 내용은 다음과 같다.

님아 가람을 건너지 마소[公無渡河].
님은 그예 가람을 건너시네[公竟渡下].
물에 들어가 돌아가시니[墮河而死]
아아 님아 이를 어이하리[將奈公何].

『고금주』에 따르면, 진졸(津卒)이었던 곽리자고(霍里子高)가 어느 날 새벽 배를 저어 가다가 머리가 하얀 노인이 아내의 만류를 듣지 않고 강에 뛰어들어 죽는 것을 보았다. 그가 죽자 노인의 아내는 공후(箜篌)라는 악기를 타면서 남편의 죽음을 슬퍼하며 노래를 부르다가 노래가 끝나자 강물에 몸을 던져 죽었다. 곽리자고는 집

에 돌아와 자신이 본 것을 아내 여옥(麗玉)에게 이야기해주었다. 이
야기를 들은 여옥은 늙은 부부의 비극적 운명을 슬퍼하면서 공후
를 타며 자기의 감정으로 노래를 지어 부르고 「공후인」이라 이름
을 붙였다고 한다.

「공후인」을 짓게 된 이상의 내용이 사실이라면 고조선에는 매
우 수준 높은 가사문학이 있었다는 것이 된다. 물에 빠져 사망한
노인의 아내나 곽리자고의 아내 여옥은 강가에 사는 평범한 서민
의 아낙이었다. 그러한 여인들이 즉석에서 가사를 만들어 노래를
부를 수 있었다면 이런 수준의 가사문학이 일반 평민 사이에 널
리 보급되어 있었다는 것을 말해준다. 귀족사회의 문학 수준이 이
보다 높았을 것은 당연하다.

최표는 「공후인」에 대해 설명하면서 고조선에는 공후요(箜篌謠)
라는 것도 있었는데 그것이 만들어진 경위는 알 수가 없으나 내
용은 「공후인」과는 달랐다고 말했다. 이로 보아 고조선에는 상당
히 다양한 문학 작품이 있었던 것으로 생각된다.

고조선 사람들의 예술 수준은 어떠했을까

당시 고조선 사람들은 상당히 수준 높은 예술을 즐겼던 것으로
생각된다. 우선 음악을 보면 고조선에는 현악기와 타악기, 관악기
등 여러 종류의 악기가 보급되어 있었다.

고조선에는 현악기가 널리 보급되어 있었다. 앞에서 소개한 가

사 작품 「공후인」이 만들어진 과정을 보면 물에 빠져 죽은 노인의 아내와 곽리자고의 아내 여옥은 모두 공후라는 현악기를 가지고 있었다. 서민 아낙들이 공후를 가지고 있었다는 것은 이 악기가 고조선에 매우 널리 보급되어 있었다는 것을 말해준다. 그리고 그들이 그러한 현악기를 다루며 노래를 지었다는 것은 고조선의 음악 수준이 매우 높았을 것임도 알게 해준다.

『삼국지』「동이전」에 따르면 변진에는 슬(瑟)이라는 악기가 있는데 그것을 연주하는 노래와 곡도 있다고 기록되어 있다. 이것은 고조선이 붕괴한 후의 상황을 말한 것인데 변진은 한(韓)의 일부로서 한은 원래 고조선의 거수국이었다. 그러므로 변진에 있었던 슬이라는 악기는 고조선부터 이어져 내려온 현악기였을 것이다.

고조선에는 타악기도 있었다. 『후한서』「동이열전」과 『삼국지』「동이전」에는 한(韓)나라의 종교 성지인 소도의 큰 나무에는 방울과 북이 매달려 있었다고 기록되어 있다. 소도에 매달았던 방울과 북은 악기로도 사용되었을 것이다. 한은 원래 고조선의 거수국이었으므로 이런 악기도 고조선부터 이어져 내려왔을 것이다. 고조선시대의 유적에서는 여러 종류의 청동방울이 출토되어 그것이 고조선시대에 사용되었음을 알게 해준다.

고조선에서는 석경(石磬)도 사용되었다. 근래에 만주에서는 서기전 2100년 무렵의 고조선 유적에서 석경이 출토되었다. 석경은 돌을 삼각형 또는 ㄱ자 모양의 판석으로 만들어 한쪽에 구멍을 뚫어 매달고 그것을 때려 소리를 내는 악기로서 황하 유역에서도 출토되었다. 고조선에서 방울과 북, 석경 등이 사용되었다는 사실은 고조선에 이미 타악기가 있었음을 알게 해준다.

고조선에는 관악기도 있었다. 함경북도 서포항 유적의 고조선 문화층에서는 새다리뼈를 이용해 만든 피리가 출토되었다. 이 피리는 새다리뼈의 양쪽을 잘라내고 가운데 부분을 가지고 만든 것이었다.

구멍의 수가 오늘날의 피리보다 많다는 차이는 있지만 음의 조화에는 큰 지장이 없다고 한다. 당시에 새다리뼈를 이용하여 악기를 만들 정도였다면 나무껍질이나 대나무로 만든 피리도 있었을 것이다.

이상과 같이 고조선에는 오늘날 우리 전통 악기의 주축을 이루는 현악기, 타악기, 관악기 등이 이미 존재하고 있었다. 이런 악기는 종교의식은 물론 일상생활에서도 사용되었을 것이다.

고조선에서는 음악과 더불어 무용도 발달해 있었을 것이다. 『후한서』「동이열전」과 『삼국지』「동이전」에 따르면 부여에서는 12월에, 고구려와 동예에서는 10월에, 한(韓)에서는 5월과 10월에 하늘에 제사를 지냈는데 이를 각각 영고, 동맹, 무천, 5월제와 10월제라 했으며 온 나라 사람이 밤낮없이 연일 먹고 마시며 노래하고 춤을 추었다고 한다.

춤을 출 때에는 항상 수십 명이 모두 일어나서 뒤를 따라가며 땅을 밟고 구부렸다 치켜들었다 하면서 손과 발로 서로 장단을 맞췄다고 했다. 이로 보아 당시에 집단으로 추었던 춤은 오늘날의 강강술래와 비슷했음을 알 수 있다. 전남 지역의 강강술래는 고조선시대의 춤을 그대로 계승하여 발전시킨 것이라고 할 수 있다.

이런 풍속도 고조선에서 계승되었을 것인데 당시 집단을 이루어 추는 춤이 민간에 깊숙이 뿌리내려져 있었음을 알 수 있다. 이런 춤이 오늘날 풍물놀이 등의 민속춤으로 이어졌을 것이다.

고조선의 미술도 상당히 높은 수준에 이르렀던 것으로 추측된다. 미술 작품은 유물이 적어 그 발전의 전모를 밝히기는 어렵다. 그러나 경상남도 반구대 암각화와 천전리 암각화, 양전동 암각화, 내몽골자치구 동부의 백차하(白岔河) 유역의 암각화 등과 하가점하층문화 유적을 비롯한 만주의 여러 유적에서 출토된 질그릇의 채색무늬는 당시의 회화 수준을 어느 정도 알게 해준다.

고조선에는 공예도 매우 발달해 있었다. 비파형동검, 세형동검, 청동거울 등을 비롯한 여러 청동기의 형태와 제품의 정교함, 매우 섬세한 문양 등은 고조선의 높은 공예 수준을 알게 해준다. 그리고 고조선의 여러 유적에서 출토된 인형과 동물 조형, 조각, 치렛거리 등도 높은 공예 수준을 짐작하게 해준다.

고조선시대의 공예는 질그릇에서도 이전 시대와 다른 면모를 보여준다. 고조선시대에는 질그릇을 만드는 데 있어 외부의 무늬보다는 형태에 더 치중했던 것 같다. 지역에 따라 다소 차이는 있었지만 공통적인 특징은 새김무늬(빗살무늬) 질그릇에서 민그릇으로 바뀌었다는 점이다. 그릇의 아가리를 두 겹으로 하거나, 밖으로 제치거나, 오뚝한 굽을 붙여 공예적인 아름다움을 강조하기도 했다. 이런 고조선의 질그릇은 주변의 다른 나라 질그릇과는 확연하게 구별된다.

· 풀림 13 ·

고조선의 대외 관계는 어떠했나

고조선과 중국의 정치 교섭은 어떠했을까

고조선이 한반도와 만주를 차지하고 있었던 시기에 중국은 요 (堯), 순(舜) 시대부터 하, 상, 서주, 춘추, 전국(戰國), 진제국을 거쳐 서한 초까지 이르게 된다. 그러므로 고조선은 위에 언급한 중국의 여러 나라와 교류를 가졌다.

고조선은 중국 이외의 다른 지역과도 문화 교류를 가졌지만 중 국은 동아시아 지역에서 고조선과 더불어 국가 수준의 사회 단계 에 이른 유일한 곳이었기 때문에 두 지역의 교섭은 서로가 주고 받은 자극과 영향이 다른 지역에 비해 컸을 것이다. 그러한 자극 과 영향은 두 지역의 정치, 경제, 사회, 문화 등의 발전에 기여했 음은 물론이다.

고조선과 중국의 정치 교섭은 매우 일찍부터 이루어졌다. 고조선은 일찍이 중국의 제순시대에 중국과 정치적 교섭이 있었던 것으로 기록에 나타난다. 『죽서기년』「오제기(五帝紀)」〈제순유우씨(帝舜有虞氏)〉조에 따르면 서기전 2209년(제순 25년)에 고조선의 거수국이었던 숙신의 사신이 예물로 활과 화살을 가지고 중국을 방문했다고 기록되어 있다.

그리고 『죽서기년』과 『사기』, 『상서서(尙書序)』 등에는 상 말기에 고조선의 거수국이었던 고죽국의 왕자 백이(伯夷)와 숙제(叔齊)가 주족을 방문했으며, 서주의 무왕과 성왕(成王) 때에도 숙신의 사신이 중국을 방문하여 환대를 받았던 것으로 기록되어 있다.

『일주서』「왕회해(王會解)」편에는 고조선의 거수국들 가운데 중국과 가까운 곳에 위치해 있던 숙신, 예, 양이, 양주, 발, 유, 청구, 고구려, 고죽 등의 사신들이 서주의 성주대회에도 참가했던 것으로 기록되어 있다. 서주는 동부의 땅을 통치하기 위해 제2의 도읍인 성주를 건설하고 그곳에서 각국의 대표들을 초청하여 성주대회를 열었다. 성주대회는 서주의 위력을 만방에 알리는 행사였던 것이다.

고조선과 중국의 교섭은 계속되었다. 『시경』「한혁」편에는 서주말기 선왕 때 고조선의 단군이 서주 왕실을 방문하여 융숭한 접대를 받았는데 이때 단군은 서주 선왕의 생질녀를 아내로 맞았다고 기록되어 있다. 서주 왕실이 단군을 이렇게 환대한 것은 당시 국제사회에서 고조선의 위상이 만만치 않았기 때문일 것이다.

춘추시대에는 고조선과 중국 사이에 사신의 왕래가 별로 없었던 것으로 보인다. 『관자』에는 춘추시대 초기의 패자였던 제나라의 환공(서기전 685~643년)이 그의 상(相)이었던 관중에게 주변 나라의 사신들이 중국에 오지 않은 것을 걱정하는 내용이 있는데 그 가운데 고조선도 포함되어 있다. 춘추시대에는 중국이 혼란했기 때문이었을 것이다. 『관자』와 『사기』, 『설원(說苑)』 등에는 제나라 환공이 고조선의 거수국이었던 고죽을 침략했던 것으로 기록되어 있다. 이 사건으로 고조선과 중국의 관계는 악화되기 시작했다.

전국시대에 이르러서는 고조선과 연나라 사이에 큰 전쟁이 일어났다. 이 전쟁은 고조선과 국경을 접하고 있었던 연나라가 고조선을 침략함으로써 일어났다. 『위략』은 이 조연전쟁(朝燕戰爭)에 대해 비교적 자세히 싣고 있다. 이 전쟁은 연나라 장수 진개가 고조선의 거수국이었던 기자조선을 침략함으로써 일어났다. 전쟁 초기에는 고조선이 2,000여 리의 서부 땅을 빼앗겼으나 곧바로 연나라 군사를 격퇴하고 오히려 연나라 동부의 땅을 빼앗아 침략에 대한 응징을 했다.

진제국을 거쳐 서한제국 초에 이르면 고조선의 서부 변경에서 기자조선의 정권을 빼앗은 위만에 의해 위만조선이 건국되었다. 위만은 서한의 외신이 되었다. 고조선은 영토를 확장하는 위만조선과 전쟁을 하게 되었다. 이것은 중국과의 직접적인 전쟁은 아니었지만 위만조선이 서한의 외신이었으므로 중국과의 간접 전쟁과 같은 성격을 띠었을 것이다.

지금까지 살펴본 바와 같이 고조선과 중국의 정치 교섭은 고조선 초기인 서기전 2209년부터 사신의 왕래가 있었던 것으로 기록에 나타난다. 서주 말기에는 단군이 직접 서주 왕실을 방문하여 환대를 받고 통혼 관계를 맺는 등 매우 우호적인 관계가 지속되었다. 고조선의 사신이 중국을 여러 차례 방문했다면 중국의 사신이 고조선을 방문하기도 했을 것인데 이에 관해서는 기록이 남아 있지 않아 확인할 길이 없다.

춘추시대에는 중국 사회가 혼란하고 패자가 자주 바뀌는 상황이었으므로 사신의 왕래가 일시 중단되었던 것 같다. 전국시대에 이르러서는 연나라의 영토 확장 욕심이 밖으로까지 이어져 고조선을 침략함으로써 조연전쟁이 일어났다. 그 후 고조선은 서한의 지원을 받은 위만조선과 전쟁을 치러야 했고 위만조선을 멸망시킨 서한과도 직접 전쟁을 치러야 했다. 이런 과정에서 지난날 우호적이었던 고조선과 중국의 관계는 점차 악화되었다. 그러한 상황은 중국의 고조선 침략에서 비롯되었던 것이다.

고조선과 중국의 문화 교류는 어떠했을까

고조선과 중국 사이에는 문화 교류도 활발했다. 『사기』 「은본기(殷本紀)」에 따르면 상나라를 세운 상족의 시조인 설(契)은 그의 어머니 간적(簡狄)이 목욕을 하다가 신성한 새[玄鳥]가 떨어뜨린 알을 먹고 잉태하여 낳았다고 한다. 『사기』 「진본기(秦本紀)」에 따르면 진족의 시조 대업(大業)의 어머니 여수(女脩)는 신성한 새가 떨어뜨린 알을 삼키고 대업을 낳았다고 한다.

한반도와 만주에도 유사한 난생 설화들이 전해온다. 고구려 주 몽이나 신라의 혁거세와 탈해, 여섯 가야의 시조 등이 알에서 태어났다고 하며, 만주족의 시조는 선녀가 신성한 까치가 물고 온 붉은 과일을 먹고 잉태하여 낳았다고 한다.

위의 설화들은 싣고 있는 문헌의 편찬 연대로 보면 상족과 진족의 설화가 가장 오래되었지만 내용으로 보면 주몽, 혁거세, 탈해, 여섯 가야 시조 등의 설화가 더 오래되었을 것이다. 왜냐하면 주몽, 혁거세, 탈해, 여섯 가야의 시조 등은 알에서 직접 나온 것으로 되어 있어 원시적이지만, 상족과 진족의 시조 설화는 알을 먹고 잉태한 것으로서 더 합리적으로 설명되어 있기 때문이다.

중국 서주시대에 동부 해안 지역에 있었던 서국(徐國)의 언왕(偃王)에 관한 설화도 고구려 주몽의 설화와 유사한 점이 있다.『박물지(博物志)』〈서언왕(徐偃王)〉조에 따르면 서언왕은 궁인이 낳은 알에서 태어났는데 붉은 활과 붉은 화살을 얻어 이름을 궁(弓)이라 했다고 한다. 고구려를 건국한 고주몽도 알에서 태어났는데 주몽이라는 이름은 활을 잘 쏘아서 얻어졌다고 전한다.

서언왕과 고주몽은 모두 알에서 태어났으며 활과의 인연으로 궁과 주몽이라는 이름을 얻었다고 했으니 두 설화의 기원은 동일할 가능성이 있다. 이런 유사성은 두 지역의 문화적 교류에 의해 형성되었을 것이다. 서언왕은 서주 목왕(穆王, 서기전 1002~947년) 때 사람이므로 이 설화는 고조선 중기에 해당한다.

진제국시대에 이르면 고조선의 선인사상이 중국에 전해졌던 것으로 보인다. 진시황이 서불을 한반도에 보내어 선인을 만나도록 했음을 앞에서 말한 바 있다. 『사기』「봉선서(封禪書)」에는 전국시대에 제나라와 연나라에서 선인을 찾아 불사약을 구하기 위해 중국 동해로 사람을 보냈다는 기록이 있다. 이것은 중국 문헌에 나타난 선인에 관한 가장 이른 기록이다.

이로 보아 고조선 종교사상의 선인사상이 중국에 전파된 후 그 명칭이 신선사상(神仙思想)으로 바뀌어 중국 도교(道敎)의 핵심 사상 가운데 하나가 되었음을 알 수 있다. 전국시대와 진제국시대는 고조선 말기에 해당되므로 이런 사상이 중국에 전달된 것은 고조선 말기로 보아야 할 것이다.

고조선 말기에 단군사화가 중국에 전파되어 중국 사상 체계의 일부를 형성했음을 알게 하는 자료도 보인다. 산동성에는 동한시대에 만들어진 무씨사석실(武氏祠石室)의 화상석(畵像石)이 있다. 이 화상석에 조각된 그림의 내용에는 중국 고대사상의 요소도 들어 있지만 적어도 80~90%는 단군사화 내용과 일치한다.

단군사화의 내용은 단군왕검이 고조선을 건국한 서기전 2333년 이전에 전해온 우리 민족의 사상이다. 그런데 무씨사석실이 만들어진 시기는 그 명문에서 확인되듯이 동한시대로 고조선이 붕괴된 후 300년쯤 된다. 이 그림이 중국에 출현한 시기는 단군사화가 형성된 후 적어도 2,500년 이상의 세월이 지난 후였던 것이다. 무씨사석실 화상석의 그림은 우리의 단군사화가 중국에 전달되어 중국 전통사상의 일부와 결합되었음을 말해준다.

고조선과 중국은 사상뿐만 아니라 언어와 문자도 교류했다. 앞에서 이미 말한 바와 같이 서기전 1100년 무렵에 기자가 서주에서 고조선으로 망명했는데 그들은 한자를 사용했을 것이다. 『죽서 기년』「주기(周紀)」에는 고조선의 거수국인 숙신의 사신이 서주를 방문했을 때 서주 성왕은 '숙신의 명(命)'을 내렸다고 기록되어 있는데 '명'은 '책서(策書)'를 의미한다. 이것은 서기전 1100년 무렵에 고조선과 서주 사이에 문서 교환이 있었음을 말해준다. 그러므로 적어도 중국과의 외교 문서를 담당했던 고조선의 관리는 한문을 알고 있었을 것이다.

『사기』「조선열전」에는 서한이 위만조선을 치게 된 이유를 고조선의 거수국인 진국이 서한의 황제에게 글을 보내어 방문하고자 하나 위만조선이 이를 방해했기 때문인 것으로 기록되어 있다. 진국에서 서한에 보낸 글은 한문이었을 것이다. 이것은 진국이 한문을 알고 있었음을 말해준다.

『논형(論衡)』「회국(恢國)」편에는 서주시대에 낙랑 사람들과 말을 하려면 통역이 필요했으나 지금은 낙랑 사람들이 『시경』, 『서경』, 『춘추』의 뜻을 읊는다고 기록되어 있다. 『논형』은 고조선이 붕괴된 후 오래지 않은 1세기 무렵에 쓰인 것인데 당시 낙랑 사람들이 그렇게 한문을 잘했다면 고조선 사람들의 한문 실력도 상당했을 것이 분명하다.

고조선시대에 한문이 사용되었음은 고고학 자료로도 증명되었다. 요령성 여대시에 위치한 서기전 5세기 무렵의 윤가촌 유적에서는 한문이 새겨진 옹관이 출토되었다. 이런 사실들은 고조선과 중국 사이에 깊은 문화 교류가 이루어졌음을 알게 해준다.

고조선과 북방의 문화 교류는 어떠했을까

한반도와 만주 그리고 그 북쪽의 몽골이나 시베리아 지역은 일찍부터 문화 교류가 긴밀했다. 신석기시대에 이르러 대부분 지역의 사람들이 붙박이 생활에 들어선 후에도 중앙아시아부터 중국 북부와 몽골, 북만주 등지는 유목 생활을 하면서 이동 생활을 하는 상태에 머물러 있었다.

이와 같이 유목 생활이라는 공통의 요소는 후대에 이르러서도 이 지역이 긴밀한 문화 교류를 갖도록 만들었다. 따라서 이 지역은 공통된 문화 요소를 많이 가지고 있었다. 그래서 일찍이 최남선 선생은 이 지역을 하나로 묶어 불함문화권(不咸文化圈)이라 했다. '불함(不咸)'이란 '밝', '백(白)'과 같은 뜻이다.

이런 문화공통론은 민족의 기원 문제로까지 이어져 우리 민족은 중앙아시아나 몽골, 중국 북부 등지에서 기원하여 이동해 왔을 것으로 보기도 했다. 그 결과 우리 민족을 알타이족의 한 지류로 보기도 하고 한반도에는 원래 고아시아족이 거주하다가 예맥족으로 바뀌었다고 보기도 했다. 아무튼 우리 민족이 북방의 다른 곳에서 이주해 왔다고 보았던 것이다.

지난날 우리 민족을 토착인으로 보지 않고 이주민으로 보았던 것은 고대에 우리의 문화 발전이 다른 지역보다 늦었을 것으로 보았기 때문이다. 시베리아 지역의 청동기문화와 고조선의 청동기문화를 비교해보면 현저하게 다른 점도 있지만 부분적으로 유사성도 보인다.

이런 문화의 공통성을 바로 주민의 이동으로 연결해 생각했던 것이다. 카라수크(Karasuk)문화는 서기전 1200~700년, 타가르(Tagar)문화는 서기전 700~200년인데 지난날 일부 학자들은 우리의 청동기문화는 서기전 1000년 이전으로 올라가지 않을 것으로 보았기 때문에 우리의 청동기문화는 카라수크문화의 영향을 받아 형성되었을 것으로 보았던 것이다. 그리고 그것을 민족 이동과 연결해 설명했던 것이다.

그러나 이제 우리의 청동기문화는 서기전 2500년까지 올라가 시베리아 지역이나 중국 황하 유역의 청동기문화보다 앞서 시작된 것으로 확인되었다. 그러므로 우리의 청동기문화가 북방에서 전달된 것이라는 견해는 성립될 수 없었다. 그러나 이런 문화의 유사성은 고조선과 몽골, 시베리아 지역 사이에 문화의 교류가 있었음을 알게 해준다. 고조선 지역의 청동기문화가 시베리아 지역에 전파되었을 가능성이 있는 것이다.

고조선과 북방 지역의 관계는 청동기문화에서만 보이는 것이 아니라 여러 가지 풍속에서도 보인다. 단군사화에는 곰이 등장한다. 그런데 고아시아족의 후예로서 오늘날 시베리아에 거주하고 있는 길랴크(Gilyak)족 등에게는 곰을 숭배하는 사상이 있는데 이런 곰 숭배는 신석기시대에 아시아 지역에 광범위하게 퍼져 있었던 사상 가운데 하나였던 것으로 확인된다.

우리 민족은 고대부터 새에 대한 신앙도 가지고 있었다. 오늘날에도 지역에 따라서는 위 끝이 Y 자 모양인 장대에 새를 깎아서 만들어 세워놓은 솟대라는 것이 있다. 고조선시대의 청동기 가운데는 Y 자 모양으로 갈라진 나무의 양쪽 가지 위에 새가 한 마리 씩 앉아 마주보고 있는 문양이 있다.

고주몽이 남쪽으로 망명할 때 그의 어머니 유화부인은 주몽에게 오곡의 씨를 싸주었는데 주몽은 그 가운데 보리씨를 잊고서 떠나왔다. 그런데 주몽이 나무 밑에서 쉬고 있을 때 비둘기 한 쌍이 보리씨를 물고 와서 전해주었다.

신라 4대 임금인 탈해왕은 알에서 태어났는데 그 알이 든 궤짝이 진한의 아진 포구(阿珍浦口)에 도착한 것을 까치가 해변의 노파에게 알려주었다. 고구려 벽화에는 해를 상징하는 다리가 셋 달린 까마귀가 많이 등장한다. 『삼국지』「동이전」〈한전〉 '변진(弁辰)'조에는 변진 사람들은 장사 지내는 데 큰 새의 깃털을 사용하는데 그것은 죽은 사람이 새처럼 날아다니기를 바라는 뜻에서였다고 기록되어 있다.

그런데 이와 유사한 새에 대한 풍속이 카자흐스탄의 유적에서 발견되었다. 최근에 발견된 스키타이 계통의 돌무지무덤인 카자흐스탄의 이식(Issyk) 고분에서 출토된 유물 가운데는 모자에 꽂는 금제 장식에 새가 앉아 있는 것이 있었다. 새가 앉아 있는 나무는 출(出) 자 모양으로 도안되어 있었다. 이것은 신라 금관에 보이는 장식과 유사했다. 오늘날에도 시베리아에는 샤먼들이 소리개를 아버지로 하여 탄생한다고 믿는 민속 신앙이 있는데 이 장식은 이런 민속 신앙과 일치한다.

이와 같이 고조선과 몽골, 중앙아시아, 시베리아 지역은 문화적으로 깊이 교류하고 있었다. 고조선은 기본적으로 농경문화였지만 고조선 북쪽의 몽골이나 중앙아시아 지역은 유목 지역이었다. 유목민들은 농경민들에 비해 자주 이동하기 때문에 각 지역의 문화를 전파하는 데 크게 공헌했을 것이다. 따라서 몽골, 중앙아시아 지역의 유목민들은 고조선 문화를 다른 지역에 전달하기도 했고 다른 지역의 문화를 고조선에 전달하기도 했을 것이다.

여기서 주의해야 할 것이 하나 있다. 그것은 한반도와 만주, 몽골, 중앙아시아, 시베리아 등지에서 발견된 부분적인 문화 요소의 유사성을 근거로 하여 이 지역 전체를 하나의 공통된 문화권으로 설정해서는 안 된다는 것이다. 일부의 유사한 문화 요소보다는 더 많은 이질적인 문화 요소들이 있다는 점에 유의해야 한다.

고조선과 일본 열도의 문화 교류는 어떠했을까

한반도와 일본 열도 사이에는 일찍이 구석기시대부터 조몬문화(繩文文化)시대와 야요이문화(彌生文化)시대를 거치면서 긴밀한 문화 교류가 계속되었다. 특히 야요이문화는 고조선에서 영향을 받아 형성된 것으로서 한반도로부터 일본 열도로의 문화적 영향이 그 이전 어느 때보다도 강했다. 이 문화는 조몬문화를 계승하여 서서히 발전한 것이 아니라 돌연히 나타난 문화였다.

야요이문화는 고조선에서 가까운 거리에 있는 서북 규슈 지방에서 시작되어 그 말기에는 홋카이도 일부를 제외한 일본 열도 전 지역에 확산되었다. 야요이문화의 연대는 그 발상지인 규슈 지방의 경우 서기전 300년부터 서기 300년까지 약 600년 동안으로 보고 있다.

야요이문화가 시작되기 전 조몬문화 말기의 질그릇 가운데는 야요이식 질그릇 요소를 지니고 있으면서 돌널무덤, 관옥, 손잡이식 마제석검[有柄式磨製石劍] 등과 함께 출토되는 것들이 있다. 고조선의 민무늬질그릇문화에서는 이 3가지가 한 조를 형성하여 크게 유행했다. 이로 보아 조몬문화 말기에 고조선의 무문토기문화가 일본 열도에 전달되었고 이것은 야요이문화 질그릇의 원류가 되었을 것임을 알 수 있다.

야요이문화 초기에 이르면 질그릇의 종류와 제작 기법이 이전에 비해 매우 다양해졌다. 이 시기에 발견되는 소호(小壺), 대호(大壺), 고배(高杯), 각목돌대문토기(刻目突帶文土器) 등은 일본 열도에서는 이 시기에 처음 출현한 것으로서 고조선의 무문토기 영향을 강하게 받은 것들이다. 이런 질그릇은 고조선에서 가까운 서북 규슈 지방을 중심으로 분포되어 있다.

이 뒤를 이은 이타쓰케(板付) 질그릇도 고조선의 무문토기 영향을 강하게 받았다. 그러한 영향은 질그릇 자체에서뿐만 아니라 질그릇과 함께 출토되는 손잡이식 마제석검, 석촉(石鏃), 곰배돌도끼[有溝石斧], 삼각돌칼(三角石刀) 등에서도 보이는데 이런 유물은 고조선의 무문토기 요소에서만 볼 수 있는 독창적인 것이다.

고조선 말기에 고인돌무덤도 일본 열도에 전달되었다. 일본 열도의 고인돌무덤은 대부분 고조선의 고인돌무덤과 같은 양식을 하고 있다. 일본 열도의 고인돌무덤은 고조선에서 가까운 서북 규슈 지방에만 편재해 있다. 일본 열도의 고인돌무덤에서 출토된 유물 내용은 고조선의 고인돌에서 출토된 것들과 별로 차이가 없다.

이 시기부터 일본 열도에서는 벼농사가 시작되었음을 보여주는 농경 도구와 탄화된 벼 등이 출토되는데 이것들이 출토되는 지역은 고인돌이 분포되어 있는 지역과 중첩된다. 한반도에서는 일찍이 서기전 3000년 무렵에 이미 벼농사를 지었다. 이런 사실은 이 시기에 고인돌과 함께 벼농사도 고조선에서 일본 열도에 전달되었음을 알게 해준다. 한반도의 벼와 일본 열도의 벼는 기본적으로 같은 종류였으며 농구도 동일하다.

일본 열도의 청동기문화는 고조선 말기에 고조선 남부에서 전달되어 시작되었다. 일본 열도에서 청동기문화가 가장 일찍 나타난 지역은 한반도에서 무문토기, 고인돌, 벼농사 등의 문화 요소를 가장 일찍 받아들였던 규슈 지방이었다. 규슈 지방에서는 대체로 야요이문화 중기가 시작되면서 고조선의 남부 지역에서 제조된 청동기를 그대로 수입하여 사용하면서 점차 그것을 모방해서 만드는 과정을 거치게 되었다.

고조선의 제품이 그대로 일본 열도에 수입된 것을 학계에서는 '박재동기(舶載銅器)'라 부른다. 고조선에서 건너간 박재동기 가운데 대표적인 것은 꼭지가 여러 개인 잔줄무늬거울, 세형동검, 청동꺾창, 청동창, 청동방울 등이다.

고조선 말기에는 철기도 고조선에서 일본 열도로 수출되었다. 일본 열도에서 철기가 등장하는 시기는 야요이시대 전기 말부터 중기 초 사이가 될 것으로 보고 있다. 고조선에서 철기문화가 시작된 것은 서기전 8세기 무렵이거나 그 이전으로 보고 있으므로 철기가 일본 열도에 전달된 것은 고조선에서 철기를 사용하기 시작한 후 무려 700여 년이 지난 후가 되는 것이다.

이런 문화의 전파는 상당히 많은 고조선인들이 일본 열도로 이주했음을 알게 해준다. 일본 열도에 청동기문화와 철기문화 그리고 벼농사가 전달된 야요이문화 시기에는 이미 경제적으로 잉여 생산도 가능했고 이에 따라 사회 구성원 사이에 빈부의 차이와 신분의 분화도 일어났을 것이다. 빈부와 신분의 차이가 일어났음은 고인돌무덤이 출현한 것에서 알 수 있다.

고조선에서 이주해 간 야요이문화 사람들은 한반도에서 이미 고조선이라는 국가 조직 속에서 생활한 경험을 갖고 있었다. 따라서 이들은 정치적 권력이 있는 사회 조직이 필요하다고 생각했을 것이다. 이에 따라 여러 마을이 연맹을 맺고 추장과 같은 정치 권력자가 출현한 '고을나라' 단계의 사회를 형성했을 것이다. 그 지배계층은 당연히 진보적인 문화와 국가 조직 속에서 생활한 경험을 가졌던 고조선으로부터의 이주민이었을 것임은 의심할 여지가 없다. 우리 민족은 서기전 4000년 무렵에 이미 고을나라 단계에 들어섰고 서기전 2300년 무렵에는 고조선이 건국되었는데 일본 열도에서는 고조선 말기인 서기전 300년 이후에야 고을나라 단계에 들어섰던 것이다.

기자조선, 위만조선, 한사군은
어디에 있었을까

기자조선은 존재했을까

지금 통용되고 있는 우리나라 역사 체계에는 기자조선에 대한 언급이 없다. 그러나 근세조선의 학자들은 단군조선의 뒤를 이어 기자조선이 존재했던 것으로 믿었다. 지금도 기자조선의 존재 여부는 논쟁거리가 되고 있다.

『사기』를 비롯한 중국의 기록에 따르면 기자는 상나라 왕실의 후예였다. 그의 이름은 서여(胥餘)로서 기(箕)라는 지역에 봉해져 자(子)라는 작위를 받은 제후였다. 그러므로 기자(箕子)라 불렸던 것이다. 그런데 당시의 작위는 큰아들에게 세습되었으므로 기자 가문의 종손들은 대대로 기자였다. 그 가운데 우리나라와 연관되어 있는 기자는 그 여러 기자 가운데 기자 서여였던 것이다.

『사기』와 『상서대전』에 기록된 바에 따르면, 상나라 말기에 주왕(紂王)이 포악한 정치를 하자 비간(比干)이 바른 정치를 하도록 간하다가 죽음을 당했다. 그래서 미자(微子)라는 사람은 도망갔고 기자는 자신에게 해가 미칠까 두려워 거짓으로 미친 척하다가 왕의 미움을 사서 옥에 갇힌 신세가 되었다. 그런데 주족의 무왕이 상나라를 멸망시키고 주나라를 건국하면서 기자를 감옥에서 풀어주었다.

『상서대전』에 따르면 감옥에서 풀려나온 기자는 조국이 주족에 의해 망하고 자신이 주족에 의해 감옥에서 풀려난 것을 부끄럽게 여기고 이를 견딜 수 없어 조선으로 망명했다는 것이다. 이 소식을 들은 주 무왕은 기자의 그러한 행동을 배신 행위로 여기지 않고 그가 조선에서 살도록 승인해주었다는 것이다. 『사기』는 기자가 주나라 무왕의 승인을 받았지만 주나라 신하는 아니었다고 기록하고 있다.

기자는 주나라가 그를 배신자로 여기지 않고 조선에서 사는 것을 공식으로 승인해주었으므로 고마운 마음에 보답하기 위해 주나라를 방문한 적이 있는데 이때에 주나라 무왕은 기자로부터 홍범(鴻範)에 대해 배웠다고 한다. 홍범은 천지와 정치에 관한 큰 규범을 말한다. 공자(孔子)는 기자를 비간, 미자와 더불어 상나라 말기의 어진 인물 가운데 한 사람이라고 말했다. 이로 보아 기자는 학문과 덕망이 높은 사람이었음을 알 수 있다.

주나라 무왕은 공자가 가장 존경했던 인물 가운데 한 사람이다. 그러한 무왕에게 홍범을 가르친 기자라면 유가들로부터 존경을 받을 만하다. 따라서 근세조선의 유학자들은 그러한 기자가 조선으로 망명했다면 그는 마땅히 조선의 통치자가 되었을 것이라고 믿었다. 그리고 그러한 덕망 있는 사람이 우리 민족을 통치했다면 우리 민족도 문화민족이 되는 것이라고 생각했다.

근세조선의 유학자들은 심한 모화사상(慕華思想)에 젖어 있었다. 유가사상의 기본은 천하사상이다. 그것은 천하의 모든 것, 즉 사람이나 자연은 모두가 하느님의 것이기 때문에 하느님의 지상 대리자인 중국의 천자가 다스려야 한다는 사상이다. 그러므로 조선 사람은 당연히 중국의 천자를 자신들의 천자로, 중국을 종주국으로, 중국 사람을 상전으로 받들어야 한다고 생각했던 것이다. 따라서 기자가 우리 민족의 통치자가 되었다면 그것은 명예스러운 것이라고까지 생각했다. 그래서 그들은 고조선의 뒤를 이어 기자조선이 있었던 것으로 우리 역사를 체계화했던 것이다.

그런데 일제의 학자들은 기자가 조선으로 망명했다는 중국의 기록을 전면 부인했다. 그 오랜 옛적에 중국에서 조선까지 멀리 망명했다는 것은 불가능하다는 것이었다. 중국인들이 주변 이민족의 역사를 중국인들로부터 시작된 것처럼 꾸미기 위해 만들어낸 가공의 이야기일 뿐이라고 주장했다. 일본인들이 그러한 주장을 한 것은 그럴 만한 이유가 있었다.

일본인들은 임나일본부설(任那日本府說)을 조작하여 고대에 일본이 한반도 남부를 지배했던 것처럼 역사를 왜곡하여 우리나라를 강점한 것을 합리화하고 있었다. 그런데 중국인들은 기자의 조선 망명을 내세워 우리나라의 역사는 기자로부터 시작되었다고 주장해왔다. 그러므로 기자의 조선 망명을 부인함으로써 우리나라에 대한 중국의 연고권을 부인하려 했던 것이다.

광복 후 국사 교과서를 만들면서 우리 학계에서는 기자조선을 없앴다. 불확실한 기자조선을 인정할 필요가 없다고 생각했던 것이다. 그러나 기자는 중국의 여러 문헌에 등장하고 갑골문에서도 확인된다. 그러므로 기자는 가공 인물이 아니다. 여기서 분명히 알아야 할 것은 중국의 옛 문헌에서는 기자가 조선으로 망명했다고 말했을 뿐, 그가 조선의 왕이나 황제가 되었다고는 말하지 않았다는 사실이다.

기자가 우리 역사와 어떤 관계를 가졌는지를 분명히 알기 위해서는 그가 망명한 조선이 어느 곳이었는지를 먼저 확인해야 한다. 그리고 그곳에서의 그의 사회적 신분을 확인해야 한다. 기자가 망명한 조선이 고조선이었다고 하더라도 고조선의 어느 곳으로 망명했는지를 확인해보아야 한다. 그곳이 고조선의 도읍이었는지 아니면 고조선의 변경이었는지를 확인해야 할 것이다. 지난날에는 이런 기본적인 연구 없이 기자나 기자조선을 인정하거나 부인했던 것이다.

기자조선, 위만조선, 한사군은 어떤 관계였을까

기자조선, 위만조선, 한사군 문제를 논할 때 먼저 알아야 할 것은 이들을 떼어서 생각할 수 없다는 점이다. 왜냐하면 이들은 서로 계승 관계에 있었을 것으로 문헌에 기록되어 있기 때문이다. 기자조선, 위만조선, 한사군의 위치를 확인하기 위해서도 먼저 이들의 상호 관계를 확인할 필요가 있다. 이들이 계승 관계에 있었다면 모두 동일한 곳에 위치해 있어야 하고 그렇지 않았다면 서로 다른 곳에 있을 수 있기 때문이다.

이해를 쉽게 하기 위해 한사군부터 살펴보자. 잘 알려져 있는 바와 같이 한사군은 낙랑, 임둔, 진번, 현도의 4개 군을 말한다. 한사군은 서한 무제가 위만조선을 멸망시키고 그 지역에 설치한 서한의 행정구역인 것이다. 이런 사실은 『사기』 「조선열전」과 『한서』 「조선전」의 기록에서 확인된다.

여기서 참고로 알아두어야 할 것은 일반적으로 한사군은 위만조선의 영토에 동시에 설치되었던 것처럼 말하지만 사실은 이와 다소 차이가 있다는 것이다. 서한 무제는 서기전 108년에 위만조선을 멸망시키고 그곳에 낙랑, 임둔, 진번의 세 군을 설치했다. 그 후 여세를 몰아 고조선의 서쪽 변경을 침략하여 1년 후인 서기전 107년에 현도군을 설치했다. 따라서 낙랑, 임둔, 진번 세 군은 위만조선 영토에 설치되었고 현도군은 위만조선 영토 밖 고조선의 서부 변경에 설치되었던 것이다.

한사군 가운데 진번과 임둔은 설치된 지 불과 20여 년 후인 서기전 82년에 폐지되어 낙랑과 현도 두 군만 남게 되었다. 그 후 낙랑군의 남부를 분리하여 대방군을 설치하자 낙랑, 대방, 현도의 세 군이 되었다. 따라서 옛 기록에는 한사군이 사군(四郡)으로 표기되어 있기도 하고 이군(二郡)이나 삼군(三郡)으로 표기되어 있기도 한 것이다.

여기서 알아두어야 할 것은 비록 한사군 가운데 현도군이 위만조선 밖에 설치되기는 했지만 전체적으로 보아 한사군은 위만조선 지역에 설치되었다는 것이다. 그러므로 한사군의 위치와 위만조선의 위치는 같은 지역이어야 할 것이다.

그런데 위만조선은 위만이 준왕의 정권을 빼앗아 건국했다. 옛 문헌의 기록에 따르면 위만은 서기전 195년에 서한에서 조선으로 망명했다. 위만은 준왕에게 청하기를 자신을 중국과의 국경 지대에 살게 해주면 그곳에 거주하고 있는 중국 망명인들과 토착인들을 규합하여 조선의 울타리가 되어 서한의 침략을 방어하겠다고 했다. 준왕은 이를 믿고 그에게 사방 100리의 땅을 주고 박사로 봉하여 국경 지대에 살도록 했다.

위만은 그의 세력이 커지자 준왕에게 서한이 군사를 일으켜 10개의 길로 쳐들어오고 있으니 들어가 궁궐을 지키겠다고 거짓으로 보고하고는 군사를 이끌고 들어가 준왕을 공격했다. 준왕은 위만과 싸웠으나 미처 준비할 겨를이 없어 그를 이길 수가 없었다. 이렇게 되어 준왕은 위만에게 정권을 빼앗기고 말았다.

여기서 문제로 등장하는 것은 준왕은 누구인가 하는 점이다. 현재 통용되고 있는 한국사 개설서나 교과서에서는 위만에게 정권을 빼앗긴 준왕을 고조선의 마지막 왕이었다고 서술하고 있다. 그리고 고조선에 대해서는 『삼국유사』에 단군왕검이 건국한 것으로 기록되어 있다고 서술하고 있다. 이런 전후의 내용을 연결해보면 고조선의 마지막 왕이었던 준왕은 단군왕검의 후손이었다는 것이 된다. 그렇게 보면 위만조선은 단군왕검이 세운 고조선의 뒤를 이은 나라가 된다.

그러나 그것은 사실이 아니다. 준왕은 단군왕검의 후손이 아니다. 그는 중국에서 조선 지역으로 망명했던 기자의 후손이다. 『위략』과 『후한서』, 『삼국지』 등의 문헌에 준왕은 기자의 40여 대 후손이었다고 기록되어 있다. 그러므로 준왕은 고조선의 왕이 아니었다. 중국에서 고조선의 서부 변경으로 망명하여 고조선의 거수국이 되어 있었던 기자조선의 거수였던 것이다. 따라서 위만조선은 고조선의 뒤를 이은 나라가 아니라 기자조선의 뒤를 이은 나라였던 것이다.

기자의 후손인 준왕이 고조선의 단군왕검 후손으로 둔갑하여 우리 역사에 등장함으로써 우리 역사 체계에는 커다란 잘못이 나타나게 되었던 것이다. 준왕으로부터 정권을 빼앗아 건국된 위만조선과 위만조선이 망하고 그 지역에 설치되었던 한사군이 고조선의 뒤를 이어 우리나라에 위치해 있었던 것으로 잘못 서술되는 결과를 가져오게 되었던 것이다.

다시 말하면 한반도와 만주의 토착 세력이 건국한 고조선이 어느 사이에 중국 망명객들의 정권으로 둔갑해버린 것이다. 그리고 고조선은 서한의 영토에 편입되어 그 행정구역이 설치되었던 것으로 서술되는 잘못된 결과를 낳게 되었다.

이는 한국의 어느 성씨 족보에다 난데없이 중국 성씨를 끼워넣고 그것을 한국 성씨의 족보라고 하는 것과 마찬가지다. 아마도 이런 족보가 만들어진다면 그 후손들은 그것을 용납하지 않을 것이다. 그러나 우리 민족은 그러한 잘못된 역사 체계를 바로잡지 않은 채 젊은이들을 교육하고 있는 것이다.

이상의 고찰에서 분명해진 것은 기자조선, 위만조선, 한사군은 서로 계승 관계에 있었다는 것이다. 그러므로 이들은 동일한 지역에 위치해야 한다.

기자조선, 위만조선, 한사군은 어디에 있었을까

앞에서 확인된 바와 같이 기자조선, 위만조선, 한사군은 계승 관계에 있었다. 위만조선은 위만이 기자의 후손인 준왕으로부터 정권을 빼앗아 건국했고 한사군은 위만조선이 망하고 그 자리에 설치되었다. 따라서 이들은 동일한 지역에 위치해 있었어야 한다.

만약 이들이 단군왕검이 건국한 고조선과 동일한 지역에 위치해 있었다면 고조선은 기자조선의 건국과 더불어 붕괴했다고 보아야 할 것이다. 그러나 그들의 위치가 고조선과 다른 곳에 위치해 있었던 것으로 확인된다면 고조선의 붕괴는 이들의 건국과 직접적인 관계가 없을 것으로 보아야 할 것이다.

먼저 기자조선의 위치를 확인해보자. 근세조선의 학자들은 중국 문헌들에 보이는 서주 무왕이 기자를 조선에 봉했다는 기록에 근거하여 기자가 고조선의 통치자가 되었을 것으로 믿었다. 유교를 숭상했던 근세조선의 학자들은 중국의 천자였던 서주의 무왕이 기자를 조선에 봉했다면 그것은 기자가 고조선의 통치자가 되었음을 의미하는 것으로 인식했던 것이다. 그러나 그러한 생각은 잘못된 것이었다.

기자의 조선 망명을 자세하게 전하는 『상서대전』의 기록은 이러하다. 상나라 말기에 감옥에 갇혀 있던 기자는 상나라를 멸망시킨 서주 무왕에 의해 감옥에서 풀려났다. 그러나 기자는 자신이 자신의 조국을 멸망시킨 서주 무왕에 의해 감옥에서 풀려난 것을 부끄럽게 여겨 조선으로 도망을 갔다. 이 소식을 들은 서주 무왕은 기자를 조선에 봉했다는 것이다.

위의 내용에서 알 수 있듯이 무왕이 기자를 조선에 봉했다는 것은 기자를 조선의 통치자로 파견했다는 뜻이 아니다. 조선으로 망명한 기자를 서주를 배반한 죄인으로 취급하지 않고 조선에 거주하는 것을 공인해주었다는 뜻인 것이다.

그런데 기자가 망명하여 거주했던 조선은 고조선의 중심부가 아니라 서쪽 변경이었다. 『한서』와 『진서』의 「지리지」에는 낙랑군의 조선현은 기자가 봉해졌던 곳이라고 기록되어 있다. 그러므로 옛날 기자가 망명해 와 거주했던 곳이 후에 한사군이 설치되면서 낙랑군의 조선현이 되었음을 알 수 있다. 그리고 『진서』 「지리지」에는 낙랑군의 수성현에서 진제국이 쌓은 만리장성이 시작되었다고 기록되어 있다. 낙랑군의 수성현에서 만리장성이 시작되었다는 기록은 진(晉)시대에 쓰인 『태강지리지』와 당시대에 편찬된 『통전』에서도 보인다.

앞에서 확인된 바와 같이 진제국의 만리장성은 오늘날 난하 하류 동부 유역에 있는 갈석산에서 시작되었다. 그러므로 낙랑군의 수성현은 난하 하류 동부 유역에 있었을 것임을 알 수 있다. 조선현도 수성현과 함께 낙랑군에 속해 있었으므로 난하 하류 동부 유역에 있었을 것이다. 이런 사실은 한사군의 낙랑군이 오늘날 난하 동부 유역에 위치해 있었음을 알게 해준다.

그런데 기자가 망명하여 거주했던 난하 하류 동부 유역은 고조선의 영토였다. 그러므로 기자가 그곳에 거주한 것은 고조선의 양해 아래 이루어졌을 것이다. 중국 문헌에는 기자의 후손들을 '조선후(朝鮮侯)'라고 표기하고 있는데 이것은 고조선의 제후라는 뜻일 것이다. 고조선에서는 제후를 거수라 하고 그 나라를 거수국이라 했다. 그러므로 기자와 그 후손들의 나라는 고조선의 거수국이었다. 그 나라 이름을 기자조선이라 불렀던 것이다.

기자조선과 한사군의 낙랑군이 난하 동부 유역에 있었다면 위만조선의 위치도 이와 동일해야 한다. 위만조선은 기자의 후손인 준왕의 정권을 빼앗아 건국되었고 한사군은 위만조선이 멸망되고 그 지역에 설치되었기 때문이다. 위만조선의 위치는 『사기』「조선열전」의 기록에서 확인된다.

『사기』「조선열전」 기록에 따르면 서한의 해군을 거느린 양복(楊僕)은 위만조선을 치기 위해 지금의 산동성으로부터 발해를 항해했다. 발해는 산동성 북쪽에 위치해 있으므로 서한의 해군이 도달한 곳은 발해 북쪽 난하 동부 유역이었을 것이다. 그리고 서한의 육군을 거느린 순체(荀彘)는 요동에 출격하여 위만조선의 우거왕을 토벌했다. 그런데 고대의 요동은 오늘날 난하 유역이었음이 앞에서 밝혀진 바 있다. 이런 내용들은 위만조선의 위치가 난하 동부 유역이었음을 말해준다.

이상과 같이 기자조선, 위만조선, 한사군은 한반도에 있지 않았고 당시 고조선의 서부 변경이었던 난하 동부 유역에 위치해 있었다. 따라서 고조선의 뒤를 이어 위만조선이 서고 그 뒤를 이어 한사군이 설치되었던 것으로 서술된 현행 국사 체계는 크게 잘못된 것이다.

한사군의 낙랑군이 축출된 것은 서기 313년인데 기자가 고조선으로 망명 온 시기는 서기전 1100년 무렵이었고 위만이 망명 온 시기는 서기전 195년이었다. 그러므로 기자로부터 한사군 낙랑군 축출 시기까지는 무려 1,400여 년이라는 긴 기간이다. 위만으로부터는 500여 년이라는 기간이 된다.

그러므로 종래의 국사 체계와 기자의 고조선 통치를 인정한다면 우리 민족은 1,400여 년간 중국인의 지배를 받았다는 것이 된다. 기자의 고조선 통치를 인정하지 않고 위만조선부터 계산하더라도 500여 년간 중국인의 지배를 받았다는 것이 되는 것이다.

이것이 사실이라면 그것을 인정해야 할 것이다. 그러나 앞에서 확인된 바와 같이 이런 국사 체계는 사실과 전혀 다른 것이다. 이런 잘못된 국사 체계를 그대로 두어야 할 것인지 깊이 생각해보아야 할 문제다.

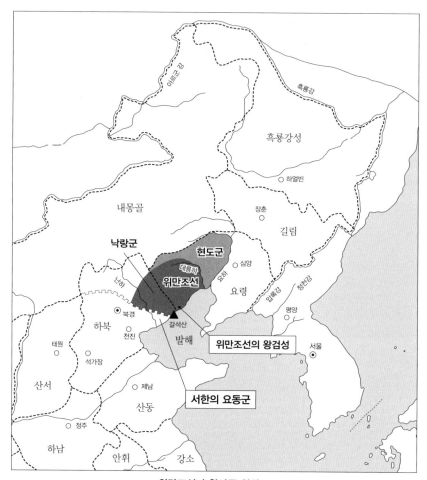

위만조선과 한사군 위치도

대동강 유역의 낙랑 유적은 어떤 것일까

일본인들은 대동강 유역을 발굴하고 그곳에서 고대 중국의 유물들과 함께 낙랑, 조선 등의 문자가 새겨진 기와와 봉니가 출토되었으므로 대동강 유역이 한사군의 낙랑군 지역이었음이 틀림없다고 주장했다.

그러나 앞에서 고찰한 바와 같이 중국 고대 문헌에는 한사군이 오늘날 요서 지역에 있었던 것으로 나타난다. 그러므로 대동강 유역에서 고대 중국 유물이나 낙랑, 조선 등의 문자가 새겨진 기와와 봉니가 출토되었다고 하더라도 그것만으로 문헌에 기록된 내용을 뒤엎을 수는 없는 것이다. 유물은 여러 가지 원인으로 그 생산지로부터 다른 곳으로 이동될 수 있기 때문이다.

한사군이 설치되었던 시기에 오늘날 경상남북도와 전라남북도, 충청남북도, 경기도, 황해도 일대에는 한(삼한), 강원도 지역에는 동예(예맥), 평안남도 지역에는 최씨낙랑국, 함경도 지역에는 동옥저, 오늘날 요동과 평안북도 지역에는 고구려, 길림성 북부와 내몽골자치구 동부, 흑룡강성 지역에는 부여, 연해주 지역에는 읍루가 서로 국경을 접하고 위치해 있었다. 그러므로 한사군의 낙랑군이 자리할 공간이 없었다.

그런데도 지난날 일부 학자들은 최씨낙랑국을 한사군의 낙랑군으로 잘못 알았던 것이다. 최씨낙랑국은 『삼국사기』 「고구려본기」 〈대무신왕〉조에 실려 있는 호동왕자와 낙랑공주의 애절한 사랑 이야기로 우리에게 잘 알려진 최리(崔理)왕이 다스렸던 낙랑공주의 나라였다.

낙랑군을 대동강 유역으로 보면 중국 기록에 모순이 나타난다. 『후한서』「동이열전」〈부여전〉에 부여왕이 보병과 기병 7,000~ 8,000을 거느리고 낙랑군을 쳤다는 기록이 있다. 낙랑군이 대동강 유역에 있었다면 부여와 낙랑 사이에는 고구려와 동예가 끼어 있어 부여가 낙랑을 칠 수가 없는 것이다.

『수서(隋書)』「양제기(煬帝紀)」에는 수(隋)나라 양제(煬帝)가 고구려를 치기 위해 그의 군대를 출동시키면서 각 군들이 출발할 행군로를 명한 기록이 있다. 그 도로명 가운데 누방(鏤方), 장잠(長岑), 해명(海冥), 조선(朝鮮), 점제(黏蟬), 함자(含資), 혼미(渾彌), 동이(東暆), 대방(帶方) 등의 낙랑군에 속해 있었던 현(縣)의 명칭과 낙랑, 현도, 임둔 등의 군명, 오늘날 난하 유역에 있었던 갈석(碣石), 양평(襄平) 등의 지명이 보인다.

낙랑군이 대동강 유역에 있었다면 그 지역을 향해 진군하는 군대의 출발지에서 낙랑군에 속해 있었던 지역의 명칭들이 보일 수가 없는 것이다. 갈석과 양평이 낙랑군의 현명들과 함께 보이는 것으로 보아 낙랑군은 난하 유역에 있었음을 알 수 있다.

낙랑군이 대동강 유역에 있었다고 주장하는 학자들은 "고구려의 치소(治所)인 평양성은 본래 한(漢)의 낙랑군 왕검성인데 바로 옛 조선이다."라고 한 『괄지지』의 기록과 "고구려는 평양성에 도읍했는데 바로 한(漢)의 낙랑군 옛 땅이다."라고 한 『구당서(舊唐書)』의 기록, "고구려의 도읍인 평양성은 바로 옛 조선의 왕검성이다."라고 한 『통전』 기록 등을 근거로 든다.

위에 나오는 평양성을 고유명사로 인식하여 대동강 유역에 있는 오늘날 평양과 동일한 곳으로 본 것이다. 그러나 평양이라는 지명이 한 곳에만 있었던 것은 아니다. 『구당서』 「동이열전」 〈고구려전〉에는 위의 평양에 대해 설명하기를 평양으로부터 동쪽으로 바다를 건너면 신라에 이르고 남쪽으로 바다를 건너면 백제에 이른다고 했다. 이로 보아 이 평양은 오늘날 평양일 수가 없는 것이다. 오늘날 평양으로부터 신라와 백제에 이르는 데 바다를 건널 필요가 없기 때문이다.

이 평양은 난하 유역에 있어야만 그 위치가 맞다. 고구려도 고조선시대에는 난하 유역에 있었고 위만조선과 낙랑군도 난하 유역에 있었는데 왕검성은 위만조선의 도읍이었다. 그러므로 위의 『괄지지』와 『구당서』, 『통전』의 기록은 모두 난하 유역을 말하고 있는 것이다.

그렇다면 일본인들이 대동강 유역에서 발굴했다는 낙랑 유적과 유물은 어떤 것일까? 중국 유물이 출토되고 낙랑이라는 문자가 확인되었다고 해서 그곳이 낙랑군이 설치된 곳이었다는 근거가 되지는 않는다.

예컨대 경기도 파주군 용미리에는 화교 공동묘지가 있는데 먼 훗날 그곳을 발굴하면 중국 유물이 많이 출토될 것이다. 그렇다고 그곳을 중국 영토였다고 말할 수는 없는 것이다. 대동강 유역에는 최씨낙랑국이 있었기 때문에 낙랑이라는 문자가 새겨진 유물이 출토될 수 있는 것이다.

일본인들이 낙랑군 유적이라고 발표한 대동강 유역의 유적을 검토해보면 모두가 동한 이후에 만들어진 것들이다. 낙랑군은 동한보다 앞선 서한 중기 무제 때 설치되었는데 왜 서한시대의 유적은 하나도 없을까? 그리고 그보다 훨씬 뒤인 동한 이후의 유적뿐일까? 이것은 이 유적이 낙랑군의 유적이 아님을 알게 해주는 것이다.

『삼국사기』에 따르면 대동강 유역에는 원래 최리왕이 다스리던 낙랑국이 있었는데 고구려에 의해 멸망했다. 낙랑국이 멸망된 7년 후 동한의 광무제(光武帝)가 이곳을 쳤다. 이는 중국이 낙랑국을 부활시켜 고구려의 배후에 견제 세력을 만들 필요가 있었기 때문이었을 것이다. 이때 부활된 낙랑국은 동한과 깊은 교류를 가지면서 친밀한 관계를 유지했을 것이다. 아마도 대동강 유역의 유적은 이 시기에 최씨낙랑국의 지배 귀족과 중국인들이 남긴 것들일 것으로 생각된다.

우리 고대사 도표는 어떻게 만들어져야 할까

지금까지 살펴본 바와 같이 기자조선, 위만조선, 한사군 등은 고조선의 변방이었던 오늘날 요서 지역에 위치했다. 그러므로 그들은 우리 역사의 주류일 수가 없다. 이들은 고조선의 변방에서 일어난 사건으로 취급되어야 한다.

그리고 우리 역사의 주류는 고조선(단군조선)부터 부여, 고구려, 동옥저, 읍루, 동예, 최씨낙랑국, 한(韓) 등의 여러 나라로 이어지는 것으로 체계화되어야 한다. 이들은 원래 고조선의 거수국이었는데 고조선이 붕괴하자 독립국이 되었다. 이 가운데 고구려가 북방을 통합하고 남방의 한은 백제, 신라, 가야로 분열되어 사국시대가 되었다. 이렇게 체계화하여 만든 것이 262쪽 상단의 도표다.

그런데 종래의 통설은 다음과 같다. 고조선(단군조선)은 대동강 유역에 있었던 작은 집단이었고 당시에 그 주변은 미개하여 어떠한 정치집단이 있었는지 알 수 없다. 서기전 1100년 무렵에 중국의 기자가 와서 고조선의 통치자가 되었고 기자의 40여 대 후손인 준왕에 이르러서는 서한에서 망명한 위만에게 정권을 빼앗겨 위만조선이 건국되었다(서기전 195~180년 무렵). 위만조선은 서한 무제의 침략을 받아 멸망하고 그 지역에 서한의 행정구역인 낙랑, 임둔, 진번, 현도 등의 4개 군이 설치되었다(서기전 108~107년). 이것이 한사군이다.

오늘날 통용되는 한국사 개설서나 교과서에서는 기자에 대해서 언급하지 않고 있으므로 기자조선을 인정하지 않고 있다고 말하는 학자가 있을지 모르겠다. 그러나 기자의 후손인 준왕을 고조선의 왕으로 서술하고 있으므로 결국 기자조선을 인정하는 것이 되는 것이다.

이런 종래의 통설에 따르면 기자조선, 위만조선, 한사군은 우리 역사의 주류에 위치해야 하는 것이다. 그리고 우리 민족은 서기전 1100년 무렵에 시작된 기자시대부터 중국인의 지배를 받았다는 것이 된다. 그리고 한사군이 설치된 서기전 108년부터 우리나라는 완전히 중국의 영토에 편입되었다는 것이 된다. 이런 상황은

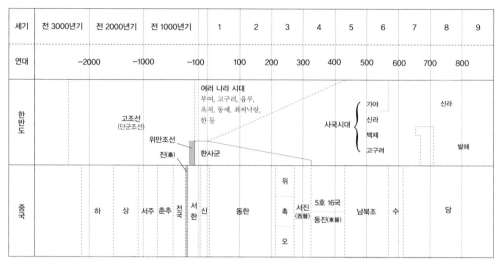

고조선부터 여러 나라까지 체계화한 우리 고대사 도표

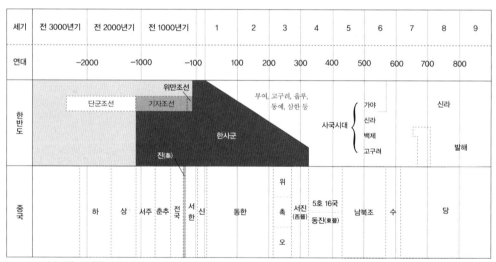

■ 미개 지역 ■ 중국 망명인 통치 ■ 중국 영토에 편입

종래의 통설에 따른 우리 고대사 도표

한사군 가운데 가장 늦게 우리나라에서 축출된 낙랑군이 소멸된 시기(313~315년)까지 계속되었다는 것이 된다. 이를 도표로 만들면 262쪽 하단의 도표와 같다.

이를 기자조선부터 계산하면 무려 1400여 년 동안 우리 민족이 중국인들의 지배를 받은 것이 된다. 역사는 사실대로 복원되어야 하므로 그것이 사실이라면 그대로 서술되어야 할 것이다. 어느 역사나 흥망성쇠가 있기 마련이므로 그것을 부끄러워할 필요도 없다. 그러나 지금까지 살펴본 바와 같이 그것이 사실이 아니라는 데 큰 문제가 있다.

사실이 아닌 것을 굳이 인정하려는 일부 학자들이 있다. 그들은 왜곡된 내용을 바로잡으려는 주장을 지나친 민족주의 또는 국수주의 발상인 것처럼 몰아붙인다. 그렇게 애써 잘못된 내용을 고수하려는 의도를 필자는 전혀 이해할 수가 없다.

종래의 통설을 따른다면 만주에 있었던 숙신, 부여, 고구려, 읍루, 발해 등은 우리 역사에 들어올 수 없으며 가야와 백제도 주류에 위치할 수 없을 것이다. 우리 역사의 시작은 신라로부터 잡아야 하고 그 체계는 신라 → 통일신라 → 고려 → 조선으로 되어야 한다.

왜냐하면 신라가 고구려와 백제를 통합하기 전에는 한반도의 주민들이 하나의 국가에 속한 적이 없었으며 신라가 고구려와 백제를 통합하기 전이나 그 이후 어느 때에도 만주는 한반도와 동일한 국가에 속한 적이 없기 때문이다. 이런 근거에서 중국인들은 숙신, 부여, 고구려, 읍루, 발해 등 만주에 있었던 나라나 종족들을 중국사에 포함시키고 있으며 일본인들도 동조하고 있는 것이다. 이런 논리는 잘못 인식된 우리 고대사가 근거가 되고 있다는 점을 명심할 필요가 있다.

우리 민족의 전망은 어떠한가

고조선 이후의 사회는 어떠했을까

고조선이 언제 붕괴되었는지, 그 원인은 무엇이었는지에 대한 자세한 기록은 남아 있지 않다. 그러나 당시의 상황을 통해 이를 추정해볼 수 있다. 고조선은 서기전 1세기 전반기에 붕괴했을 것으로 추정된다. 『삼국사기』에 따르면 신라는 서기전 57년, 고구려는 서기전 37년에 건국된 것으로 되어 있는데 이들은 고조선이 붕괴한 후 건국되었기 때문이다.

그러면 고조선의 붕괴 원인은 무엇이었을까? 이 점은 다음 2가지로 생각된다.

첫째는 내부적 요인으로 철기의 보급과 관계가 있다. 고조선에서는 서기전 800년 무렵부터 철기를 사용하기 시작했다. 철기는 농구로 사용되었다. 철기가 농구로 사용됨에 따라 경제관념에 변화가 일어났다.

청동기는 주로 무기와 의기로 사용되었으며 지배 귀족의 독점물이었다. 그러므로 청동기시대에 농구는 석기가 주류를 이루었다. 따라서 노동능률이 오르지 않아 토지를 개간하는 데 한계가 있었다. 그러므로 많은 땅이 공터로 버려져 있었다.

그러니 철기가 농구로 사용됨으로써 토시의 개간 면적이 크게 확대되었다. 따라서 사람들은 많은 토지를 소유하려고 하게 되었다. 토지에 대한 경제관념에 변화가 일어난 것이다. 그 결과 종래에 버려져 있던 공터를 서로 차지하려고 토지 쟁탈전을 벌였다. 토지 쟁탈전은 사회를 혼란하게 만들고 기존의 사회질서를 붕괴시켰다. 오랜 세월 유지되어온 고조선의 통치 조직과 사회 조직이 흔들리게 되었던 것이다.

그리고 철기가 일반화됨에 따라 금속기 제조 기술이 각 지방으로 퍼져나갔으며 지방의 경제 기반도 튼튼해졌다. 이에 따라 지역에 따라서는 상당히 강한 정치 세력이 등장했다. 철기가 보급된 이후 한반도에서 세형동검이 발달한 것이라든가 그것들이 지역에 따라 다른 특징을 보이는 것은 이런 이유 때문이다.

토지에 대한 경제관념의 변화는 고조선의 통치 질서와 사회질서를 근본적으로 뒤흔들어놓았다. 이에 따라 고조선은 약화될 수밖에 없었다.

둘째는 외부적 요인으로 위만조선의 건국 및 한사군 설치와 관계가 있다. 고조선 말기에 그 서부에 위만조선이 건국되었다. 위만은 나라를 세운 후 고조선을 침략하여 영토를 확장했다. 이를 막기 위해 고조선은 전쟁을 할 수밖에 없었을 것이다.

그 후 서한 무제는 위만조선을 쳐서 멸망시키고 그 지역에 낙랑, 임둔, 진번의 세 군을 설치한 후 여세를 몰아 고조선의 변경을 침략하여 그곳에 현도군을 설치했다. 이 과정에서도 고조선은 큰 전쟁을 했을 것이다.

고조선 말기에 일어난 두 번에 걸친 큰 전쟁은 고조선을 크게 약화시켰을 것이다. 당시 고조선 상황은 철기의 보급으로 통치 질서와 사회질서가 무너지고 지방의 정치 세력이 성장하던 시기였으므로 그 피해는 더욱 컸을 것이다. 이렇게 되어 고조선의 중앙 정권은 통치 능력을 잃었고 지방의 거수국들이 독립하는 상황이 일어났던 것이다.

고조선이 붕괴되는 과정에서 거수국의 독립과 더불어 큰 변화가 일어났다. 그것은 거수국들의 이동이었다. 고조선의 서부 변경에 위만조선이 서고 한사군이 설치되자 그 지역에 있었던 거수국들은 더는 그곳에 자리하고 있을 수 없게 되었다. 그들은 위만조선에 항거하면서 동쪽으로 이동했다. 한사군 설치 시에도 그러한 현상이 일어났다.

이 가운데 일부 세력은 새로 이동한 지역에서 나라를 세웠다. 국명은 대개 이전의 명칭을 그대로 사용했다. 부여, 고구려, 읍루(이전의 숙신), 동옥저, 동예, 최씨낙랑국 등이 그 나라들이다. 이렇게 되어 오늘날 요서 지역에는 한사군이 설치되어 있었고 요하의 동쪽 만주와 한반도에는 부여, 고구려, 읍루, 동옥저, 동예, 최씨낙랑국, 한(삼한) 등의 여러 나라가 함께 존재하게 되었다. 이 가운데 한에서는 백제, 신라, 가야가 건국되어 셋으로 나누어지는 상황이 일어났다.

한반도와 만주에 있었던 여러 나라들은 정치적으로는 분열되어 있었지만 고조선의 뒤를 이은 나라들이었으므로 같은 민족이라는 의식이 강했다. 그러므로 이들은 통합되어야 한다는 의식을 가지고 있었다. 그리고 땅이 넓으면 이익이 된다는 경제관념은 민족의식과 복합되어 통합을 추구하게 되었다.

그 결과 고구려가 북부를 통합하여 고구려, 백제, 신라, 가야 등이 병립한 사국시대가 되었다. 고구려는 난하까지의 고조선 영토를 수복하기도 했고 백제는 오늘날 북경과 천진 지역부터 절강성까지의 중국 동부 해안 지역을 차지하기도 했다. 그 후 신라가 일시 가야, 고구려, 백제를 통합했으나 이를 도왔던 당나라에게 대동강 이북 지역을 빼앗기고 말았다. 만주에서는 고구려의 뒤를 이어 발해가 건국되어 우리 민족의 고토가 수복되는가 싶었다. 그러나 발해가 거란에 의해 멸망하여 만주 지역에 독자적인 역사가 전개됨으로써 만주는 우리의 강역에서 떨어져 나가고 말았다.

우리는 능력 있는 민족일까

지금까지 고조선과 그에 관련된 여러 가지 문제에 대해 살펴보았다. 아마도 독자 여러분은 고조선의 넓은 영토와 높은 경제 수준 및 문화 수준을 확인하면서 뿌듯함을 느꼈을 것이다. 그러면서도 한편으로 이 책에서 말하는 것처럼 고조선이 그렇게 수준 높은 국가였는가, 하는 의문도 가질 것이다.

독자 여러분이 고조선의 높은 사회 수준과 문화 수준을 의심하는 것은 그동안 우리가 받은 역사 교육이 우리의 의식에 자리하고 있기 때문이다. 우리는 고조선에 대해 자세하게 배우지 못했다. 단군사화의 대체적인 내용과 고조선은 우리 민족 최초의 국가라는 것 정도를 배웠을 뿐이다. 단군사화를 역사 사실로 해석해주지도 않았고 단군에 대해서도 구체적인 설명이 없었다. 지난날 우리의 고대사 지식 수준은 단군이 신이었는지 사람이었는지에 대한 분별조차 할 수 없었고 고조선이 실제로 있었는지조차 의심할 정도였다.

이런 낮은 수준의 고대사에 대한 지식과 우리 민족은 오랫동안 반도 안에서 생활해왔다고 배운 역사 지식을 근거로 할 때 고조선이 그 넓은 만주를 차지하고 있었다는 것부터 실감할 수 없을 것이다.

그러나 이 시기는 처음으로 국가가 서는 역사의 여명기라는 사실에 주목해야 한다. 이 시기에는 세계 어느 지역에서나 아직 넓은 영토를 가진 정치 세력이 형성되지 않았고 모두가 석기를 사용하고 있었기 때문에 가장 일찍 청동기와 같은 선진 문화를 가지고 있는 씨족이나 종족이 넓은 영역을 확보하려고 마음만 먹으면 그것을 달성할 수 있었던 것이다.

많은 사람이 우리나라는 항상 작은 나라라는 선입관을 갖고 있다. 그 때문에 만주까지 차지하고 있었던 고조선이 매우 큰 나라였던 것처럼 낯설게 느껴질 것이다. 그러나 당시 황하 유역을 중심으로 남쪽으로는 장강(양자강), 동북쪽으로는 하북성에 이르렀던 상나라나 주나라 등도 고조선에 못지않은 넓은 영토를 갖고 있었다. 중국의 고대국가가 그렇게 넓은 영토를 가지고 있었다는 것은 의심하지 않으면서 고조선이 넓은 영토를 가지고 있었다는 사실은 인정하지 않으려고 하는 것이 우리의 익식이다. 오래된 선입관과 부족한 역사 교육으로 인해 많은 사람이 중국은 처음부터 우리나라보다 큰 나라였을 것으로 믿고 있는 것이다.

이런 생각은 매우 잘못된 것이다. 여기 키 큰 사람과 키 작은 사람이 있다고 하자. 키가 큰 사람은 태어나면서부터 작은 사람보다 컸을까? 그렇지 않다. 태어날 때는 비슷했을 것이다. 반대로 작은 사람이 어렸을 때는 더 컸을 수도 있다. 대제국이었던 로마가 멸망하여 역사에서 자취를 감추기도 하는 것이다.

여기서 필자가 분명히 말하고 싶은 것은 이 책에서 밝힌 사실들은 모두가 분명한 근거에 의하고 있다는 것이다. 이미 발간된 필자의 저서 『고조선 연구』 상·하(만권당, 2015·2016)에는 이 책에서 다룬 문제들이 옛 문헌과 고고학 자료를 근거로 하여 자세하게 연구되어 있다.

이미 밝혀진 바와 같이 고대에 우리 민족은 사회 진화나 문화 발전 및 고대국가의 출현 등 여러 면에서 동아시아에서 가장 앞섰다. 청동기문화의 개시는 황하 유역이나 시베리아보다 앞섰으며 고대국가의 출현도 앞섰다. 이런 사실들은 우리 민족이 그만큼 우수하고 능력이 있다는 것을 말해준다.

우리 민족의 그러한 능력은 고조선 이후의 역사에서도 확인된다. 고구려는 고조선의 강역이었던 난하 유역까지를 수복하고 중국을 향해 위용을 과시했으며 백제는 바다를 건너 오늘날 북경과 천진 지역부터 남쪽의 절강성에 이르는 지역을 차지하고 영향력을 행사했다. 고구려의 을지문덕 장군은 수나라 대군을 무찔러 수나라를 멸망으로 몰아넣었다.

고구려가 멸망한 후 그 유민 이정기와 그 일가는 산동성을 중심으로 치청번진(淄靑藩鎭)을 경영하여 55년 동안 소왕국과 같은 존재로 군림하면서 당나라 황실에 대항했다. 치청번진이 멸망된 후 오래지 않아 장보고 대사가 이 지역을 경영했다. 그는 오늘날 완도에 청해진을 건설하고 중국 동부와 일본 열도의 남부 등지를 장악하여 동아시아의 해상왕으로 군림했다.

고조선이 붕괴된 후 고구려, 백제, 신라, 가야 등이 발전시켰던 지역적 특성을 지닌 문화라든가 신라가 고구려와 백제, 가야 등을 통합한 후 이들 문화가 종합되어 이루어진 후기 신라의 찬란한 문화는 우리 민족의 저력을 보여주기에 충분하다.

우리 민족의 저력은 면면히 이어져왔다. 세계 최초의 금속활자 발명, 한글의 창제, 거북선의 건조, 이순신 장군과 전라도 사람들의 임진왜란에서의 큰 승리 등 역사 사실을 들추지 않더라도 오늘날 한강의 기적이라 일컬어지는 경제의 고속 성장, 그 어려운 정치 상황 속에서도 세계인의 찬사를 받으면서 치러냈던 88올림픽, 윤이상, 이응로, 백남준, 정경화, 정명훈, 조수미 등과 같은 세계적인 예술가의 배출은 결코 우연히 일어난 것이 아닐 것이다. 이상의 사실들은 우리 민족의 저력을 알게 해주는 일부의 예에 불과한 것이다.

우리 민족은 왜 약화되었을까

아마 독자 여러분은 다음과 같은 의문을 가질 것이다. 앞에서 확인된 바와 같이 우리 민족이 우수한 능력을 지니고 있다는 것은 사실이지만, 전체적으로 볼 때 고조선이 붕괴된 후 우리나라는 영토가 줄어들고 국력도 약화되었는데 이 점은 어떻게 설명해야 할 것인가 하는 것이다.

실제로 고조선이 붕괴된 후 우리나라는 부여, 고구려, 동옥저, 읍루, 동예, 최씨낙랑국, 한 등의 여러 나라로 분열되었다. 여러 나라는 다시 고구려, 백제, 신라, 가야 등 사국이 되었다가 신라가 고구려와 백제, 신라, 가야를 통합했지만 그 영토는 대동강 이남으로 줄어들었다. 고구려의 뒤를 이은 발해가 일시 만주를 차지하고 있었지만 발해가 멸망된 후에는 고려나 근세조선 어느 시대에도 만주를 차지한 적이 없다. 우리의 영토는 한반도로 국한되어버렸던 것이다.

어느 나라 역사에서나 분열된 시기가 있고 통합을 이룬 시기가 있게 마련이기 때문에 고조선 붕괴와 더불어 여러 나라가 건국되었다는 것은 크게 문제될 것이 없다. 그러나 왜 국력이 점차 약화되었으며 국토가 줄어들었는가 하는 문제는 분명하게 밝힐 필요가 있다. 그 원인을 알아야만 우리가 다시는 그러한 전철을 밟지 않도록 노력할 것이기 때문이다.

서양의 역사학자들에게 지중해 일대를 평정했던 로마제국의 멸망은 오랫동안 관심 있는 연구 과제였다. 거대한 로마제국 자체에도 관심이 있었지만 대제국의 멸망 원인을 찾아 그것을 역사의 교훈으로 삼음으로써 현존하는 자신들의 나라가 멸망하지 않도록 하기 위해서였다. 우리도 우리 역사가 위축된 과정을 밝혀 다시는 그러한 길을 가지 않도록 해야 할 것이다.

여기서 우리가 비교해보아야 할 나라는 중국이다. 중국도 삼국, 양진, 남북조, 5대 등 분열의 시대가 있었다. 그러나 그들은 다시 통합되면서 영토는 점차 확대되었고 문화 수준도 높아졌다. 그런데 왜 우리나라는 그와 반대가 되었을까?

필자는 이 책의 「열림」에서 역사는 상호 자극과 영향에 의해 발전한다고 말한 바 있다. 그것을 도전과 응전이라고 말한다고도 했다. 도전과 응전은 사람과 자연 사이에서 일어나기도 하며 사람과 사람, 사회와 사회 사이에서 일어나기도 한다고 말했다. 이런 이론틀은 우리나라와 중국을 비교하는 데 아주 유용하다.

우리나라와 중국이 발전에 큰 차이를 보인 것은 거주민의 구성과 지리적 위치 및 자연환경과 깊은 관계가 있다. 중국의 초기 국가인 하, 상, 서주 등은 황하 중류 유역의 농업 지역에서 출발했다. 그러므로 그들의 문화는 기본적으로 농업문화였다. 그런데 그들은 국토를 확장하면서 새로운 자연환경을 가진 지역과 접촉하게 되었다.

　서부와 북부 및 남부의 고원 지역, 사막 지역, 산악 지역 등이 그것이었다. 이들 지역은 자연환경뿐 아니라 기후 조건도 매우 달랐고 살고 있는 종족도 달랐다. 따라서 서로 다른 종족들이 다른 자연환경과 다른 기후 조건 아래서 이루어낸 문화는 서로 다를 수밖에 없었다. 각 지역의 자연환경과 기후 조건 및 인종이 달랐던 만큼이나 문화의 격차도 크게 벌어지게 되었던 것이다.

　중국의 영토가 확장되는 과정에서 이렇게 차이가 큰 각 지역의 문화들은 서로 접촉하면서 자극과 영향을 주고받아 새로운 것들을 창출해냈다. 그것은 새로운 문화를 이루어냈고 국력을 강화시켰다. 춘추, 전국시대의 다양한 문화와 진(秦), 한제국은 그러한 결과로 나타났던 것이다.

　중국을 통일한 진, 한제국 이후에는 비단길을 따라 서방과 교류를 가짐으로써 중국의 문화는 한 단계 높은 차원으로 올라설 수 있었다. 동아시아의 문화와 서방문화의 접촉에 의해 새로운 문화가 창출되었던 것이다. 수, 당제국의 국력과 문화는 그러한 결과로 나타났던 것이다.

　그러나 중국은 다른 지역의 문물과 접촉하는 데 한계가 있었다. 북부와 서부는 고원과 산악, 사막 등이어서 실크로드를 통한 서방과의 교류도 큰 제약을 받았고 동부와 남부는 바다로 막혀 있었다. 따라서 중국의 성장은 한계를 맞게 되었다. 거기에다 계층 간의 심한 갈등과 인구의 급증으로 인한 사회 모순이 겹쳐 서구의 상업 세력과 부딪치게 되었을 때 적절한 대응을 하지 못하고 쇠퇴의 길을 걷게 되었다.

우리의 자연환경이나 기후 조건 및 주민 구성은 중국과 달랐다. 우리나라와 만주는 북부 변경을 제외하고는 자연환경이나 기후에 큰 차이가 없다. 거주민들도 고조선시대에 이미 민족을 형성하여 다른 종족이 아니었다. 그리고 고조선의 국경을 벗어난 북부와 동북부는 자연환경이 열악하여 사람이 살기에 적합하지 않았다. 그곳에는 아직 국가도 출현하지 않았다.

그러므로 고조선시대에는 한반도와 만주 지역 내부의 자극으로 성장이 가능했지만 그 이후에는 우리에게 자극과 영향을 줄 만한 문물이 중국을 제외하고는 없었다. 한반도의 삼면은 바다로 둘러싸여 외부와의 접촉을 차단했다. 고조선이 붕괴된 후 우리나라는 새로운 문화를 창출해낼 수 있는 환경이 중국보다 열악했던 것이다. 따라서 우리의 성장은 중국에 비해 느리고 한계를 지닐 수밖에 없었던 것이다.

우리 민족의 장래는 어떻게 될까

앞에서 살펴본 바와 같이 우리 민족은 결코 유리한 환경에 있지 않았다. 그러한 불리한 조건 속에서도 우리 민족은 나름의 전통문화를 향유하면서 굳건하게 지금까지 국가와 민족을 유지해오고 있다. 이것은 우리 민족의 저력을 알게 해주는 것이다. 그렇다면 우리 민족은 지금 상태에 만족해야 하는가?

그렇지 않다. 우리의 환경과 여건은 변화되고 있다. 교통수단이 발달하지 못했던 지난날에는 지리적으로 연접된 곳과 접촉을 가지는 것이 고작이었다. 그러나 이제는 다르다. 교통수단의 발달은 세계를 하루 생활권으로 만들어놓았다. 새로운 정보 통신망은 이동을 하지 않고도 전 세계 어느 곳과도 바로 접촉할 수 있도록 만들어주고 있다.

거기에다 국제사회는 점점 더 개방되고 있다. 이제 우리의 전통 문물은 세계 각 지역의 다른 문물과 접촉하면서 새로운 문물을 창출해낼 것이다. 우리 민족은 바야흐로 도약할 수 있는 기회를 맞고 있다. 그러나 한편 생각해보면 준비가 필요하다. 그것은 전통 문물을 세우는 것이다. 그래야만 외래 문물과의 자극과 영향으로 발전을 가져올 것이기 때문이다. 그러지 못하면 외래 문물에 종속되고 말 것이다.

일본을 보자. 일본 열도는 다른 문물과 다양하게 접촉할 수 있는 환경이 아니다. 발전을 가져올 수 있는 좋은 지리 조건이라고 할 수는 없다. 그러나 일본은 대륙과 격리되어 있어서 일본의 전통 문물을 보존할 수 있었다. 일본은 그들의 전통 문물과 사회 특성을 지키면서 서구 문물과 접촉했다. 일본의 교육은 전통 문물의 계승과 발전이라는 것이 그 핵심 과제가 되어 있다.

이런 일본의 전통 문물이 서구의 문물과 접촉하면서 자극과 영향을 주고받아 새로운 문물을 창조한 것이다. 일본의 과학기술과 경제 발달은 그 결과로 얻어진 것이다. 전통 문물을 계승한다는 것, 자신들의 가치관을 지니고 산다는 것이 얼마나 중요한 것인가를 알 수 있다. 일본인들은 영어를 잘하지 못하는 것으로 알려져 있지만 세계적인 경제대국을 이룩했다. 이것은 기능적인 것을 습득하는 것보다 본질적인 것을 보존하고 발전시키는 것이 사회 발전에 얼마나 크게 이바지하는가를 잘 말해준다.

독자 여러분은 국제 사회의 개방 및 교통수단과 정보 통신망의 발달은 다른 나라에도 똑같은 혜택을 줄 것이므로 미래의 세계는 결코 우리에게만 유리하지 않다고 생각할 것이다. 맞는 말이다. 그러나 우리는 희망을 가질 수 있는 몇 가지 유리한 조건을 가지고 있다.

첫째는 우리 민족의 우수한 능력이다. 이 책의 전체 내용을 통해 우리 민족의 능력은 확인되었다. 그것은 우리 민족에 잠재해 있다. 그러므로 잠재력을 현실화하고 그것이 폭발할 수 있는 기회를 주기만 하면 된다. 기회라는 것은 다른 문물과의 접촉을 말한다. 국제사회의 개방은 그러한 기회를 주고 있다. 그러므로 우리가 지금 해야 할 일은 잠재력을 현실화하기 위해 서둘러 전통 문물을 세우는 것이다. 우리 민족 모두가 공감하는 가치관을 세우고 그것을 체계화한 민족철학을 정립해야 하며 그것들을 포괄한 전통 문물을 세워야 할 것이다.

둘째는 우리 사회의 종교 분포이다. 우리 사회에는 민족종교, 불교, 유교, 천주교, 개신교 등이 거의 비슷한 세력으로 분포되어 있다. 이들의 서로 다른 가치관은 자극과 영향을 주고받으면서 새로운 문물을 창출할 것이다. 그러나 선행되어야 할 조건이 있다. 이들 종교가 서로 배타적이지 않아야 한다는 것이다. 배타적일 때는 갈등을 증대시킬 것이다. 모든 종교가 서로 보완적인 관계에 있다는 생각을 가져야 한다. 이것은 상호 보완과 화합을 추구하는 우리 민족의 가치관을 확립해야만 가능할 것이다.

셋째는 우리나라의 남북 분단이다. 이것은 그동안 우리 민족에게 아픈 상처였지만 이제부터는 우리의 사회 발전에 크게 이바지할 것이다. 통일되는 과정이나 통일 이후에 남북한의 서로 다른 이념과 체제는 강한 자극과 영향을 주고받아 폭발적인 에너지로 새로운 문물을 창출할 것이다. 폭발적인 에너지는 파괴를 가져올 수도 있다. 이를 막아야 한다. 그것은 새로운 에너지가 모든 사람에게 이롭게 이용되어야 한다는 홍익인간 이념과 사회를 합리적으로 진화시켜야 한다는 재세이화 사상이 확립되었을 때에만 가능할 것이다.

넷째는 홍익인간 이념이다. 앞으로의 사회에서는 계층 간의 갈등은 축소되면서 다양성이 서로 자극과 영향을 주고받아 역사 발전의 동력으로 작용할 것이다. 이런 사회에서는 홍익인간이 갈등을 해소하면서 발전에도 기여하는 이상적인 이념이 될 것이다. 중국의 대동(大同)사상은 크게 몸체를 이루자는 것이고 일본의 야마토(大和)사상은 크게 화합하자는 것으로 몸체를 이루는 방법을 의미한다. 이에 비해 고조선부터 전해 내려온 우리의 홍익(弘益)사상은 모든 사람에게 이로운 사회를 추구한다. 이는 인류 전체가 이룩해야 할 목표이므로 홍익인간 이념은 미래 사회에 가장 필요하고 알맞은 사상이 될 것이다.

이상의 조건들은 우리 민족을 가장 진보된 선진국으로 만들기

에 충분하다. 그러나 우리가 그것들을 깊이 인식하고 실천할 때에
만 우리에게 유리하게 작용할 것이다. 그러므로 이런 우리 민족의
가치관을 체계화한 민족철학을 정립하여 우리 교육 모든 분야의
기초가 되도록 서둘러야 할 것이다.

고조선,
우리 **역사**의
탄생

초판 1쇄 펴낸 날   2016. 8. 4.
초판 2쇄 펴낸 날   2018. 7. 15.

지은이   윤내현
발행인   양진호
발행처   도서출판 |만권당▉

등 록   2014년 6월 27일(제2014-000189호)
주 소   (04045) 서울시 마포구 양화로 56 동양한강트레벨 718호
전 화   (02) 338-5951~2
팩 스   (02) 338-5953
이메일   mangwonbooks@hanmail.net

ISBN   979-11-957049-7-2 (04910)
       979-11-957049-6-5 (세트)

이 도서의 국립중앙도서관 출판예정도서목록(CIP)은 서지정보유통지원시스템
홈페이지(http://seoji.nl.go.kr)와 국가자료공동목록시스템(http://www.nl.go.
kr/kolisnet)에서 이용하실 수 있습니다.(CIP제어번호: CIP2016017213)